REGIME JURÍDICO DAS ARMAS E SUAS MUNIÇÕES

ABEL BATALHA
Subcomissário da PSP
Chefe da Área de Operações
e Segurança – PSP de Leiria
Licenciado em Direito

ANTÓNIO CARDOSO
Subcomissário da PSP
Chefe do Núcleo de Armas
e Explosivos – PSP de Leiria

FERNANDO GASPAR
Chefe de Polícia – PSP
Chefe da Secção de Fiscalização, Contencioso
e Contra-Ordenações do Núcleo de Armas
e Explosivos – PSP de Leiria

RAFAEL MARQUES
Subintendente da PSP
Comandante da Divisão da PSP de Cascais
Licenciado em Ciências Policiais
e Segurança Interna

REGIME JURÍDICO DAS ARMAS E SUAS MUNIÇÕES

Anotações

REGIME JURÍDICO DAS ARMAS
E SUAS MUNIÇÕES – ANOTAÇÕES

AUTORES
ABEL BATALHA
ANTÓNIO CARDOSO
FERNANDO GASPAR
RAFAEL MARQUES

EDITOR
EDIÇÕES ALMEDINA. SA
Av. Fernão Magalhães, n.º 584, 5.º Andar
3000-174 Coimbra
Tel.: 239 851 904
Fax: 239 851 901
www.almedina.net
editora@almedina.net

PRÉ-IMPRESSÃO | IMPRESSÃO | ACABAMENTO
G.C. GRÁFICA DE COIMBRA, LDA.
Palheira – Assafarge
3001-453 Coimbra
producao@graficadecoimbra.pt

Outubro, 2009

DEPÓSITO LEGAL
301100/09

Os dados e as opiniões inseridos na presente publicação
são da exclusiva responsabilidade do(s) seu(s) autor(es).

Toda a reprodução desta obra, por fotocópia ou outro qualquer
processo, sem prévia autorização escrita do Editor, é ilícita
e passível de procedimento judicial contra o infractor.

Biblioteca Nacional de Portugal – Catalogação na Publicação

PORTUGAL. Leis, decretos, etc.

Regime jurídico das armas e suas munições / anot.
Rafael Marques… [et al.]. - (Colectânea de legislação)
ISBN 978-972-40-3999-2

I – MARQUES, Rafael

CDU 623

PREFÁCIO

O Regime Jurídico das Armas e suas Munições (RJAM), aprovado pela Lei n.º 5/2006, de 23 de Fevereiro, alterado pela Lei n.º 59/2007, de 4 de Setembro, e pela Lei n.º 17/2009, de 6 de Maio, é o resultado de um estudo desenvolvido ao longo de vários anos de modo a criar um regime jurídico actualizado com os comandos constitucionais e com a legislação internacional e europeia e capaz de reduzir as dificuldades emergentes do emaranhado de leis existente sobre as armas, explosivos e munições.

A nova legislação das armas e munições, como acontece na legisferação que procura identificar e estipular um regime unívoco sobre determinada matéria, não é perfeito, mas tem a virtude de dar o máximo possível de segurança jurídica. Podemos, desde logo, referir os vários conceitos legais fundamentais à interpretação e à aplicação dos preceitos legais do RJAM e da legislação complementar. Esta opção legislativa permite não só uma harmonização da legislação portuguesa administrativa preventiva e repressiva e criminal face à legislação europeia, como é essencial no enquadramento das condutas humanas negativas quer de índole criminal quer de índole contra--ordenacional.

O livro, que os autores – ABEL BATALHA, ANTÓNIO CARDOSO, FERNANDO GASPAR e RAFAEL MARQUES – nos dão a conhecer, é de extrema importância por nos ajudar a percorrer cada preceito legal e a compreender a dimensão prática, teórica e doutrinária que cada preceito pode acarretar. Os preceitos que criminalizam a *detenção de arma proibida* e as *condutas criminais cometidas com arma*, p. e p. pelo art. 86.º do RJAM, *o tráfico de armas*, p. e p. pelo art. 87.º do RJAM, *o uso e porte de arma sob a influência de álcool e de substâncias estupefacientes ou psicotrópicas*, p. e p. pelo art. 88.º do RJAM, e *a detenção de armas e outros dispositivos, produtos ou substâncias em locais proibidos*, p e p. pelo art. 89.º do RJAM, necessitam do conhecimento de conceitos – *v. g.*, arma biológica, química, radioactiva – que se encontram em outros preceitos legais do mesmo regime.

As anotações existentes ao longo do RJAM são de extrema importância não só para preencher os elementos objectivos do tipo de crime e do tipo contra-ordenacional, como para compreender e enquadrar a acção administrativa preventiva – *v. g.*, concessão de licenças e de alvarás –, fiscalizadora e procedimental do Estado, atribuída à Polícia de Segurança Pública. É um livro de elevada utilidade para os elementos policiais que lidam diariamente com a matéria das armas e munições e para todos os que, na sua actividade frenética da era da globalização, necessitam de um manual que lhes indique o caminho interpretativo da norma jurídica aplicada ao caso concreto: juízes, procuradores, advogados, armeiros, detentores de carreiras ou campos de tiro, caçadores e detentores de licença de uso e porte de arma.

Os autores, detentores de um saber prático e teórico sobre a matéria, desde logo pelas funções policiais desempenhadas, souberam dotar os principais preceitos legais com anotações doutrinárias, jurisprudenciais, remissivas e conceptuais, essenciais à assumpção de uma matéria tão densa e complexa como é o RJAM. Essas anotações são anotações e não comentários, o que lhes confere um elevado grau de objectividade na cognoscibilidade de cada tema específico: *v. g.*, o conceito doutrinário de licença de MARCELO CAETANO e de FREITAS DO AMARAL, aposto em anotação ao art. 11.º A do RJAM; a razão de ser do dever de fundamentação, aposta em anotação ao art. 20.º do RJAM.

A par desta característica, o livro ganha com a publicação da legislação complementar necessária ao estudo, à interpretação e à aplicação dos preceitos legais do RJAM. Esta opção dos autores é feliz porque permite o estudo desta matéria, de especial complexidade, com uma consulta rápida aos diplomas que a regulam: *p. e.*, a compreensão do que se entende pela prática de tiro desportivo no RJAM impõe a leitura da Lei n.º 42/2006, de 25 de Agosto, que aprova o regime especial de aquisição, detenção, uso e porte de armas de fogo e munições e acessórios para práticas desportivas e para colecção histórico-cultural, cuja transcrição se encontra na Parte da legislação complementar.

Prefaciar um livro é uma honra, que, na nossa situação em concreto, aumenta por ser o compromisso assumido perante um telefonema de Julho de 2009 de um dos autores, que tive o privilégio de conhecer e partilhar a Escola durante cinco anos da nossa vida, tendo sempre pautado o seu pensar e agir por uma rectidão própria dos homens que vivem os valores em que acreditam: RAFAEL MARQUES. Esses valores estão espelhados ao longo do livro e, por essa razão, partilhados por todos os autores – ABEL BATALHA, ANTÓNIO CARDOSO, e FERNANDO GASPAR –, homens de um saber teórico/prático histórico, doutrinal e jurisprudencial adquirido ao longo da vida académica e profissional, que corroboraram o convite que nos foi dirigido.

Vale a pena calcorrear cada artigo do Regime Jurídico das Armas e Munições e ler as respectivas anotações para percebermos que em matéria de armas e munições há muito a fazer e a promover para garantir uma verdadeira segurança jurídica a todos os cidadãos e uma melhor segurança pública para que todos possamos viver em liberdade. Este é o desafio e o voto que depositamos em todos os leitores e no rigor actualístico desta obra que se traz à estampa.

Lisboa, 13 de Outubro de 2009

MANUEL MONTEIRO GUEDES VALENTE

Director do Centro de Investigação e Professor do ISCPSI
Professor Auxiliar Convidado da Universidade Autónoma de Lisboa

INTRODUÇÃO

1. Breve resenha sobre a reforma legislativa

Pela Decisão 2001/748/CE, do Conselho Europeu, era assinado no Luxemburgo o Protocolo contra o fabrico e tráfico ilícito de armas, das suas partes e componentes e de munições, anexo à Convenção das Nações Unidas contra o Crime Organizado Transnacional.[1] Esta assinatura já vinha na peugada da Directiva 91/477/CEE, revelando na altura a Comunidade Europeia grande preocupação com a proliferação das armas ilegais.[2] Este documento pretendia estabelecer um equilíbrio entre, por um lado, o compromisso de assegurar uma certa liberdade de circulação para determinadas armas de fogo no espaço comunitário e, por outro lado, a necessidade de enquadrar essa liberdade por certas garantias de segurança, adaptadas a este tipo de produtos.

Também as Nações Unidas têm, mais recentemente, dedicado grande interesse à matéria, tendo mesmo impulsionado alguma acção neste domínio. É neste seguimento que é criado no seu âmbito um Comité Especial, tendo por missão elaborar uma Convenção Internacional contra a criminalidade organizada transnacional, que viria a ser adoptada mais tarde, em Palermo. Daqui, rapidamente se chegou à percepção da importância, neste contexto, do tráfico de armas de fogo. Finalmente, Portugal, através da presente Lei incorpora todas as medidas ora propostas pelo Conselho Europeu.

Para a persecução deste desiderato, o Parlamento Europeu e o Conselho aprovaram a Directiva 2008/51/CE, de 21 de Maio, publicada no Jornal Oficial da União Europeia, a 8 de Julho de 2008,

---

[1] Publicado no Jornal Oficial da União Europeia: JO L 280, de 24OUT2005, p. 5.
[2] Idem: JO L 256, de 13SET91, p. 51 e rectificado no JO L 54, de 5MAR1993.

10   *Regime Jurídico das Armas e suas Munições – Anotações*

alterando assim a Directiva 91/477/CEE, em alguns pontos específicos. O presente diploma obriga que até 28 de Julho de 2010, os Estados-Membros ponham em vigor as disposições consignadas na nova Directiva.[3] As presentes alterações à Directiva de 1991 pretendem, assim, conferir execução jurídica ao referido Protocolo Adicional a uma Convenção Internacional, que a Comissão, em nome da União, outorgou. Ou seja, através deste *modus operandi,* a União chama a si o tratamento da matéria em questão, ganhando foros de vinculatividade directa, *i.e,* ultrapassa o ónus da livre adesão pelos Estados ao supracitado Protocolo ou a quaisquer recomendações da Comunidade, porquanto integrada no âmbito do Título V do Tratado.

A injunção comunitária da Directiva 91/477/CEE, a qual impõe a harmonização da legislação nacional, cuja transposição foi operada pelo Decreto-Lei n.º 399/93, de 3 de Dezembro, apenas contemplou a matéria da transferência de armas entre Estados-Membros e a criação do "cartão europeu de arma de fogo". Na realidade este normativo legal ficou muito aquém daquela Directiva, principalmente no que concerne à classificação das armas, regras relativas ao exercício do seu comércio e normas específicas de circulação de caçadores e atiradores desportivos.

Há muito que se tornava urgente a publicação de uma nova legislação que revogasse definitivamente uma labiríntica malha normativa em vigor em Portugal: o serôdio Decreto-Lei n.º 37 313, de 21 de Fevereiro, alvo de várias adaptações ao longo dos anos pelo Decreto-Lei n.º 207-A/75, de 17 de Abril, parcialmente regovado pelo Decreto-Lei n.º 400/82, de 23 de Setembro (Código Penal) e a Lei n.º 22/97, de 27 de Junho, por sinal objecto de sucessivas alterações. Esta última nunca viu publicados os regulamentos necessários para a sua cabal aplicação e a Lei n.º 98/2001, de 25 de Agosto, também não clarificou o que se pretendia.

Ora isto estava a provocar grandes dificuldades na aplicação da lei, manifestando-se já este facto em jurisprudência de tribunais superiores. O próprio Supremo Tribunal de Justiça vinha preconizando uma revisão célere e completa de toda a legislação relativa a esta matéria tão sensível.

---

[3] Idem: JO L 179, de 08JUL2008, p. 5.

Finalmente, urgia o desincentivo à corrida irracional de armas de fogo, impondo-se limites drásticos quanto às armas permitidas, facilitando, por outro lado, aos órgãos de polícia criminal os meios de prevenção e combate ao flagelo das armas ilegais.

2. Exposição de motivos da nova lei das armas

Na exposição de motivos apresentada à Assembleia da República a propósito da Proposta de Lei 28/X, o Governo apresentou o quadro legal e histórico do novo normativo (Lei n.º 5/2006, de 23 de Fevereiro), explanando as suas características fundamentais. Por se tratar de um documento importantíssimo e insubstituível para a compreensão da nova Lei é nosso entendimento ser necessário publicá-lo aqui integralmente, seguindo-se a forma original da sua divisão, apenas se numerando os subtítulos com objectivo de facilitar a sua leitura.

3. Preâmbulo – Exposição dos motivos

Através da presente proposta de lei visa o Governo dar finalmente concretização à reforma da legislação que define o regime jurídico das armas e suas munições.

Discutida ao longo de vários anos, a reforma em causa é indispensável. Esse entendimento generalizado permitiu a aprovação parlamentar, por alargado consenso, da autorização legislativa pedida através da Proposta de Lei n.º 121/IX/2, apresentada em 29 de Março de 2004 pelo XV Governo (DAR II série A n.º 50/IX/2, de 3 de Abril de 2004, pág. 2227-2266).

A autorização, que veio a ser conferida pela Lei n.º 24/2004, de 25 de Junho, caducou por força da cessação de funções do Executivo. Em 17 de Novembro do mesmo ano, através da Proposta de Lei n.º 152/IX/3 (DAR II série A, n.º 17/IX/3, de 20 de Novembro de 2004, pág. 44-105), o XVI Governo reencetou o processo legislativo sobre o regime das armas e munições. A proposta não chegou a ser apreciada e, com a dissolução da Assembleia da República, caducou.

Após a formação do XVII Governo Constitucional, o Ministro de Estado e da Administração Interna, determinou que com vista à reabertura do processo legislativo, fossem feitas diligências junto da Procuradoria-Geral da República, Polícia Judiciária, Guarda Nacional Republicana, Polícia de Segurança Pública e outras entidades relevantes sobre as opções contidas no articulado anteriormente preparado.

As informações preliminares obtidas convergiram quanto à necessidade de introduzir fortes limitações à possibilidade de autorização legal de armas de calibre elevado. Foi também recomendado um drástico reforço dos mecanismos de controlo das múltiplas formas de detenção de armas autorizadas por sucessivos diplomas, sem adequada articulação e fiscalização.

Na sua reunião de 11 de Abril de 2005, o Conselho Superior de Segurança Interna apreciou medidas a tomar para combater a proliferação de armas ilegais e reformular o quadro jurídico aplicável, considerando urgente a definição de um novo tipo de operações especiais de prevenção criminal em áreas geográficas delimitadas, tendo em vista reduzir o risco de prática de infracções associadas ao uso de armas, bem como de outros crimes ou infracções que a estas se encontram habitualmente associados. Tratando-se de uma medida nunca considerada nos trabalhos preparatórios anteriormente desenvolvidos, foi desencadeada a redacção das normas necessárias, procedendo-se à audição das entidades cuja intervenção se encontra legalmente prevista.

É o resultado desse trabalho que ora se apresenta, sob forma de proposta de lei material, de forma a assegurar um processo legislativo mais célere e a capacidade plena de intervenção parlamentar na modelação de soluções.

4. Enquadramento histórico

O regime relativo ao uso e porte de arma por parte dos cidadãos, sempre constituiu matéria particularmente delicada, em que as opções dos diversos Estados reflectiram sempre um especial cuidado de harmonia e rigor na conciliação entre a permissão para a detenção de uma arma e os perigos que o exercício desse direito acarreta para a organização social e para a segurança do próprio Estado.

Ainda estava longe a invenção da arma de fogo e já na antiga Grécia e em Roma se cuidava da segurança do Estado face ao perigo da posse indiscriminada de armas pelos seus cidadãos e estrangeiros residentes, corrente jurídica que se volta a encontrar ao longo de toda a idade média, na dispersa ordenação dos reinos europeus.

A partir do século XVIII, com a difusão e generalização do uso da arma de fogo, e particularmente após a primeira guerra mundial, assistiu-se por toda a Europa a uma produção legislativa relativa ao uso e porte de arma, mais rigorosa e cuidada, reflectindo sempre os interesses sociais e políticos dominantes em cada momento histórico no equilíbrio entre direitos e segurança dos cidadãos e do Estado.

Surge pela primeira vez, em muitos Códigos Penais de países europeus, a tipificação do crime do uso e porte de arma não autorizada pelo Estado.

Em Portugal, o Código Penal de 1852 passou a punir o tiro com arma de fogo dirigido contra pessoa, independentemente de causar qualquer ferimento e posteriormente o Código Penal de 1886 criminalizou o fabrico, importação, venda ou subministração de quaisquer armas brancas ou de fogo sem autorização da autoridade administrativa, bem como o seu uso sem licença ou sem autorização legal.

No essencial, os modernos regimes jurídicos europeus relativos ao uso e porte de arma, surgiram no início do século passado. Aprovaram-se leis exaustivas e de profundo cariz técnico que vieram a determinar desde então os diversos ordenamentos, como a lei italiana de 1920, a lei alemã de 1928, a lei espanhola de 1929, a lei belga de 1933, o Firearms Act inglês de 1937 e a lei francesa de 1939.

Portugal acompanhou e de alguma forma ajudou a essa tendência, publicando o Decreto n.º 13 740, de 21 de Maio de 1927, que regulava especificamente a importação, o comércio, o uso e o porte de arma, tendo sido desde então publicados diversos diplomas, procurando cada um deles aperfeiçoar e esclarecer o regime anterior, entre os quais se salientam o Decreto-Lei n.º 18 574, de 1930 e o Decreto-Lei n.º 35 015, de 1945, todos eles necessitando de inúmeras iniciativas legislativas interpretativas e de integração de omissões.

Em 21 de Fevereiro de 1949 é publicado o Decreto-Lei n.º 37 313, que aprova o regulamento de uso e porte de arma. Este diploma, aproveitando o regime jurídico anterior, introduziu uma maior clareza na interpretação das suas normas e conferiu ao intérprete e ao aplicador da lei uma segurança jurídica insistentemente reclamada.

Desde 1974 e depois das profundas transformações políticas que Portugal conheceu, iniciou-se um vasto processo legislativo relativo à matéria do uso e porte de arma, que, partindo do Decreto-Lei n.º 37 313, de 21 de Fevereiro de 1949, procurou actualizá-lo e adaptá-lo à nova realidade sócio-política. É assim que surgem, entre outros, o Decreto-Lei n.º 207-A/75, de 17 de Abril, parcialmente revogado pelo Decreto-Lei n.º 400/82, de 23 de Setembro, a Lei n.º 22/97, de 27 de Junho, que também foi objecto de sucessivas alterações e jamais viu a publicação dos regulamentos que seriam necessários para a sua integral aplicação e, por último, a Lei n.º 98/2001, de 25 de Agosto, que veio dispor sobre a matéria, advindo desta complexa teia legislativa inúmeras dificuldades na interpretação e aplicação da lei.

Por outro lado, em 18 de Junho de 1991, o Conselho das Comunidades Europeias aprovou, relativamente ao controlo da aquisição e da detenção de armas, a Directiva n.º 91/477/CEE, pretendendo harmonizar as legislações dos Estados-Membros na matéria.

Esta directiva foi transposta para o ordenamento interno português, através do Decreto-Lei n.º 399/93, de 3 de Dezembro, que apenas contemplou as matérias relativas à transferência de armas entre os Estados-Membros e à criação do cartão europeu de arma de fogo, regime que ficou muito aquém da Directiva comunitária, nomeadamente no que se refere à classificação das armas, às regras próprias aplicáveis ao exercício do comércio de armas e à criação de normas específicas de circulação para os caçadores e atiradores desportivos.

De acordo com a Recomendação da Comissão das Comunidades Europeias ao Parlamento e ao Conselho Europeu, de 15 de Dezembro de 2000, o presente diploma estabelece regras que regulamentam também aquelas matérias, adaptando-as à especificidade do país.

5. Requisitos técnicos

O regime que agora se propõe visa modernizar e actualizar o regime jurídico relativo ao comércio e ao uso e porte de arma. Sendo um regime substancialmente diferente do que regulava a matéria até ao momento, mantém, no entanto, alguns dos princípios basilares desse mesmo regime, aceitando-se o que demonstrou estar ajustado à realidade nacional e ao funcionamento do mercado do comércio de armas para os cidadãos. A solução adoptada procura ajustar o regime legal aos conhecimentos tecnológicos e aos estudos de balística mais recentes, criando, com base em critérios científicos, uma rigorosa fixação dos calibres permitidos. Inova-se no cenário legislativo europeu, através da fixação de regras específicas de segurança na detenção, guarda, uso e porte de arma, estabelecendo-se a obrigatoriedade de frequência de um curso prévio de formação técnica e cívica para o requerente de uma licença de portador de arma de fogo, bem como a exigência de celebração de um seguro de responsabilidade civil. Humaniza-se o regime legal do uso e porte de arma, afastando-se o diploma de um mero e extenso conjunto normativo técnico-administrativo, mediante a inserção de regras claras de comportamento para todos os detentores de armas, legislando-se desde a formação inicial do candidato para a detenção de uma arma, passando pela autorização de compra dessa mesma arma, a sua guarda no domicílio e fora dele e, finalmente, até ao uso em concreto que é possível dar-lhe. Entende-se que o requerimento tendente à autorização da posse de uma arma terá de ser sempre devidamente justificada pelo interessado, cabendo ao Estado, através da Polícia de Segurança Pública, entidade que legalmente detém o controlo e fiscalização das armas, decidir, mediante a apreciação de requisitos objectivos, se o cidadão é suficientemente idóneo para ser merecedor de confiança para o efeito.

A concessão de uma licença de detenção ou uso e porte de arma cria, para além do momento inicial, o estabelecimento de uma relação permanente de confiança entre o cidadão e o Estado, sendo aquele sancionado, nomeadamente com a cassação da sua licença e apreensão da arma, sempre que quebrar a sua idoneidade social ou prevaricar no seu comportamento. O Estado, sempre que houver justificação para o pedido formulado pelos cidadãos e se mostrarem

16 Regime Jurídico das Armas e suas Munições – Anotações

reunidos todos os restantes requisitos, permitir-lhes-á o acesso à arma, responsabilizando-os e exigindo-lhes um especial comportamento social enquanto cidadãos detentores de uma arma.

6. Classificação das armas

O presente diploma estabelece o regime jurídico relativo ao fabrico, montagem, reparação, importação, exportação, transferência, armazenamento, circulação, comércio, cedência, detenção, manifesto, guarda, segurança, uso e porte de arma e suas munições, afastando do seu regime todas as actividades referidas quando o forem da iniciativa e para o uso das Forças Armadas, bem como das Forças e Serviços de Segurança ou de outros serviços públicos cuja lei o venha expressamente a afastar.

Em conformidade com a orientação da Directiva n.º 91/477/CEE, de 18 de Junho de 1991, excluem-se do âmbito de aplicação da presente lei os coleccionadores de armas cuja data de fabrico seja anterior a 31 de Dezembro de 1890 e remete-se para legislação própria a definição do respectivo regime. A mesma opção foi tomada quanto ao regime das armas para efeitos desportivos, dadas as suas especificidades, seguindo-se quanto a este ponto orientação distinta da anteriormente submetida ao Parlamento.

Por outro lado, definem-se e uniformizam-se conceitos utilizados na linguagem forense, administrativa e técnico-científica relacionada com as armas, neles se incluindo o do arco e da besta, de molde a reforçar a ideia sobre a sua tipicidade como armas brancas que são. Contudo, atentas as especificidades de uso próprias destas armas, nomeadamente enquanto objectos de prática desportiva e venatória, entendeu-se optar pela sua exclusão deste diploma quer no que se refere à sua integração numa das classes de armas previstas, à autorização para a sua venda e aquisição, à sua detenção, e ao seu uso e porte, deixando-se, tal qual se encontram actualmente, em regime de venda livre. Importa referir que, sem prejuízo de estas armas virem futuramente a conhecer um tratamento jurídico autónomo, fica desde já prevista a punição do seu uso e porte ilícito, por serem inequivocamente ambas armas brancas e como tal agora consideradas, sujeitando-se sempre o seu portador à necessidade de justificação da sua posse.

Introdução 17

Tendo em atenção o princípio orientador da referida Directiva, classificam-se as armas por classes, de A a G, em função do seu grau de perigosidade, do fim a que se destinam e do tipo de utilização que lhes é permitido.

Definem-se como armas e outros acessórios da classe A, um elenco de armas, acessórios e munições cuja proibição se mostra generalizada nos países do espaço europeu, aí se integrando ainda armas cuja detenção, face à sua proliferação no tecido social e à frequência da sua utilização ilícita e criminosa, deve ser desmotivada.

Assim, proíbem-se as armas brancas com lâmina cuja actuação depende de mecanismos, as armas de alarme que permitem uma eficaz e rápida transformação em armas de fogo e as armas modificadas ou transformadas.

Ainda em conformidade com a mesma Directiva, criam-se situações de excepção no que se referem a essas armas, sendo a sua aquisição, após um rigoroso e casuístico processo de autorização, permitida para diversos fins, dos quais se destaca a possibilidade de investigação e desenvolvimento desse tipo de armamento por parte da indústria nacional.

Classificam-se as armas de fogo nas classes B e B1, reservando-se as armas da classe B1 como as únicas que podem ser adquiridas pelos cidadãos que justifiquem a sua necessidade face a preocupações de defesa pessoal e da sua propriedade.

Por outro lado, afasta-se definitivamente a tradicional classificação das armas em armas de guerra, de defesa, de caça e de recreio, bem como o critério, hoje reputado de descuidado e pouco rigoroso face ao desenvolvimento tecnológico, com que a legislação ora revogada as agrupava, nomeadamente, e quanto às armas de fogo curtas, em função da fixação de um calibre e de um comprimento do cano máximos.

Mantém-se a limitação legal do tipo e calibre de arma a adquirir, não se tornando tal opção livre.

Optou-se por agrupar nas classes de armas C e D as armas usualmente utilizadas na prática de actos venatórios, e na prática do tiro desportivo mais corrente.

Na classe D classificaram-se as armas de cano de alma lisa, com um cano de comprimento superior a 60 centímetros, cuja aqui-

sição não depende de autorização, ajustando-se, assim, a legislação nacional à Directiva comunitária de 1991.

Cria-se uma nova classe de armas, a classe E, cujas características permitem a sua utilização na defesa de pessoas e bens sem que daí decorra, face a uma utilização normal, qualquer perigo de lesionar permanentemente a vida ou a integridade física do agressor. No que se refere aos aerossóis de defesa define-se com clareza o tipo de princípio activo permitido, sendo a capsaicina a única substância activa, face à oferta do mercado, que oferece maiores garantias de afastar qualquer tipo de lesão irreversível na integridade física do agressor.

O mesmo critério foi seguido para as armas eléctricas, limitando-se a sua capacidade a 200 mil vóltios, apesar de se reconhecer em ambos os casos a existência, em regime de venda livre noutros países da comunidade, de armas com outros princípios activos ou com capacidade até aos 600 mil vóltios.

Possibilitou-se, dentro desta classe, a homologação de outro tipo de armas, concebidas de origem para eliminar qualquer possibilidade de agressão letal, sendo objecto de apreciação casuística as suas características e aptidões para os fins pretendidos, excepção que se abre tendo em atenção a evolução científica e tecnológica dentro desta área.

7. Requisitos para a concessão de licença

Através da presente lei criam-se diversas licenças, tendo em vista as necessidades do requerente e a utilização pretendida para a arma. Fixa-se que a concessão de uma licença de uso e porte de arma depende da verificação cumulativa de diversos requisitos, destacando-se para além da aptidão física e psíquica do requerente, atestada por um médico, o facto de não ter sido condenado judicialmente por qualquer um dos crimes previstos no diploma, alargando-se, ainda, o elenco dos tipos criminais que até agora impediam a concessão de uma licença. Estabelece-se que a concessão de uma licença de uso e porte de armas das classes B1, C e D depende da frequência, com aproveitamento, de um curso de formação, exclusivamente ministrado pela PSP.

Estes cursos de formação técnica e cívica devem conferir os ensinamentos necessários para o manuseamento de uma arma de fogo, designadamente, a sua guarda, limpeza, poder de fogo e efeitos do projéctil, bem como ser dotados de uma vertente cívica, conferindo-se ensinamentos gerais por forma a que o requerente e candidato a uma licença de uso e porte de arma de fogo conheça com rigor a legislação a que fica sujeito, as normas de conduta que deve observar, as noções de primeiros socorros e os cuidados básicos para evitar o acidente, especialmente quando no domicílio se encontrarem menores.

Através deste processo selectivo, que inclui a aprovação em exame final da responsabilidade de um júri nomeado pela PSP, reforçam-se os laços de confiança que o Estado necessita depositar no cidadão requerente para lhe conceder uma licença de uso e porte de arma de fogo, garante-se uma diminuição dos riscos de acidente e assegura-se que a renovação da licença depende da frequência regular de uma carreira de tiro onde o requerente efectua, no mínimo, cem disparos por ano, bem como da frequência de um curso de actualização de cinco em cinco anos.

8. Segurança, guarda e transporte

Embora tenha sido tido em conta que a segurança e a destreza no uso de uma arma de fogo, para evitar o acidente, advém de um conhecimento profundo do seu manejo por parte do detentor da mesma, não se pretende incentivar a proliferação imoderada de carreiras de tiro e o consumo sem limites de munições, razão pela qual o articulado agora preparado se revela mais restritivo do que o anteriormente submetido à Assembleia da República.

Prevê-se, ainda, que a concessão de uma licença de uso e porte de arma não habilita de imediato à aquisição da mesma, designadamente se for das classes B1 e C, exigindo-se ao requerente um sistema de segurança eficaz no domicílio para a guarda da arma e a celebração de um seguro de responsabilidade civil.

Por outro lado, simplificou-se o processo de obtenção de uma licença E para o uso e porte de arma desta classe, assegurando-se por esta via a possibilidade de conceder aos cidadãos que reúnam os requisitos de idoneidade necessários uma arma de defesa legal, desmotivando-se assim o recurso ao mercado clandestino de armas de fogo.

Como já se assinalou, foi remetida para legislação própria a definição do regime das licenças de coleccionador. O mesmo critério foi seguido quanto ao regime de atirador desportivo, mantendo-se em vigor até revisão os mecanismos legais que enquadram o desenvolvimento de disciplinas de tiro com expressão mundial e os demais aspectos típicos do sector. Nessa sede será regulada a melindrosa questão do regime aplicável a menores.

Consagram-se especiais cuidados na segurança, guarda e transporte das armas, erigindo-se regras claras de comportamento para todos os possuidores de armas, com a consequente previsão de sanções, designadamente, a cassação da licença concedida.

9. Armeiros

A proposta apresentada contém regras em matéria de licenciamento e atribuição de alvarás para o exercício da actividade de armeiro.

Por se entender que os armeiros, com estabelecimento de venda directa ao público, são interlocutores privilegiados entre o Estado e o cidadão e, ao mesmo tempo, elementos importantes no controlo da legalidade, estabelecem-se obrigações próprias para os armeiros e seus trabalhadores.

Permite-se, ainda, a substituição dos tradicionais livros de escrituração dos armeiros, nomeadamente os livros de escrituração diária relativos aos movimentos de compra, venda e existências de armas e munições, por suportes informáticos, ganhando-se em eficácia e estimulando-se a informatização do sector para que, a curto prazo, seja possível a centralização de toda a informação relativa aos movimentos comerciais dos armeiros.

Com a implementação de uma nova filosofia de controlo e rigor na atribuição dos alvarás para o exercício da actividade, com a clarificação das regras do comércio legal das armas e suas munições e o aumento significativo do leque de artigos cuja venda passará a ser permitida e, em muitos casos, até obrigatória, nomeadamen-

te sistemas de segurança para todas as armas vendidas, criam-se condições para o desenvolvimento desta actividade económica.

Por se depositar nos armeiros e nas suas associações representativas uma grande expectativa para o contributo no controlo e fiscalização das armas levado a cabo pelo Estado, estabelece-se a necessidade de um estrito cumprimento de todas as obrigações legais, com a consequente fixação de sanções para a violação das mesmas que podem, em última instância, conduzir à cassação do respectivo alvará e interdição do exercício da actividade.

10. Importação, exportação e circulação

Tendo em atenção a realidade comunitária contempla-se a matéria relativa à importação, exportação e transferência de armas e seu manifesto, acolhendo e regulamentando-se práticas em vigor cuja experiência demonstrou estarem ajustadas às necessidades.

Clarifica-se o regime da autorização prévia de importação de armas, regula-se a guarda das mesmas enquanto depositadas nas instalações aduaneiras e cria-se um regime especial para os agentes industriais que pretendam expor aos retalhistas os seus artigos.

Acolhe-se, ainda, a Recomendação da Comissão das Comunidades Europeias ao Parlamento Europeu e ao Conselho Europeu, de 15 de Dezembro de 2000, através de um regime especial na circulação de armas na posse de caçadores e atiradores desportivos, de modo a facilitar a circulação dos cidadãos comunitários quando e para o exercício daquelas actividades.

Reforça-se a obrigatoriedade do manifesto das armas de fogo, constituindo este o principal instrumento de controlo do Estado relativamente às armas legais detidas pelos cidadãos, na medida em que se assegura a existência de um registo permanente por cada arma onde são, obrigatoriamente, averbados todos os factos relevantes relativos à sua propriedade e características.

11. Matéria criminal e contra-ordenacional

Foi tomada a opção essencial de reunir num único texto legal a matéria criminal e contra-ordenacional relativa ao uso, porte e detenção de armas através de um regime punitivo coerente e preciso na matéria.

Mantém-se a classificação dos ilícitos criminais tipificados como crimes de perigo comum, e punem-se todas as actividades relativas à importação, transferência, fabrico, guarda, compra, venda, cedência, ou aquisição a qualquer título, distribuição, detenção, transporte e uso e porte de armas, engenhos, instrumentos, mecanismos, substâncias ou munições aí referidos, sendo as penas abstractas cominadas diferenciadas em função da perigosidade do tipo de arma ou outro instrumento, mecanismo ou substância que o agente possua.

Revoga-se o artigo 275.º do Código Penal, disposição que punia as diversas práticas ilícitas respeitantes ao manuseamento de substâncias explosivas ou análogas e armas e tipificam-se como crime de detenção de arma proibida várias condutas ilícitas tendo em atenção as características das armas, clarificando-se ainda o regime relativo às armas sem manifesto, ficando agora evidente que uma arma sujeita a manifesto será sempre uma arma proibida enquanto aquele não se mostrar efectuado.

Tipifica-se, ainda, o crime de tráfico de armas, matéria que, não obstante ser-lhe feita referência no ordenamento jurídico nacional, nomeadamente no Decreto-Lei n.º 325/95, de 2 de Dezembro, relativo à punição do branqueamento de capitais, jamais foi objecto de consagração legal, dotando-se assim o Estado de um mecanismo de controlo e punição de uma actividade de elevada perigosidade social e geradora de uma preocupante instabilidade no controlo e na repressão do armamento ilegal.

Integra-se na presente lei a punição de detenção de armas, instrumentos, mecanismos, substâncias ou engenhos em determinados locais, revogando-se a Lei n.º 8/97, de 12 de Abril.

Mantém-se a proibição de detenção de armas e outros engenhos, instrumentos, mecanismos ou substâncias e engenhos explosivos ou pirotécnicos em estabelecimento de ensino, ou recinto onde ocorra manifestação cívica, política, religiosa, artística ou cultural, alargando-se essa proibição, designadamente a estabelecimentos de diversão nocturna, zonas de exclusão e feiras ou mercados.

Preocupações de combate à violência no desporto, nomeadamente nos espectáculos desportivos onde o elevado número de assistentes coloca problemas de segurança particularmente delicados, levaram a que fosse autonomizado o crime de detenção de armas em recintos desportivos, bem como em todos os locais directa ou indirectamente relacionados com o evento e que passarão a constituir uma zona de exclusão ao uso e porte de arma.

Pretende-se com a criação da zona de exclusão, a definir casuisticamente pelas autoridades, que a detenção de armas nos dias dos eventos desportivos seja efectivamente controlada em todos os locais em que os assistentes e adeptos se possam concentrar, minimizando-se desta forma a possibilidade de qualquer violência com o recurso a armas.

Na versão agora apresentada, as zonas de exclusão poderão ser, contudo, criadas em função de outros eventos, designadamente no quadro de operações especiais de prevenção criminal.

Foi igualmente tipificado como crime o uso e porte de arma sob efeito de álcool, consagrando-se para o portador de qualquer tipo de arma o regime previsto na Lei n.º 173/99, de 21 de Setembro, que pune o exercício da caça sob a influência de álcool.

As penas abstractas fixadas para os diversos crimes mostram-se integradas dentro do sistema punitivo nacional, sendo ajustadas, atenta a sua amplitude, aos fins da punição e às necessidades de prevenção nesta matéria.

Fixam-se sanções acessórias, cuja implementação poderá desmotivar grandemente a prática criminal, respondendo, assim, a preocupações de prevenção geral que doutro modo dificilmente poderiam ser alcançadas.

Por último, cria-se um regime contra-ordenacional para a punição de comportamentos ilícitos que se entende não merecerem uma reacção criminal, sendo as coimas fixadas de acordo com o tipo de contra-ordenação, a culpa e a qualidade do agente.

Inclui-se ainda neste capítulo, pela sua importância e relevo no controlo da detenção de armas, o regime de cassação das licenças de detenção, uso e porte de arma, ficando claro que ao obter uma licença de detenção ou uso e porte de arma, o cidadão fica obrigado a seguir escrupulosamente determinadas regras de conduta e de comportamento social, sob pena de perder o direito à detenção da arma.

Consagra-se a cassação provisória imediata da licença e a consequente entrega da arma sempre que se revelem fortes suspeitas da prática do crime de maus tratos ao cônjuge ou a quem com ele viva em condições análogas, aos filhos ou a menores ao seu cuidado, salvaguardando-se assim o decurso dos ulteriores termos do processo judicial sem a posse da arma por parte do agente.

12. Prevenção

A proposta apresenta, inovadoramente, um conjunto de normas de enquadramento das operações especiais de prevenção criminal.

Pretende-se a criação de um quadro legal que dinamize, simplifique e assegure eficácia a operações policiais que, mediante concentração de meios numa dada zona de risco, através de actuação preventiva, neutralizem possíveis ameaças, permitindo a aplicação em larga escala de medidas cautelares e de polícia, bem como de outras legalmente previstas, sobretudo no domínio da legislação processual penal.

A definição de um novo quadro respeitante a medidas cautelares e de polícia, sua gestão e coordenação com as magistraturas deverá, em tese, integrar-se ou estar intimamente ligada ao sistema processual penal. A já anunciada revisão deste será, contudo, inevitavelmente mais morosa e envolve ponderação mais profunda.

O Governo considerou que nada impede, antes tudo parece aconselhar, que desde já e atenta a íntima ligação entre a problemática do controle das armas e as acções preventivas policiais, se procure aqui burilar, clarificar e mesmo ampliar, ainda que cirurgicamente, a margem de actuação de que devem dispor, dentro dos limites constitucionais, as forças de segurança, com vista a um significativo reforço da eficácia no combate ao crime.

O regime proposto incorpora múltiplos aperfeiçoamentos decorrentes do profícuo processo de discussão e articulação e institucional que foi oportunamente desencadeado.

No decurso desse processo a Procuradoria-Geral da República ajudou a clarificar o alcance do quadro legal em vigor, assinalando em parecer remetido ao Governo:

«Enquanto que a função de prevenção do perigo está, geralmente, regulada na legislação policial propriamente dita, a função de repressão, por exigir, pelo menos, suspeita ou indícios da prática de crime, encontra-se regulada no Código de Processo Penal.

Apenas no exercício da sua função repressiva, ou de perseguição criminal, que é tarefa cometida à Justiça, a polícia está sujeita, quer às ordens e instruções do Ministério Público, ou do Juiz de Instrução, bem como à validação dos actos que, cautelarmente, pratica.

Decorrente da dupla função exercida pela polícia, a preventiva e a repressiva, é a constatação da existência de medidas de dupla função, ou seja, medidas através das quais a polícia prossegue simultaneamente a função de prevenção do crime e a função de perseguição criminal.

Por último, e de enquadramento ainda controverso, podem referir-se as medidas de combate preventivo à criminalidade que, a doutrina dominante considera como medidas exclusivamente de prevenção do perigo, não as integrando no conceito de medidas de dupla função.

Enunciadas e delimitadas as medidas que as forças de segurança, no exercício das suas funções, podem realizar, conclui-se que pelo facto de os respectivos regimes jurídicos serem distintos, direito penal e processual penal para as medidas repressivas, e direito administrativo e policial para as medidas preventivas, as medidas de dupla função, por se integrarem simultaneamente nestes dois ramos do direito, colocam problemas de determinação do regime aplicável.

Por outro lado, sabendo-se que entre as medidas típicas de dupla função, se encontram as apreensões, as revistas e as buscas, o legislador do C.P.P. de 1987, teve a especial cautela de instituir um regime que permite que esse tipo de medidas, e a prova que através delas se tenha obtido da prática de um crime, se venha a integrar no processo penal, através da sua validação por despacho da autoridade judiciária competente, quando praticadas pelas polícias, cautelarmente, e ainda antes da determinação da abertura de inquérito pelo Ministério Público».

E acrescenta o Parecer citado:

«Na actividade de prevenção stricto sensu, ou seja, a que é realizada para impedir o aparecimento de condutas delituosas ou a sua continuação, não podem ser utilizados métodos e meios que a lei, e designadamente o C.P.P., apenas prevê para a actividade policial na sua vertente repressiva, a investigação criminal, entendida esta como a actividade destinada a recolher provas conducente ao exercício da acção penal.

Aliás, sobre a distinção entre estas duas actividades já se pronunciou o Tribunal Constitucional no Acórdão de fiscalização preventiva da constitucionalidade de diversos preceitos do Decreto n.º 126/VI da Assembleia da República, «Medidas de combate à corrupção e criminalidade económica ou financeira», onde pode ler-se que "com efeito, a generalidade dos organismos com funções de investigação criminal, entendida esta como a actividade de recolher provas conducente ao exercício da acção penal (...) detêm, igualmente, funções de prevenção quanto às infracções relativas às respectivas áreas de competência, o que, por vezes susceptibiliza dificuldades de diferenciação, tão mais delicadas quanto é certo que as regras a observar consoante se actua no domínio da prevenção ou no da investigação não são – ou não podem ser – as mesmas"».

De acordo com esta distinção pode, ainda, ler-se no mesmo Acórdão que as medidas cautelares e de polícia expressamente previstas no Código de Processo Penal são "desencadeadas na sequência da noticia de um crime e da necessidade de acautelar meios de prova".

Desenvolvendo este entendimento, o Parecer sublinha três aspectos relevantes:

a) *«Actualmente, como já supra referido, se no decurso de uma operação de prevenção criminal, a polícia for surpreendida com acontecimentos susceptíveis de constituírem a prática de ilícito penal, independentemente do dever de comunicação ao Ministério Público, deve praticar todos os actos necessários à preservação da prova.*

   Designadamente, sem prévia autorização da autoridade judiciária, a polícia pode efectuar revistas e buscas, incluindo as domiciliárias, bem como apreensões, dentro dos condicio-

nalismos legais (n.º 4 do artigo 174.º, n.º 2 do artigo 177. º, n.º 4 do artigo 178. º e n.º 1 do artigo 251.º, do C.P.P.).

De realçar que, em sede de fiscalização preventiva da constitucionalidade, o Tribunal Constitucional, no Acórdão n.º 7/87, teve oportunidade de se pronunciar sobre estes preceitos e decidiu que os n.ᵒˢ 3 e 4 do artigo 174.º, o n.º 2 do artigo 177.º, com referência as alíneas a) e b) do artigo. 174.º e ao n.º 1 do artigo. 251.º, todos do C. P. P., não eram inconstitucionais.

Assim, desde a entrada em vigor do C.P.P. até hoje, as polícias têm vindo a praticar estes actos que, depois de validação pelas autoridades judiciárias competentes são integrados no processo criminal e se assumem como actos de investigação, sem que quanto a eles se tenham vindo a levantar problemas, designadamente de constitucionalidade.»

b) *«Não é idêntica a actividade exercida pelas polícias e pelos magistrados, mesmo quando é idêntica a finalidade prosseguida por ambos. Assim, embora partindo do mesmo pressuposto, a ocorrência de facto susceptível de, nos seus elementos objectivos, constituir um crime, será muito diferente o formalismo a que obedecerão os actos, consoante for a qualidade da autoridade que os ordena, policial ou judiciária. (...)*

Consequência imediata e necessária desta distinção é a constatação de que os actos cautelares praticados pela polícia podem ser e, na generalidade, são determinados através de ordens verbais, enquanto que os actos praticados pelas autoridades judiciárias terão de assumir, necessariamente, a forma escrita.

Na verdade, uma vez que os actos praticados pelas autoridades judiciárias não revestem a apontada natureza cautelar, não requerendo posterior validação para serem integrados no processo, são ab initio actos processuais. Nessa medida, tomam necessariamente a forma de despacho e, mais importante, por serem actos decisórios, necessitam de ser fundamentados de facto e de direito [alínea a) do n.º 1, n.ᵒˢ 2 e 4 do artigo 97.º do C.P.P.].

Aliás, tratando-se de revistas e buscas exige-se, ainda, a entrega ao visado de cópia do despacho que as ordenou, exigência legal que só não é imposta quando a revista, ou busca é cautelarmente realizada pela polícia, sem prévia ordem de autoridade judiciária (n.º 1 do artigo 175.º e n.º 1 do artigo 176.º do C.P.P.)».

c) *«Não se afigura que a imperatividade (...) de que os aludidos actos sejam praticados pelo Ministério Público e/ou Juiz de Instrução, seja a solução preferível para intervenções policiais de prevenção em zonas de risco da prática de crimes relacionados com a detenção ilegal de armas de fogo, susceptível de vir a envolver situações de perigo para a integridade física e/ou a vida não só dos intervenientes, como de qualquer transeunte acidental, atento o formalismo legal subjacente às suas decisões.»*

O articulado que ora se apresenta foi formulado de forma a ter em conta a hermenêutica transcrita.

Ao desenhar uma solução de mera comunicação prévia das operações e eventual acompanhamento (vg. através de presença numa das modernas "salas de situação" hoje tecnicamente disponíveis), separa-se o que não deve ser susceptível de confusão, sem deixar de propiciar a desejável articulação entre magistraturas e forças de segurança.

Através da presente proposta o Governo submete ao Parlamento um quadro jurídico adequado para o reforço do combate ao tráfico e comércio ilegal de armas e para um controlo efectivo do uso e porte de armas por parte dos cidadãos, com o objectivo de salvaguardar a ordem, segurança e tranquilidade públicas.

Foram ouvidas as associações representativas do sector e outras entidades cujo parecer é relevante. [4]

---

[4] Os pontos 3 a 12 têm como suporte a informação disponível no site: http://armas.mai-gov.info/

13. A ideia de um manual prático anotado

Atendendo à especificidade e até complexidade do novo regime jurídico das armas e suas munições, entendemos, por sermos órgãos de polícia criminal e trabalharmos diariamente com a presente lei, direccioná-la numa vertente prática através de várias anotações que percorrem muitos dos seus artigos, tornando assim sua consulta simplificada e fundamentalmente mais rápida. Estamos convictos que o presente trabalho, executado desta forma, vai ser um instrumento muito útil não só às forças e serviços de segurança, mas também a todos os operadores judiciários, a armeiros, caçadores e titulares de licença de uso e porte de arma.

Julho de 2009

REGIME JURÍDICO
DAS ARMAS
E SUAS MUNIÇÕES

ASSEMBLEIA DA REPÚBLICA

Lei n.º 17/2009
de 6 de Maio

Procede à segunda alteração à Lei n.º 5/2006, de 23 de Fevereiro, que aprova o novo regime jurídico das armas e suas munições

A Assembleia da República decreta, nos termos da alínea *c)* do artigo 161.º da Constituição, o seguinte:

Artigo 1.º
Alteração à Lei n.º 5/2006, de 23 de Fevereiro

Os artigos 1.º a 5.º, 7.º, 8.º, 11.º, 12.º, 14.º, 15.º, 17.º, 19.º, 21.º, 22.º, 28.º a 30.º, 32.º, 34.º, 35.º, 38.º, 39.º, 41.º a 43.º, 45.º, 47.º, 48.º, 51.º a 53.º, 55.º, 56.º, 60.º, 62.º a 65.º, 67.º, 68.º, 70.º, 71.º, 73.º a 75.º, 77.º a 82.º, 84.º a 89.º, 91.º, 95.º, 97.º a 99.º, 101.º, 107.º a 109.º e 113.º da Lei n.º 5/2006, de 23 de Fevereiro, que aprova o novo regime jurídico das armas e suas munições, na redacção que lhe foi dada pela Lei n.º 59/2007, de 4 de Setembro, passam a ter a seguinte redacção:

(As alterações foram efectuadas no próprio texto legal)

Artigo 2.º
Aditamento à Lei n.º 5/2006, de 23 de Fevereiro

São aditados os artigos 11.º-A, 19.º-A, 50.º-A, 68.º-A, 79.º-A, 95.º-A, 99.º-A e 112.º-A à Lei n.º 5/2006, de 23 de Fevereiro, que aprova o novo regime jurídico das armas e suas munições, na redacção que lhe foi dada pela Lei n.º 59/2007, de 4 de Setembro, com a seguinte redacção:

(As alterações foram efectuadas no próprio texto legal)

Artigo 3.º

Alteração à sistemática da Lei n.º 5/2006, de 23 de Fevereiro

1 – O capítulo II da Lei n.º 5/2006, de 23 de Fevereiro, passa a denominar-se «Homologação, licenças para uso e porte de armas ou sua detenção».

2 – A secção I do capítulo II da Lei n.º 5/2006, de 23 de Fevereiro, passa a denominar-se «Homologação, tipos de licença e atribuição».

(As alterações foram efectuadas no próprio texto legal)

Artigo 4.º

Republicação

(O texto do diploma legal encontra-se de acordo com a republicação)

Artigo 5.º

Disposições transitórias

1 – As armas classificadas ao abrigo da anterior redacção do n.º 3 do artigo 1.º, como utilizando munições de calibre obsoleto, que não forem abrangidas pela portaria do Ministério da Administração Interna a que se refere a actual redacção do n.º 3 do artigo 1.º, devem ser manifestadas no prazo de seis meses a contar da publicação daquela portaria.

2 – Quem detiver entre três a cinco armas das classes C e D, fica obrigado a observar as condições de guarda das armas a que se refere o artigo 32.º, no prazo de três meses a partir da entrada em vigor da presente lei.

3 – Quem desenvolver as actividades compreendidas nas alíneas *d)* e *e)* do n.º 1 do artigo 48.º fica obrigado a requerer o respectivo alvará de armeiro no prazo de seis meses a partir da entrada em vigor da presente lei.

4 – Quem detiver munições cujo número exceda os limites previstos no artigo 35.º da presente lei, deverá obedecer aos limites previstos no referido artigo, no prazo de três meses a partir da entrada em vigor da presente lei.

Artigo 6.º
Regulamentação

São aprovadas por portaria do Ministério da Administração Interna, a publicar no prazo de 180 dias, as normas relativas às seguintes matérias:

a) A lista das armas obsoletas a que se refere o n.º 3 do artigo 1.º;
b) A marcação das embalagens de munições a que se refere o n.º 4 do artigo 74.º

Artigo 7.º
Norma revogatória

São revogados o n.º 5 do artigo 30.º, o n.º 4 do artigo 62.º e o anexo a que se referia o n.º 3 do artigo 1.º da presente lei, na sua redacção original.

Artigo 8.º
Entrada em vigor

1 – A presente lei entra em vigor 30 dias após a sua publicação.

2 – O artigo 11.º-A entra em vigor um ano após a publicação da presente lei.

Aprovada em 19 de Março de 2009.

O Presidente da Assembleia da República, *Jaime Gama.*

Promulgada em 21 de Abril de 2009.

Publique-se.

O Presidente da República, Aníbal Cavaco Silva.

Referendada em 22 de Abril de 2009.

O Primeiro-Ministro, *José Sócrates Carvalho Pinto de Sousa.*

ASSEMBLEIA DA REPÚBLICA

Lei n.º 5/2006
de 23 de Fevereiro

Publicado no Diário da República N.º 39, Série I-A,
de 23 de Fevereiro de 2006
Aprova o novo regime jurídico das armas e suas munições

A Assembleia da República decreta, nos termos da alínea *c)* do artigo 161.º da Constituição, o seguinte:

CAPÍTULO I
Disposições gerais

SECÇÃO I
Objecto, âmbito, definições legais e classificação das armas

Artigo 1.º
Objecto e âmbito

1 – A presente lei estabelece o regime jurídico relativo ao fabrico, montagem, reparação, importação, exportação, transferência, armazenamento, circulação, comércio, aquisição, cedência, detenção, manifesto, guarda, segurança, uso e porte de armas, seus componentes e munições, bem como o enquadramento legal das operações especiais de prevenção criminal.

2 – Ficam excluídas do âmbito de aplicação da presente lei as actividades relativas a armas e munições destinadas às Forças Armadas, às forças e serviços de segurança, bem como a outros serviços públicos cuja lei expressamente as exclua, bem como aquelas que se destinem exclusivamente a fins militares.[5-6]

3 – Ficam ainda excluídas do âmbito de aplicação da presente lei as actividades referidas no n.º 1 relativas a armas de fogo e munições cuja data de fabrico seja anterior a 1 de Janeiro de 1891, bem como aquelas que utilizem munições obsoletas,[7] constantes de portaria do Ministério da Administração Interna ou que obtenham essa classificação por peritagem individual da Polícia de Segurança Pública (PSP).

4 – Ficam também excluídos do âmbito de aplicação da presente lei:

a) As espadas, sabres, espadins, baionetas e outras armas tradicionalmente destinados a honras e cerimoniais militares ou a outras cerimónias oficiais;

b) Os marcadores de *paintball,* respectivas partes e acessórios.

5 – A detenção, uso e porte de arma por militares dos quadros permanentes das Forças Armadas e por membros das forças e serviços de segurança são regulados por lei própria.

Anotações:

[5] As forças e serviços de segurança possuem um quadro normativo específico no que concerne à utilização das armas de fogo, que se pauta pelo Decreto-Lei n.º 457/99, de 5 de Novembro, regulando o seu uso em acção policial. *Vide* p. 197.

[6] O acesso ao exercício da actividade de comércio de armamento (bens e tecnologias militares) pelas empresas privadas, bem como pelos organismos do Estado, autónomos ou não, e empresas públicas ou de capitais exclusivamente públicos, encontra-se regulamentado pela Lei n.º 49/2009, de 5 de Agosto. Salienta-se que a DGAED (Direcção Geral de Armamento e Equipamento de Defesa) é responsável pelo controlo do comércio de armas, acessórios e munições que estejam classificadas como tendo utilização militar.

[7] **Munição obsoleta** – a munição de fabrico anterior a 1 de Janeiro de 1891, ou posterior a essa data, que tenha deixado de ser produzida industrialmente e que não é comercializada há pelo menos 40 anos (artigo 2.º, n.º 3, al. aa)).

Artigo 2.º
Definições legais

Para efeitos do disposto na presente lei e sua regulamentação e com vista a uma uniformização conceptual, entende-se por:

1 – Tipos de armas:

a) **«Aerossol de defesa»** todo o contentor portátil de gases comprimidos cujo destino seja unicamente o de produzir descargas de gases momentaneamente neutralizantes da capacidade agressora, não podendo pela sua apresentação e características ser confundido com outras armas ou dissimular o fim a que se destina;

b) **«Arco»** a arma branca destinada a lançar flechas mediante o uso da força muscular;[8]

c) **«Arma de acção dupla»** a arma de fogo que pode ser disparada efectuando apenas a operação de accionar o gatilho;

d) **«Arma de acção simples»** a arma de fogo que é disparada mediante duas operações constituídas pelo armar manual do mecanismo de disparo e pelo accionar do gatilho;

e) **«Arma de alarme ou salva»** o dispositivo com a configuração de uma arma de fogo destinado unicamente a produzir um efeito sonoro semelhante ao produzido por aquela no momento do disparo;

Anotações:

[8] Na Exposição de Motivos apresentada à Assembleia da República a propósito da Proposta de Lei 28/X, o Governo apresentou o enquadramento legal e histórico da nova Lei das Armas, explanando as suas características fundamentais. Definiram-se e uniformizaram-se conceitos utilizados na linguagem forense, administrativa e técnico-científica relacionada com as armas, neles se incluindo o do **arco e da besta**, de molde a reforçar a ideia sobre a sua tipicidade como armas brancas que são. Contudo, atentas as especificidades de uso próprias destas armas, nomeadamente enquanto objectos de prática desportiva e venatória, entendeu-se optar pela sua exclusão deste diploma no que se refere à sua integração numa das classes de armas previstas, à autorização para a sua venda e aquisição, à sua detenção, e ao seu uso e porte, deixando-se, tal qual se encontram actualmente, em regime de venda livre. Importa referir que, sem prejuízo de estas armas virem futuramente a conhecer um tratamento jurídico autónomo, fica desde já prevista a punição do seu uso e porte ilícito, por serem inequivocamente ambas armas brancas e como tal agora consideradas, sujeitando-se sempre o seu portador à necessidade de justificação da sua posse.

f) «**Arma de ar comprimido**» a arma accionada por ar ou outro gás comprimido, com cano de alma lisa ou estriada, destinada a lançar projéctil metálico;

g) «**Arma de ar comprimido desportiva**» a arma de ar comprimido reconhecida por uma federação desportiva como adequada para a prática de tiro desportivo, nos termos do disposto na respectiva lei;

h) «**Arma de ar comprimido de aquisição condicionada**» a arma de ar comprimido capaz de propulsar projécteis de calibre superior a 5,5 mm e as de qualquer calibre, capazes de propulsar projécteis, cuja energia cinética, medida à boca do cano, seja igual ou superior a 24 J;

i) «**Arma de ar comprimido de aquisição livre**» a arma de ar comprimido, de calibre até 5,5 mm, capaz de propulsar projécteis, cuja energia cinética,[9] medida à boca do cano, seja inferior a 24 J;

j) «**Arma automática**» a arma de fogo que, mediante uma única acção sobre o gatilho ou disparador, faz uma série contínua de vários disparos;[10]

l) «**Arma biológica**» o engenho susceptível de libertar ou de provocar contaminação por agentes microbiológicos ou outros agentes biológicos, bem como toxinas, seja qual for a sua origem ou modo de produção, de tipos e em quantidades que não sejam destinados a fins profilácticos de protecção ou outro de carácter pacífico e que se mostrem nocivos ou letais para a vida;

m) «**Arma branca**» todo o objecto ou instrumento portátil dotado de uma lâmina ou outra superfície cortante, perfurante, ou corto-contundente, de comprimento igual ou superior a 10 cm e, independentemente das suas dimensões, as facas borboleta, as facas de abertura automática ou de ponta e mola, as facas de arremesso, os estiletes com lâmina ou haste e

---

Anotações:

[9] O conceito de energia cinética está ligado com o movimento do projéctil.
[10] *Vulgo* rajada.

todos os objectos destinados a lançar lâminas, flechas ou virotões;[11]

n) «**Arma de carregamento pela boca**» a arma de fogo em que a culatra não pode ser aberta manualmente e o carregamento da carga propulsora e do projéctil só podem ser efectuados pela boca do cano, no caso das armas de um ou mais canos, e pela boca das câmaras, nas armas equipadas com tambor, considerando-se equiparadas às de carregamento pela boca as armas que, tendo uma culatra móvel, não podem disparar senão cartucho combustível, sendo o sistema de ignição colocado separadamente no exterior da câmara;

o) «**Arma eléctrica**» todo o sistema portátil alimentado por fonte energética e destinado unicamente a produzir descarga eléctrica momentaneamente neutralizante da capacidade motora humana, não podendo, pela sua apresentação e características, ser confundida com outras armas ou dissimular o fim a que se destina;

p) «**Arma de fogo**» todo o engenho ou mecanismo portátil destinado a provocar a deflagração de uma carga propulsora geradora de uma massa de gases cuja expansão impele um ou mais projécteis;

q) «**Arma de fogo curta**» a arma de fogo cujo cano não exceda 30 cm ou cujo comprimento total não exceda 60 cm;

r) «**Arma de fogo inutilizada**» a arma de fogo a que foi retirada ou inutilizada peça ou parte essencial para obter o disparo do projéctil e que seja acompanhada de certificado de inutilização emitido ou reconhecido pela Direcção Nacional da Polícia de Segurança Pública (PSP);

s) «**Arma de fogo longa**» qualquer arma de fogo com exclusão das armas de fogo curtas;

Anotações:

[11] Com a nova redacção dada pela Lei n.º 17/2009, de 6 de Maio, foi resolvido o diferendo interpretativo acerca do comprimento de lâmina, principalmente no que concerne às facas tipo borboleta e de abertura automática. Presentemente são definidas como armas brancas, independentemente da dimensão da respectiva lâmina.

t) «**Arma de fogo desactivada**» a arma de fogo a que foi retirada peça ou peças necessárias para obter o disparo do projéctil;

u) «**Arma de fogo obsoleta**» a arma de fogo excluída do âmbito de aplicação da lei por ser de fabrico anterior a 1 de Janeiro de 1891, bem como aquelas que, sendo de fabrico posterior àquela data, utilizem munições obsoletas constantes da lista de calibres obsoletos publicada em portaria do Ministério da Administração Interna ou que obtenham essa classificação por peritagem individual da PSP;

v) «**Arma de fogo modificada**» a arma de fogo que, mediante uma intervenção não autorizada de qualquer tipo, sofreu alterações das suas partes essenciais, marcas e numerações de origem, ou aquela cuja coronha tenha sido reduzida de forma relevante na sua dimensão a um punho ou substituída por outra telescópica ou rebatível;[12]

x) «**Arma de fogo transformada**» o dispositivo que, mediante uma intervenção mecânica modificadora, obtêve características que lhe permitem funcionar como arma de fogo;[13]

z) «**Arma lançadora de gases**» o dispositivo portátil destinado a lançar gases por um cano;

aa) «**Arma lança-cabos**» o mecanismo portátil com a configuração de uma arma de fogo, destinado unicamente a lançar linha ou cabo;

ab) «**Arma química**» o engenho ou qualquer equipamento, munição ou dispositivo especificamente concebido para libertar produtos tóxicos e seus precursores que pela sua acção química sobre os processos vitais possa causar a morte ou lesões em seres vivos;

ac) «**Arma radioactiva ou susceptível de explosão nuclear**» o engenho ou produto susceptível de provocar uma explosão

---

Anotações:

[12] Na realidade nacional o exemplo mais esclarecedor de uma arma de fogo modificada quanto ao comprimento do cano é a caçadeira de canos serrados.

[13] A experiência policial indica que o exemplo mais elucidativo deste tipo de arma é o da transformação de alguns modelos de armas de alarme em armas de fogo, nomeadamente em calibre 6,35 mm.

por fissão ou fusão nuclear ou libertação de partículas radioactivas ou ainda susceptível de, por outra forma, difundir tal
tipo de partículas;

ad) «**Arma de repetição**» a arma de fogo com depósito fixo ou
com carregador amovível que, após cada disparo, é
recarregada pela acção do atirador sobre um mecanismo que
transporta e introduz na câmara nova munição, retirada do
depósito ou do carregador ou que posiciona a câmara para
ser disparada a munição que contém;

ae) «**Arma semiautomática**» a arma de fogo com depósito fixo
ou com carregador amovível que, após cada disparo, se car-
rega automaticamente e que não pode, mediante uma única
acção sobre o gatilho, fazer mais de um disparo;

af) «**Arma de sinalização**» o mecanismo portátil com a configuração de arma de fogo destinado a lançar um dispositivo
pirotécnico de sinalização, cujas características excluem a
conversão para o tiro de qualquer outro tipo de projéctil;

ag) «**Reprodução de arma de fogo para práticas recreativas**»
o mecanismo portátil com a configuração de arma de fogo
das classes A, B, B1, C e D, pintado com cor fluorescente,
amarela ou encarnada, indelével, claramente visível quando
empunhado, em 5 cm a contar da boca do cano e na totalidade do punho, caso se trate de arma curta, ou em 10 cm a
contar da boca do cano e na totalidade da coronha, caso se
trate de arma longa, por forma a não ser susceptível de confusão com as armas das mesmas classes, apto unicamente a
disparar esfera não metálica cuja energia à saída da boca do
cano não seja superior a 1,3 J para calibres inferiores ou
iguais a 6 mm e munições compactas ou a 13 J para outros
calibres e munições compostas por substâncias gelatinosas;

ah) «**Marcador de *paintball***» o mecanismo portátil propulsio-
nado a ar comprimido, apto unicamente a disparar esfera não
metálica constituída por tinta hidrossolúvel e biodegradável
não poluente contida em invólucro de gelatina, cuja energia à
saída da boca do cano não seja superior a 13 J;

ai) «**Arma submarina**» a arma branca destinada unicamente a
disparar arpão quando submersa em água;

aj) **«Arma de tiro a tiro»** a arma de fogo sem depósito ou carregador, de um ou mais canos, que é carregada mediante a introdução manual de uma munição em cada câmara ou câmaras ou em compartimento situado à entrada destas;

al) **«Arma veterinária»** o mecanismo portátil com a configuração de uma arma de fogo destinado unicamente a disparar projéctil de injecção de anestésicos ou outros produtos veterinários sobre animais;

am) **«Bastão eléctrico»** a arma eléctrica com a forma de um bastão;

an) **«Bastão extensível»** o instrumento portátil telescópico, rígido ou flexível, destinado a ser empunhado como meio de agressão ou defesa;

ao) **«Besta»** a arma branca dotada de mecanismo de disparo que se destina exclusivamente a lançar virotão;[14]

ap) **«Boxer»** o instrumento metálico ou de outro material duro destinado a ser empunhado e a ampliar o efeito resultante de uma agressão;

aq) **«Carabina»** a arma de fogo longa com cano da alma estriada;[15]

ar) **«Espingarda»** a arma de fogo longa com cano de alma lisa;[16]

as) **«Estilete»** a arma branca, ou instrumento com configuração de arma branca, composta por uma haste perfurante sem gumes e por um punho;

at) **«Estrela de lançar»** a arma branca, ou instrumento com configuração de arma branca, em forma de estrela com pontas cortantes que se destina a ser arremessada manualmente;

au) **«Faca de arremesso»** a arma branca, ou instrumento com configuração de arma branca, composta por uma lâmina integrando uma zona de corte e perfuração e outra destinada a ser empunhada ou a servir de contrapeso com vista a ser lançada manualmente;

Anotações:

[14] *Vide* conteúdo da nota 8.

[15] No entanto, esta definição de carabina, aparentemente, apenas se aplica às armas civis dado que o Exército Português classifica as suas armas de fogo longas de assalto, como "Espingardas Automáticas", apesar de terem o cano com alma estriada.

[16] Própria para a actividade venatória e/ou desportiva.

av) «**Faca de borboleta**» a arma branca, ou instrumento com configuração de arma branca, composta por uma lâmina articulada num cabo ou empunhadura dividido longitudinalmente em duas partes também articuladas entre si, de tal forma que a abertura da lâmina pode ser obtida instantaneamente por um movimento rápido de uma só mão;

ax) «**Faca de abertura automática ou faca de ponta e mola**» a arma branca, ou instrumento com configuração de arma branca, composta por um cabo ou empunhadura que encerra uma lâmina, cuja disponibilidade pode ser obtida instantaneamente por acção de uma mola sob tensão ou outro sistema equivalente;

az) «**Pistola**» a arma de fogo curta, de tiro a tiro, de repetição ou semiautomática;

aaa) «**Pistola-metralhadora**» a arma de fogo automática, compacta, que utiliza munições para arma de fogo curta;

aab) «**Réplica de arma de fogo**» a arma de fogo de carregamento pela boca, apta a disparar um ou mais projécteis, utilizando carga de pólvora preta ou similar, que não seja classificada no âmbito do n.º 3 do artigo 1.º;

aac) «**Reprodução de arma de fogo**» o mecanismo portátil com a configuração de uma arma de fogo que, pela sua apresentação e características, possa ser confundida com as armas previstas nas classes A, B, B1, C e D, com exclusão das reproduções de arma de fogo para práticas recreativas, das armas de alarme ou de salva não transformáveis e das armas de *starter;*

aad) «**Revólver**» a arma de fogo curta, de repetição, com depósito constituído por tambor contendo várias câmaras;

aae) «**Arma de *starter***» o dispositivo tecnicamente não susceptível de ser transformado em arma de fogo, com a configuração de arma de fogo, destinado unicamente a produzir um efeito sonoro, para ser utilizado em actividades desportivas e treinos de caça;

aaf) «**Arma com configuração de armamento militar**» a arma de fogo que, pela sua configuração ou características técnicas, seja susceptível de ser confundida com equipamentos, meios militares e material de guerra ou classificada como tal.

2 – Partes das armas de fogo:

a) «**Alma do cano**» a superfície interior do cano entre a câmara e a boca;

b) «**Alma estriada**» a superfície interior do cano com sulcos helicoidais ou outra configuração em espiral, que permite conferir rotação ao projéctil, dotando-o de estabilidade giroscópica;

c) «**Alma lisa**» a superfície interior do cano não dotada de qualquer dispositivo destinado a imprimir movimento de rotação ao projéctil;[17]

d) «**Báscula**» parte da arma de fogo em que se articula o cano ou canos e que obtura a câmara ou câmaras fazendo o efeito de culatra;

e) «**Boca do cano**» a extremidade da alma do cano por onde sai o projéctil;

f) «**Caixa da culatra**» a parte da arma onde está contida e se movimenta a culatra;

g) «**Câmara**» a parte do cano ou, nos revólveres, a cavidade do tambor onde se introduz a munição;

h) «**Cano**» a parte da arma constituída por um tubo destinado a guiar o projéctil no momento do disparo;

i) «**Cão**» a peça de um mecanismo de percussão que contém ou bate no percutor com vista ao disparo da munição;

j) «**Carcaça**» a parte da arma curta de que faz parte ou onde se fixa o punho e que encerra o mecanismo de disparo;

l) «**Carregador**» o contentor amovível onde estão alojadas as munições numa arma de fogo;

m) «**Coronha**» a parte de uma arma de fogo que se destina a permitir o seu apoio no ombro do atirador;

n) «**Corrediça**» a parte da arma automática ou semiautomática que integra a culatra e que se movimenta em calhas sobre a carcaça;

Anotações:

[17] *I.e.*, sem estrias (sulcos helicoidais).

Lei n.º 5/2006, de 23 de Fevereiro

o) «**Culatra**» a parte da arma de fogo que obtura a extremidade do cano onde se localiza a câmara;

p) «**Depósito**» o compartimento inamovível de uma arma de fogo onde estão alojadas as munições;

q) «**Gatilho ou cauda do gatilho**» a peça do mecanismo de disparo que, quando accionada pelo atirador, provoca o disparo;

r) «**Guarda-mato**» a peça que protege o gatilho de acciona-mento acidental;

s) «**Mecanismo de disparo**» o sistema mecânico ou outro que, quando accionado através do gatilho, provoca o disparo;

t) «**Mecanismo de travamento**» o conjunto de peças destinado a bloquear a culatra móvel na posição de obturação da câmara;

u) «**Partes essenciais da arma de fogo**» nos revólveres, o cano, o tambor e a carcaça, nas restantes armas de fogo, o cano, a culatra, a caixa da culatra ou corrediça, a báscula e a carcaça;

v) «**Percutor**» a peça de um mecanismo de disparo que acciona a munição, por impacte na escorva ou fulminante;

x) «**Punho**» a parte da arma de fogo que é agarrada pela mão que dispara;

z) «**Silenciador**» o acessório que se aplica sobre a boca do cano de uma arma destinado a eliminar ou reduzir o ruído resultante do disparo;

aa) «**Tambor**» a parte de um revólver constituída por um conjunto de câmaras que formam um depósito rotativo de munições;

ab) «**Sistema de segurança de arma**» mecanismo da arma que pode ser accionado pelo atirador, destinado a impedir o seu disparo quando actuado o gatilho.

3 – Munições das armas de fogo e seus componentes:[18]

a) «**Bala ou projéctil**» a parte componente de uma munição ou carregamento que se destina a ser lançada através do cano pelos gases resultantes da deflagração de uma carga propulsora ou outro sistema de propulsão;

Anotações:

[18] São partes constituintes da munição: o invólucro, o sistema de ignição (fulminante ou escorva), a carga propulsora e o projéctil. No caso do cartucho de caça, inclui-se a ainda bucha.

b) «**Calibre da arma**» a denominação da munição para que a arma é fabricada;

c) «**Calibre do cano**» o diâmetro interior do cano, expresso em milímetros ou polegadas, correspondendo, nos canos de alma estriada, ao diâmetro de brocagem antes de abertas as estrias, ou equivalente a este diâmetro no caso de outros processos de fabrico;

d) «**Carga propulsora ou carga de pólvora**» a carga de composto químico usada para carregar as munições ou a carga de pólvora preta ou substância similar usada para carregar as armas de carregamento pela boca;

e) «**Cartucho**» o recipiente metálico, plástico ou de vários materiais, que se destina a conter o fulminante, a carga propulsora, a bucha e a carga de múltiplos projécteis, ou o projéctil único, para utilização em armas de fogo com cano de alma lisa;

f) «**Bucha**» a parte componente de uma munição em plástico ou outro material, destinada a separar a carga propulsora do projéctil ou múltiplos projécteis, podendo também incorporar um recipiente que contém projécteis;

g) «**Cartucho carregado**» a munição para arma de fogo com cano de alma lisa contendo todos os seus componentes em condições de ser disparado;

h) «**Cartucho vazio**» o cartucho para arma de fogo com cano de alma lisa não contendo nenhum dos componentes necessários ao disparo;

i) «**Cartucho de letalidade reduzida**» o cartucho carregado com projéctil ou carga de projéctil não metálicos com vista a não ser letal;

j) «**Cartucho carregado com bala**» a munição carregada com projéctil único, para arma com cano de alma lisa, ou arma com cano raiado para utilização de munições para arma com cano de alma lisa;

l) «**Chumbos de caça**» os projécteis, com diâmetro até 4,5 mm, com que se carregam os cartuchos de caça;

m) «**Componentes para recarga**» os cartuchos, invólucros, fulminantes ou escorvas, carga propulsora e projécteis para munições de armas de fogo;

n) «**Fulminante ou escorva**» o componente da munição composto por uma cápsula que contém mistura explosiva, a qual, quando deflagrada, provoca uma chama intensa destinada a inflamar a carga propulsora da munição, não fazendo parte da munição nas armas de carregamento pela boca;

o) «**Invólucro**» o recipiente metálico, de plástico ou de outro material, que se destina a conter o fulminante, a carga propulsora e o projéctil para utilização em armas com cano de alma estriada;

p) «**Munição de arma de fogo**» o cartucho ou invólucro ou outro dispositivo contendo o conjunto de componentes que permitem o disparo do projéctil ou de múltiplos projécteis, quando introduzidos numa arma de fogo;

q) «**Munição com projéctil desintegrável**» a munição cujo projéctil é fabricado com o objectivo de se desintegrar no impacte com qualquer superfície ou objecto duro;[19]

r) «**Munição com projéctil expansivo**» a munição cujo projéctil é fabricado com o objectivo de expandir no impacte com um corpo sólido;[20]

s) «**Munição com projéctil explosivo**» a munição com projéctil contendo uma carga que explode no momento do impacte;[21]

t) «**Munição com projéctil incendiário**» a munição com projéctil contendo um composto químico que se inflama em contacto com o ar ou no momento do impacte;[22]

Anotações:

[19] O seu fabrico tem por objectivo principal evitar ricochetes e, consequentemente, danos materiais e humanos.

[20] O impacte provoca grande perda de energia, reduzindo substancialmente os danos colaterais. As balas expansivas ao perfurarem o corpo abrem-se ou fragmentam-se, ou seja, "expandem-se", e o estrago que provocam é maior que o das balas simples. O projéctil tem uma ponta oca e sulcos na parte de fora. Quando ele encontra um objecto aquoso ou gelatinoso, como um órgão animal, abre como se fosse uma flor, fazendo uma verdadeira cratera dentro do alvo.

[21] Munição para uso militar, muito utilizado na neutralização de alvos móveis e/ou estáticos com elevada precisão.

[22] Munição para uso militar.

u) «**Munição com projéctil encamisado**» a munição com projéctil designado internacionalmente como *full metal jacket* (FMJ), com camisa metálica que cobre o núcleo em toda a sua extensão,[23] com excepção, ou não, da base;

v) «**Munição com projéctil perfurante**» a munição com projéctil destinado a perfurar alvos duros e resistentes;[24]

x) «**Munição com projéctil tracejante**» a munição com projéctil que contém uma substância pirotécnica destinada a produzir chama, ou chama e fumo, de forma a tornar visível a sua trajectória;[25]

z) «**Munição com projéctil cilíndrico**» a munição designada internacionalmente como *wadcutter* de projéctil cilíndrico ou de ponta achatada, destinada a ser usada em tiro desportivo, provocando no alvo um orifício de contorno bem definido;[26]

aa) «**Munição obsoleta**» a munição de fabrico anterior a 1 de Janeiro de 1891, ou posterior a essa data, que tenha deixado de ser produzida industrialmente e que não é comercializada há pelo menos 40 anos;

ab) «**Percussão anelar ou lateral**» o sistema de ignição de uma munição em que o percutor actua sobre um ponto periférico relativamente ao centro da base da mesma;

ac) «**Percussão central**» o sistema de ignição de uma munição em que o percutor actua sobre a escorva ou fulminante aplicado no centro da base do invólucro;

ad) «**Zagalotes**» os projécteis, com diâmetro superior a 4,5 mm, que fazem parte de um conjunto de múltiplos projécteis para serem disparados em armas de fogo com cano de alma lisa;

ae) «**Munição de salva ou alarme**» a munição sem projéctil e destinada unicamente a produzir um efeito sonoro no momento do disparo.

Anotações:

[23] Revestimento uniforme, fundamentalmente de cobre, nylon ou outro material que deslize pelo cano da arma melhor que o chumbo. Resultado: o tiro sai com mais velocidade, o que melhora a precisão e o alcance do disparo.

[24] Munição com projéctil de núcleo em aço temperado ou metal duro ou endurecido.

[25] Através da utilização de magnésio de combustão brilhante.

[26] O *wadcutter* é um tipo de chumbo usado para executar um tiro consistente, preciso, pois a sua forma achatada proporciona um impacto no alvo de moderada penetração.

Lei n.º 5/2006, de 23 de Fevereiro

4 – Funcionamento das armas de fogo:

a) «**Arma de fogo carregada**» a arma de fogo que tenha uma munição introduzida na câmara e a arma de carregar pela boca em que seja introduzida carga propulsora, fulminante e projéctil na câmara ou câmaras;

b) «**Arma de fogo com segurança accionada**» a arma de fogo em que está accionado o mecanismo que impede o disparo pela pressão no gatilho;

c) «**Arma de fogo municiada**» a arma de fogo com pelo menos uma munição introduzida no seu depósito ou carregador;

d) «**Ciclo de fogo**» o conjunto de operações realizadas sequencialmente que ocorrem durante o funcionamento das armas de fogo de carregar pela culatra;

e) «**Culatra aberta**» a posição em que a culatra, a corrediça ou a báscula de uma arma se encontra de forma que a câmara não esteja obturada;

f) «**Culatra fechada**» a posição em que a culatra, corrediça ou báscula de uma arma se encontra de forma a obturar a câmara;

g) «**Disparar**» o acto de pressionar o gatilho, accionando o mecanismo de disparo da arma, de forma a provocar o lançamento do projéctil.

5 – Outras definições:

a) «**Armeiro**» qualquer pessoa singular ou colectiva cuja actividade profissional consista, total ou parcialmente, no fabrico, compra e venda ou reparação de armas de fogo e suas munições;

b) «**Campo de tiro**» a instalação exterior funcional e exclusivamente destinada à pratica de tiro com arma de fogo carregada com munição de projécteis múltiplos;[27]

c) «**Cedência a título de empréstimo**» a entrega de arma a terceiro, para que este se sirva dela durante certo período, com a obrigação de a restituir findo o mesmo, saindo a arma da esfera de disponibilidade do seu proprietário;

Anotações:

[27] *Vide* **Decreto Regulamentar n.º 19/2006, de 25 de Outubro** (p. 205).

52 Regime Jurídico das Armas e suas Munições – Anotações

d) «**Carreira de tiro**» a instalação interior ou exterior, funcional e exclusivamente destinada à prática de tiro com arma de fogo carregada com munição de projéctil único;[28]

e) «**Casa forte ou fortificada**» a construção ou compartimento de uso exclusivo do portador ou detentor, integralmente edificada em betão, ou alvenaria, ou com paredes, soalho e tecto reforçados com malha ou estrutura metálica, sendo em todos os casos dotado de porta de segurança com fechadura de trancas e, caso existam, janelas com grades metálicas;

f) «**Data de fabrico de arma**» o ano em que a arma foi produzida ou, sendo desconhecido, quando iniciada a sua produção;

g) «**Detenção de arma**» o facto de ter em seu poder ou na sua esfera de disponibilidade uma arma;

h) «**Disparo de advertência**» o acto voluntário de disparar uma arma apontada para zona livre de pessoas e bens;

i) «**Equipamentos, meios militares e material de guerra**» os equipamentos, armas, engenhos, instrumentos, produtos ou substâncias fabricados para fins militares e utilizados pelas Forças Armadas e forças e serviços de segurança;

j) «**Estabelecimento de diversão nocturna**» entre as 0 e as 9 horas, todos os locais públicos ou privados, construídos ou adaptados para o efeito, na sequência ou não de um processo de licenciamento municipal, que se encontrem a funcionar essencialmente como bares, discotecas e similares, salas de jogos eléctricos ou manuais e feiras de diversão;

l) «**Explosivo civil**» todas as substâncias ou produtos explosivos[29] cujo fabrico, comércio, transferência, importação e utilização estejam sujeitos a autorização concedida pela autoridade competente;[30]

Anotações:

[28] *Vide* **Decreto Regulamentar n.º 19/2006, de 25 de Outubro** (p. 205).

[29] O *Anexo I* do Decreto-Lei n.º 376/84, de 30 de Novembro – regulamento sobre matérias explosivas – alterado pelo Decreto-Lei n.º 474/88, de 22 de Dezembro, define como produtos explosivos:

a) Substâncias explosivas: pólvoras (físicas e químicas), propergóis (sólidos e líquidos) e explosivos (simples e compostos);

Anotações:

b) Objectos carregados de substâncias explosivas: munições, espoletas, detonadores, cápsulas, escorvas, estopins, mechas (rastilhos), cordões detonantes, cartuchos e outros de natureza ou uso equiparados;

c) Composições pirotécnicas: luminosas, incendiárias, fumígenas, sonoras e tóxicas;

d) Objectos carregados de composições pirotécnicas: artifícios pirotécnicos (inflamadores, brinquedos pirotécnicos, fogo-de-artifício e artifícios de sinalização) e munições químicas (incendiárias, fumígenas e tóxicas).

Já o n.º 2 do artigo 4.º do regulamento de segurança dos estabelecimentos de fabrico e de armazenagem de produtos explosivos, aprovado pelo de Decreto-Lei n.º 139/2002, de 17 de Maio, na sua redacção actual, define e caracteriza como produtos e substâncias explosivas:

a) Matérias explosivas: matérias sólidas ou líquidas (ou misturas de matérias) susceptíveis, por reacção química, de libertar gases a uma temperatura, a uma pressão e a uma velocidade tais que podem causar danos nas imediações;

b) Matérias pirotécnicas: matérias ou misturas de matérias destinadas a produzir um efeito calorífico, luminoso, sonoro, gasoso ou fumígeno, ou uma combinação destes efeitos, na sequência de reacções químicas exotérmicas auto-sustentadas não detonantes;

c) Objectos explosivos: objectos que contêm uma ou várias matérias explosivas e ou matérias pirotécnicas;

d) Matérias e objectos não mencionados nas alíneas anteriores e que são fabricados com vista a produzir um efeito prático por explosão ou com fins pirotécnicos.

[30] O Decreto-Lei n.º 376/84, de 30 de Novembro, alterado pelo Decreto-Lei n.º 474/88, de 22 de Dezembro, aprova os Regulamentos sobre o Licenciamento dos Estabelecimentos de Fabrico e de Armazenagem de Produtos Explosivos; sobre o Fabrico, Armazenagem, Comércio e Emprego de Produtos Explosivos e sobre a Fiscalização de Produtos Explosivos – coimas actualizadas pelo art. 7.º do Decreto-Lei n.º 265/94, de 25 de Outubro.

• Nos termos do regulamento sobre fabrico, armazenagem, comércio e emprego de produtos explosivos, damos a título de exemplo:

– a autorização para aquisição e emprego de produtos explosivos para fins industriais é requerida, nos termos do artigo 31.º, ao Director Nacional da PSP, podendo ser concedida mediante determinados requisitos;

– os Comandantes Distritais de Policia poderão conceder autorizações para emprego de explosivos ou de pólvora negra em obras de interesse público, de pesquisa de águas ou relacionadas com explorações agrícolas, desde que o prazo de validade não exceda 90 dias e o consumo não seja superior a 30 Kg, nos termos do artigo 33.º;

– o lançamento ou queima de fogos de artifícios, só poderá ser efectuado por pessoas tecnicamente habilitadas, mediante licença concedida pela autoridade policial de cada município, conforme o estipulado pelo artigo 38.º. Nos termos dos artigos 9.º e 11.º do regulamento sobe fiscalização de produtos explosivos, caso no mesmo concelho haja duas forças Policiais (GNR e PSP), a competência é desta última;

54 Regime Jurídico das Armas e suas Munições – Anotações

m) «**Engenho explosivo civil**» os artefactos que utilizem produtos explosivos cuja importação, fabrico e comercialização está sujeito a autorização concedida pela autoridade competente;[31]

n) «**Engenho explosivo ou incendiário improvisado**» todos aqueles que utilizem substâncias ou produtos explosivos ou incendiários de fabrico artesanal não autorizado;

o) «**Guarda de arma**» o acto de depositar a arma, no domicílio ou outro local autorizado, em cofre ou armário de segurança não portáteis, casa-forte ou fortificada, bem como a aplicação de cadeado, accionamento de mecanismo ou remoção de peça que impossibilite disparar a mesma;

Anotações:

– a aquisição de bombas de arremesso, *vulgo bombas de carnaval*, terá que ser efectuado nos termos do art. 22.º, n.º 6, e do art. 31.º, n.º 6, ambos do Regulamento em epígrafe. A violação ao disposto nestes artigos faz incorrer numa coima de € 249,40 a € 2 494, por força dos arts. 25.º e 27.º daquele diploma legal. No caso em apreço, se subsistir em simultâneo matéria contra-ordenacional e criminal (cfr. art. 86.º, do Regime Jurídico das Armas e suas Munições), o agente é punido a título de crime, conforme reitera o art. 20.º do Regime Geral das Contra-Ordenações.

• A aquisição e transferência de explosivos na União Europeia para utilização civil estão reguladas no Decreto-Lei n.º 265/94, de 25 de Outubro, que procedeu à transposição da Directiva n.º 93/15/CEE, do Conselho, de 5 de Abril de 1993. De acordo ainda com a mesma directiva, a criação de um sistema para a identificação e rastreabilidade desses mesmos explosivos, foi imposta aos Estados-Membros pela Directiva 2008/43/CE, da Comissão, de 4 de Abril de 2008, sendo transposta para o ordenamento jurídico nacional pelo Decreto-Lei n.º 265/2009, de 29 de Setembro. O Regulamento de segurança dos estabelecimentos de fabrico e de armazenagem de produtos explosivos encontra-se consagrado no Decreto-Lei n.º 139/2002, de 17 de Maio, que aprova o regulamento de segurança dos estabelecimentos de fabrico ou de armazenagem de produtos explosivos, alterado pelo Decreto-Lei n.º 139/2003, de 2 de Julho e Decreto-Lei n.º 87/2005, de 23 de Maio.

[31] As normas quanto ao armazenamento, guarda, lançamento de foguetes, fogos de artifício e outros artefactos pirotécnicos, bem como o transporte e funcionamento de paióis de explosivos encontra-se regulada no Decreto-Lei n.º 521/71, de 24 de Novembro, alterado pelo DL n.º 35/94, de 8 de Fevereiro, que regula o serviço de cadastro e fiscalização de produção, importação, exportação, comércio, detenção, armazenagem e emprego de armamento, munições e substâncias explosivas e a prevenção da segurança nos locais utilizados para qualquer das referidas actividades.

p) «**Porte de arma**» o acto de trazer consigo uma arma branca ou uma arma municiada ou carregada ou em condições de o ser para uso imediato;

q) «**Recinto desportivo**» o espaço criado exclusivamente para a prática de desporto, com carácter fixo e com estruturas de construção que lhe garantam essa afectação e funcionalidade, dotado de lugares permanentes e reservados a assistentes, após o último controlo de entrada;

r) «**Transporte de arma**» o acto de transferência de uma arma descarregada e desmuniciada ou desmontada de um local para outro, de forma a não ser susceptível de uso imediato;

s) «**Uso de arma**» o acto de empunhar, apontar ou disparar uma arma;

t) «**Zona de exclusão**» a zona de controlo da circulação pedestre ou viária, definida pela autoridade pública, com vigência temporal determinada, nela se podendo incluir os trajectos, estradas, estações ferroviárias, fluviais ou de camionagem com ligação ou a servirem o acesso a recintos desportivos, áreas e outros espaços públicos, dele envolventes ou não, onde se concentrem assistentes ou apoiantes desse evento;[32]

u) «**Cadeado de gatilho**» o dispositivo aplicado ou fazendo parte da arma que impede o accionamento do gatilho e o disparo da arma;

v) «**Importação**» a entrada ou introdução nos limites fiscais do território nacional, de quaisquer bens, bem como a sua permanência em estância alfandegária ou zona internacional, a aguardar os procedimentos legais aduaneiros, quando provenientes de países terceiros à União Europeia;

Anotações:

[32] Pretende-se com a criação da zona de exclusão, a definir casuisticamente pelas autoridades, que a detenção de armas nos dias dos eventos desportivos ou outros seja efectivamente controlada em todos os locais em que os assistentes e adeptos se possam concentrar, minimizando-se desta forma a possibilidade de qualquer violência com o recurso a armas.

x) «**Exportação**» a saída dos limites fiscais do território nacional de quaisquer bens com destino a país terceiro à União Europeia, bem como a sua permanência em estância alfandegária ou zona internacional a aguardar os procedimentos legais aduaneiros;

z) «**Trânsito**» a passagem por território nacional, a aguardar os procedimentos legais aduaneiros, de quaisquer bens oriundos de país terceiro e que se destinam a exportação ou transferência para outro Estado;

aa) «**Homologação de armas e munições**» a aprovação de marca, modelo, bem como demais características técnicas de armas pelo director nacional da PSP;

ab) «**Transferência**» a entrada em território nacional de quaisquer bens previstos na presente lei, quando provenientes de Estados membros da União Europeia tendo Portugal como destino final, ou a saída de quaisquer bens de Portugal tendo como destino final Estados membros da União Europeia;

ac) «**Norma técnica**» a informação emitida pela Direcção Nacional da PSP destinada a comunicar instrução técnica ou procedimental aos titulares de licenças e alvarás emitidos ao abrigo da presente lei;

ad) «**Arma de aquisição condicionada**» a arma que só pode ser adquirida por quem tenha licença habilitante e autorização da Direcção Nacional da PSP;

ae) «**Ornamentação**» a exposição de arma em local a indicar pelo requerente e identificado na correspondente licença F.

Artigo 3.º

Classificação das armas, munições e outros acessórios

1 – As armas e as munições são classificadas nas classes A, B, B1, C, D, E, F e G, de acordo com o grau de perigosidade, o fim a que se destinam e a sua utilização.

Lei n.º 5/2006, de 23 de Fevereiro 57

2 – São armas, munições e acessórios da classe A:

a) Os equipamentos, meios militares e material de guerra,[33] ou classificados como tal por portaria do Ministério da Defesa Nacional;

Anotações:

[33] Nos termos do art. 7.º do Código de Justiça Militar, aprovado pela Lei n.º 100/2003, de 15 de Novembro, e rectificado pela Declaração de Rectificação n.º 2/2004, de 3 de Janeiro, considera-se material de guerra:

a) Armas de fogo portáteis e automáticas, tais como espingardas, carabinas, revólveres, pistolas, pistolas-metralhadoras e metralhadoras, com excepção das armas de defesa, caça, precisão e recreio, salvo se pertencentes ou afectas às Forças Armadas ou outras forças militares;

b) Material de artilharia, designadamente:
  i) Canhões, obuses, morteiros, peças de artilharia, armas anticarro, lança-foguetões, lança-chamas, canhões sem recuo;
  ii) Material militar para lançamento de fumo e gases;

c) Munições destinadas às armas referidas nas alíneas anteriores;

d) Bombas, torpedos, granadas, incluindo as fumígeras e as submarinas, potes de fumo, foguetes, minas, engenhos guiados e bombas incendiárias;

e) Aparelhos e dispositivos para uso militar especialmente concebidos para a manutenção, activação, despoletagem, detonação ou detecção dos artigos constantes da alínea anterior;

f) Material de direcção de tiro para uso militar, designadamente:
  i) Calculadores de tiro e aparelhos de pontaria em infravermelhos e outro material para pontaria nocturna;
  ii) Telémetros, indicadores de posição e altímetros;
  iii) Dispositivos de observação electrónicos e giroscópios, ópticos e acústicos;
  iv) Visores de pontaria, alças para canhão e periscópios para o material citado no presente artigo;

g) Veículos especialmente concebidos para uso militar e em especial:
  i) Carros de combate;
  ii) Veículos de tipo militar, couraçados ou blindados, incluindo os anfíbios;
  iii) Trens blindados;
  iv) Veículos militares com meia lagarta;
  v) Veículos militares para reparação dos carros de combate;
  vi) Reboques especialmente concebidos para o transporte das munições referidas nas alíneas c) e d);

h) Agentes tóxicos ou radioactivos, designadamente:
  i) Agentes tóxicos biológicos ou químicos e radioactivos adaptados para produzir, em caso de guerra, efeitos destrutivos nas pessoas, nos animais ou nas colheitas;

b) As armas de fogo automáticas;

c) As armas químicas, biológicas, radioactivas ou susceptíveis de explosão nuclear;

d) As armas brancas ou de fogo dissimuladas sob a forma de outro objecto;

e) As facas de abertura automática, estiletes, facas de borboleta, facas de arremesso, estrelas de lançar e *boxers*;

f) As armas brancas sem afectação ao exercício de quaisquer práticas venatórias, comerciais, agrícolas, industriais, flores-

---

Anotações:

    ii) Material militar para a propagação, detecção e identificação das substâncias mencionadas na subalínea anterior;

    iii) Material de protecção contra as substâncias mencionadas na subalínea i);

i) Pólvoras, explosivos e agentes de propulsão líquidos ou sólidos, nomeadamente:

    i) Pólvoras e agentes de propulsão líquidos ou sólidos especialmente concebidos e fabricados para o material mencionado nas alíneas c), d) e na alínea anterior;

    ii) Explosivos militares;

    iii) Composições incendiárias e congelantes para uso militar;

j) Navios de guerra de qualquer tipo e seus equipamentos especializados, tais como:

    i) Sistemas de armas e sensores;

    ii) Equipamentos especialmente concebidos para o lançamento e contramedidas de minas;

    iii) Redes submarinas;

    iv) Material de mergulho;

l) Aeronaves militares de qualquer tipo e todos os seus equipamentos e sistemas de armas;

m) Equipamentos para as funções militares de comando, controlo, comunicações e informações;

n) Aparelhos de observação e registo de imagens especialmente concebidos para uso militar;

o) Equipamentos para estudos e levantamentos hidrográficos, oceanográficos e cartográficos de interesse militar;

p) Partes e peças especializadas do material constante do presente artigo, desde que tenham carácter militar;

q) Máquinas, equipamento e ferramentas exclusivamente concebidas para o estudo, fabrico, ensaio e controlo das armas, munições e engenhos para uso exclusivamente militar constantes do presente artigo;

r) Qualquer outro bem pertencente às Forças Armadas ou outras forças militares cuja falta cause comprovados prejuízos à operacionalidade dos meios.

tais, domésticas ou desportivas, ou que pelo seu valor histórico ou artístico não sejam objecto de colecção;

g) Quaisquer engenhos ou instrumentos construídos exclusivamente com o fim de serem utilizados como arma de agressão;

h) Os aerossóis de defesa não constantes da alínea a) do n.º 7 do presente artigo e as armas lançadoras de gases que estejam dissimuladas de forma a ocultarem a sua configuração;

i) Os bastões eléctricos ou extensíveis, de uso exclusivo das Forças Armadas ou forças e serviços de segurança;

j) Outros aparelhos que emitam descargas eléctricas sem as características constantes da alínea b) do n.º 7 do presente artigo ou que estejam dissimulados de forma a ocultarem a sua configuração;

l) As armas de fogo transformadas ou modificadas;

m) As armas de fogo fabricadas sem autorização;

n) As reproduções de armas de fogo e as armas de alarme ou salva que possam ser convertidas em armas de fogo;

o) As espingardas e carabinas facilmente desmontáveis em componentes de reduzida dimensão com vista à sua dissimulação;

p) As espingardas cujo comprimento de cano seja inferior a 46 cm;

q) As munições com bala perfurante, explosiva, incendiária, tracejante ou desintegrável;

r) Os silenciadores;

s) As miras telescópicas, excepto aquelas que tenham afectação ao exercício de quaisquer práticas venatórias, recreativas ou desportivas federadas;

t) As armas longas semiautomáticas com a configuração das armas automáticas para uso militar ou das forças de segurança.

3 – São armas da classe B as armas de fogo curtas de repetição ou semiautomáticas.

4 – São armas da classe B1:

a) As pistolas semiautomáticas com os calibres denominados 6,35 mm Browning (.25 ACP ou .25 Auto);[34]

b) Os revólveres com os calibres denominados .32 S & W Long e .32 H & R Magnum.[35]

5 – São armas da classe C:

a) As armas de fogo longas semiautomáticas, de repetição ou de tiro a tiro, de cano de alma estriada;

b) As armas de fogo longas semiautomáticas, de repetição ou de tiro a tiro com dois ou mais canos, se um deles for de alma estriada;

c) As armas de fogo longas semiautomáticas ou de repetição, de cano de alma lisa, em que este não exceda 60 cm;

d) As armas de fogo curtas de tiro a tiro unicamente aptas a disparar munições de percussão central;

e) As armas de fogo de calibre até 6 mm unicamente aptas a disparar munições de percussão anelar;

f) As réplicas de armas de fogo, quando usadas para tiro desportivo;[36]

g) As armas de ar comprimido de aquisição condicionada.

6 – São armas da classe D:

a) As armas de fogo longas semiautomáticas ou de repetição, de cano de alma lisa com um comprimento superior a 60 cm;

Anotações:

[34] ACP, abreviatura de *Automatic Colt Pistol.*

[35] S&W, abreviatura de *Smith & Wesson*; H&R, abreviatura de *Harrington & Richardson.*

[36] A Federação Portuguesa de Tiro com Armas de Caça (FPTAC) exige para a prática de qualquer disciplina de tiro desportivo por si tutelada, em qualquer campo de tiro, seja em treinos seja em provas de clube ou provas por si organizadas a seguinte documentação:
  – Licença Federativa E (emitida pela FPTAC);
  – Licença de Tiro Desportivo (emitida pela PSP);
  – Seguro de Responsabilidade Civil, com o capital mínimo de 100.000 €;
  – Documentação legal relativa à arma que utiliza.

b) As armas de fogo longas semiautomáticas, de repetição ou de tiro a tiro de cano de alma estriada com um comprimento superior a 60 cm, unicamente aptas a disparar munições próprias do cano de alma lisa;

c) As armas de fogo longas de tiro a tiro de cano de alma lisa.

7 – São armas da classe E:

a) Os aerossóis de defesa com gás, cujo princípio activo seja a capsaicina ou oleoresina de capsicum (gás pimenta) com uma concentração não superior a 5 %, e que não possam ser confundíveis com armas de outra classe ou que não estejam dissimulados de forma a ocultarem a sua configuração;[37]

b) As armas eléctricas até 200 000 V, com mecanismo de segurança e que não possam ser confundíveis com armas de outra classe ou que não estejam dissimuladas de forma a ocultarem a sua configuração;

c) As armas de fogo e suas munições, de produção industrial, unicamente aptas a disparar projécteis não metálicos ou a impulsionar dispositivos, concebidas de origem para eliminar qualquer possibilidade de agressão letal e que tenham merecido homologação por parte da Direcção Nacional da PSP.

8 – São armas da classe F:

a) As matracas, sabres e outras armas brancas tradicionalmente destinadas às artes marciais ou a ornamentação;

b) As réplicas de armas de fogo quando destinadas a ornamentação;

c) As armas de fogo inutilizadas quando destinadas a ornamentação.

9 – São armas e munições da classe G:

a) As armas veterinárias;

b) As armas de sinalização;

c) As armas lança-cabos;

Anotações:

[37] *Capsicum* é o nome dado às malaguetas/pimentões, donde é retirado o *capsaicin* (composto incolor, cristalino e amargo, produzido pelas glândulas na junção da placenta e as paredes das vagens). A *oleoresin* é o óleo extraído dos frutos secos dos *capsicuns.*

62　　Regime Jurídico das Armas e suas Munições – Anotações

d) As armas de ar comprimido desportivas e de aquisição livre;

e) As reproduções de armas de fogo para práticas recreativas;

f) As armas de *starter;*

g) As armas de alarme ou salva que não estejam incluídas na alínea *n)* do n.º 2 do presente artigo;

h) As munições para armas de alarme ou salva e para armas de *starter.*

10 – Para efeitos do disposto na legislação específica da caça, são permitidas as armas de fogo referidas nas alíneas *a)*, *b)* e *c)* do n.º 5 e nas alíneas *a)*, *b)* e *c)* do n.º 6, com excepção das armas com configuração de armamento militar.

11 – As armas só podem ser afectas à actividade que motivou a concessão, podendo, por despacho do director nacional da PSP, ser afectas a mais de uma actividade por solicitação fundamentada do interessado.

12 – As partes essenciais das armas de fogo estão incluídas na classe em que tiver sido classificada a arma de fogo de que fazem parte ou a que se destinam.

SECÇÃO II
Aquisição, detenção, uso e porte de armas[38]

ARTIGO 4.º
Armas da classe A

1 – São proibidos a venda, a aquisição, a cedência, a detenção, o uso e o porte de armas, acessórios e munições da classe A.

Anotações:

[38] Conforme se reconhece no Acórdão n.º 1010/96 do Tribunal Constitucional, publicado no Diário da República, 2.ª Série, de 13 de Dezembro de 1996: *"Não existe um direito constitucional ao uso e porte de armas, sem exceptuar as de caça, independentemente de condicionamentos, entre eles os ditados pelo interesse público em evitar os perigos inerentes, o qual pode ser acautelado através da concessão de licenças e da retirada delas."*

Lei n.º 5/2006, de 23 de Fevereiro 63

2 – Sem prejuízo do disposto no número anterior, mediante autorização especial do director nacional da PSP, podem ser autorizadas a venda, a aquisição, a cedência, a detenção, a utilização, a importação, a exportação e a transferência de armas e acessórios da classe A destinados a museus públicos ou privados, investigação científica ou industrial e utilizações em realizações teatrais, cinemato-gráficas ou outros espectáculos de natureza artística, de reconhecido interesse cultural, com excepção de meios militares e material de guerra cuja autorização é da competência do ministro que tutela o sector da defesa nacional.

3 – As autorizações a que se refere o número anterior são requeridas com justificação da motivação, indicação do tempo de utilização e respectivo plano de segurança.

Artigo 5.º
Armas da classe B[39]

1 – As armas da classe B são adquiridas mediante declaração de compra e venda ou doação, carecendo de prévia autorização concedida pelo director nacional da PSP.

2 – A aquisição, a detenção, o uso e o porte de armas da classe B são autorizados ao Presidente da República, ao Presidente da As-

---

Anotações:

E nesta senda continua o Acórdão n.º 243/2007, publicado no Diário da República, 2.ª Série, n.º 98, de 22 de Maio, do mesmo Tribunal: *"Com efeito, a lei rodeia com frequência a prática de certas actividades de precauções, traduzidas em licenciamentos, em razão da perigosidade que encerram, e da necessidade de conhecimentos técnicos específicos não comuns à generalidade dos cidadãos, como é o uso de armas de fogo, ou o exercício da condução de veículos automóveis. Nesses casos, é legítimo afirmar que a licença visa excluir a ilicitude de um acto que é genericamente proibido. Na verdade, a necessidade de licenciamento pressupõe mesmo uma proibição geral do exercício destas actividades, como é indiscutivelmente o caso do uso e porte de armas. Nada há, portanto, de ilegítimo no estabelecimento de restrições e condicionamentos diversos à posse de armas por particulares."*

[39] As armas da classe B são também exclusivas das Forças Armadas e das Forças e Serviços de Segurança. Os seus elementos, ao abrigo de Estatuto próprio, estão isentos de licença de uso e porte de arma (cfr. art. 113.º, n.º 1, al. e)), bem como os titulares da licença especial, conforme prefigura o art.19.º, ambos da lei em análise.

sembleia da República, aos deputados, aos membros do Governo, aos representantes da República, aos deputados regionais, aos membros dos Governos Regionais, aos membros do Conselho de Estado, aos governadores civis, aos magistrados judiciais, aos magistrados do Ministério Público e ao Provedor de Justiça.

3 – A aquisição, a detenção, o uso e o porte de armas da classe B podem ser autorizados:

a) A quem, nos termos da respectiva lei orgânica ou estatuto profissional, possa ser atribuída ou dispensada a licença de uso e porte de arma de classe B, após verificação da situação individual;

b) Aos titulares da licença B;

c) Aos titulares de licença especial atribuída ao abrigo do n.º 1 do artigo 19.º

4 – Sem prejuízo do disposto no número anterior, mediante autorização especial do director nacional da PSP, podem ser autorizadas a venda, a aquisição, a cedência, a detenção, a utilização, a importação, a exportação e a transferência de armas e acessórios da classe B destinados a museus públicos ou privados, investigação científica ou industrial e utilizações em realizações teatrais, cinematográficas ou outros espectáculos de natureza artística, de reconhecido interesse cultural.

Artigo 6.º

Armas da classe B1

1 – As armas da classe B1 são adquiridas mediante declaração de compra e venda ou doação, carecendo de prévia autorização concedida pelo director nacional da PSP.[40]

2 – A aquisição, a detenção, o uso e o porte de armas da classe B1 podem ser autorizados:

Anotações:

[40] Carecem de autorização prévia de aquisição a emitir pelo Comandante Distrital da PSP, por delegação de competências do Director Nacional desta força de segurança. Apenas é permitida a posse de duas armas desta classe ao titular da licença B1, nos termos do artigo 32.º da presente lei, ficando excluídos deste limite os isentos de licença.

Lei n.º 5/2006, de 23 de Fevereiro

a) Aos titulares de licença de uso e porte de arma da classe B1;
b) Aos titulares de licença especial atribuída ao abrigo do n.º 1 do artigo 19.º

ARTIGO 7.º

Armas da classe C

1 – As armas da classe C são adquiridas mediante declaração de compra e venda ou doação, carecendo de prévia autorização concedida pelo director nacional da PSP.[41]

2 – A aquisição, a detenção, o uso e o porte de armas da classe C podem ser autorizados:

a) Aos titulares de licença de uso e porte de arma da classe C;
b) A quem, nos termos da respectiva lei orgânica ou estatuto profissional, possa ser atribuída ou dispensada a licença de uso e porte de arma de classe C, após verificação da situação individual.

3 – Sem prejuízo do disposto no número anterior, mediante autorização especial do director nacional da PSP, podem ser autorizadas a venda, a aquisição, a cedência, a detenção, a utilização, a importação, a exportação e a transferência de armas e acessórios da classe C destinados a museus públicos ou privados, investigação científica ou industrial e utilizações em realizações teatrais, cinematográficas ou outros espectáculos de natureza artística, de reconhecido interesse cultural.

4 – Sem prejuízo do disposto no n.º 2, mediante autorização especial do director nacional da PSP, podem ainda ser autorizadas a venda, a aquisição, a cedência, a detenção, a utilização, a importação, a exportação e a transferência das armas referidas nas alíneas a) e c) do n.º 5 do artigo 3.º às entidades privadas gestoras ou concessionárias de zonas de caça ou pesca.[42]

Anotações:

[41] Documento emitido pelos Comandantes Distritais da PSP e Director do Departamento de Armas e Explosivos da PSP (DAE/PSP), por delegação de competências do seu Director Nacional.

[42] *Vide* Decreto-Lei n.º 9/2009, de 9 de Janeiro, que estabelece o regime jurídico aplicável ao exercício da actividade dos guardas dos recursos florestais.

Artigo 8.º
Armas da classe D

1 – As armas da classe D são adquiridas mediante declaração de compra e venda ou doação.

2 – A aquisição, a detenção, o uso e o porte de armas da classe D podem ser autorizados:

a) Aos titulares de licença de uso e porte de arma das classes C ou D;[43]

b) A quem, nos termos da respectiva lei orgânica ou estatuto profissional, possa ser atribuída ou dispensada a licença de uso e porte de arma de classe D, após verificação da situação individual.

3 – Sem prejuízo do disposto no número anterior, mediante autorização especial do director nacional da PSP, podem ser autorizadas a venda, a aquisição, a cedência, a detenção, a utilização, a importação, a exportação e a transferência de armas e acessórios da classe D a entidades privadas gestoras ou concessionárias de zonas de caça ou pesca, museus públicos ou privados, investigação científica ou industrial e utilizações em realizações teatrais, cinematográficas ou outros espectáculos de natureza artística, de reconhecido interesse cultural.

Artigo 9.º
Armas da classe E

1 – As armas da classe E são adquiridas mediante declaração de compra e venda.[44]

Anotações:

[43] Este tipo de licenças – C e D – apenas permitem a aquisição das armas constantes no n.º 10, do artigo 3.º, da presente lei, armas estas destinadas ao exercício da caça, porquanto esta foi a fundamentação para a sua atribuição. *Vide* a al. b), do n.º 1, do artigo 15.º, do mesmo diploma legal.

[44] A aquisição de armas desta classe de forma ilegal, ou seja, faltando a documentação sobre a sua origem e proveniência, poderá incorrer o seu detentor em ilícito criminal, nos termos da al. d), n.º 1, do artigo 86.º, desta lei. Já a venda ou doação sem o envio da declaração de compra e venda ou doação, por parte do vendedor ou doador, no prazo de 15 dias à PSP, constitui contra-ordenação punida com a coima de € 250 a € 2500, prevista no n.º 1, al. a), do artigo 99.º, da presente lei.

Lei n.º 5/2006, de 23 de Fevereiro

2 – A aquisição, a detenção, o uso e o porte de armas da classe E podem ser autorizados:

a) Aos titulares de licença de uso e porte de arma da classe E;

b) Aos titulares de licença de uso e porte de arma das classes B, B1, C e D, licença de detenção de arma no domicílio e licença especial, bem como a todos os que, por força da respectiva lei orgânica ou estatuto profissional, possa ser atribuída ou dispensada a licença de uso e porte de arma, verificada a sua situação individual.

ARTIGO 10.º

Armas da classe F

1 – As armas da classe F são adquiridas mediante declaração de compra e venda ou doação.[45]

2 – A aquisição, a detenção, o uso e o porte de armas da classe F podem ser autorizados aos titulares de licença de uso e porte de arma da classe F.

ARTIGO 11.º

Armas e munições da classe G

1 – A aquisição de armas veterinárias e lança-cabos pode ser autorizada, mediante declaração de compra e venda, a maiores de 18 anos que, por razões profissionais ou de prática desportiva, provem necessitar das mesmas.

2 – A aquisição de armas de sinalização é permitida, mediante declaração de compra e venda e prévia autorização da PSP, a quem desenvolver actividade que justifique o recurso a meios pirotécnicos de sinalização.[46]

Anotações:

[45] A aquisição de arma desta classe de forma marginal ou sem a competente licença, configura contra-ordenação, sancionada com coima de € 600 a € 6 000, nos termos do artigo 97.º do normativo legal em análise.

[46] A aquisição e utilização dos artifícios pirotécnicos luminosos, fumígenos ou sonoros destinados a sinalização, vulgo, *very-lights*, vêm tipificadas no Decreto-Lei n.º 303/90 de 27 de Setembro, nomeadamente nos artigos 1.º, 5.º e 6.º. A autorização de compra só

68   *Regime Jurídico das Armas e suas Munições – Anotações*

3 – A aquisição de reproduções de armas de fogo para práticas recreativas é permitida aos maiores de 18 anos, mediante declaração aquisitiva e prova da inscrição numa associação de promoção desportiva reconhecida pelo Instituto do Desporto de Portugal, I. P., e registada junto da PSP.[47]

4 – Sem prejuízo do disposto no número anterior, aos menores de 18 anos e maiores de 16 anos é permitida a aquisição de reproduções de armas de fogo para práticas recreativas desde que autorizados para o efeito por quem exerça a responsabilidade parental.

5 – A autorização referida no n.º 2 deve conter a identificação do comprador e a quantidade e destino das armas de sinalização a adquirir e só pode ser concedida a quem demonstre desenvolver actividade que justifique a utilização destas armas.

6 – A detenção, o uso e o porte das armas referidas nos n.ºs 1 a 4, bem como das armas de *starter* e de alarme, só são permitidos no domicílio, transporte e para o exercício das actividades para as quais foi solicitada autorização de aquisição.[48]

7 – Sem prejuízo do disposto no número anterior, a detenção, uso, porte e transporte de reproduções de armas de fogo para práticas recreativas, ainda que não contendo as características previstas na alínea ag) do n.º 1 do artigo 2.º, podem ser temporariamente autorizadas a praticantes estrangeiros em provas internacionais realizadas em Portugal, pelo período necessário à sua participação nas provas, mediante requerimento instruído com prova da inscrição no evento, a formular junto da Direcção Nacional da PSP pela entidade promotora da iniciativa.

Anotações:

será concedida pela autoridade policial da área de residência do comprador desde que cumulativamente se verifiquem os seguintes requisitos (n.º 2, do artigo 6.º):

- Ter o requerente mais de 18 anos;
- Desenvolver actividade que justifique o recurso a meios pirotécnicos de sinalização;
- Ausência de perigo ou prejuízo para terceiros em função do local previsto para a sua utilização;
- Adequação da quantidade face à utilização pretendida.

[47] Na anterior redacção da Lei n.º 5/2006, de 23 de Fevereiro, algumas destas armas designavam-se por armas de *softair*.

[48] Coima de € 600 a € 6 000 (cfr. art. 99.º, n.º 1, al. c)).

8 – A aquisição de armas de *starter* pode ser autorizada a quem demonstrar, fundamentadamente, necessitar das mesmas para a prática desportiva ou de treino de caça.

9 – A aquisição de munições para as armas de alarme ou salva e para armas de *starter* pode ser autorizada a quem for autorizada a aquisição destas mesmas armas.

10 – A aquisição de armas de ar comprimido de aquisição livre é permitida aos maiores de 18 anos, mediante declaração aquisitiva.

11 – A aquisição de armas de ar comprimido destinadas à prática de actividades desportivas é permitida mediante declaração aquisitiva e prova de inscrição numa federação de tiro desportivo que as reconheça como adequadas para a prática daquela modalidade desportiva.

12 – Não é permitido o uso e porte de armas de ar comprimido fora de propriedade privada e dos locais autorizados.

CAPÍTULO II
Homologação, licenças para uso e porte de armas ou sua detenção[49]

SECÇÃO I
Homologação, tipos de licença e atribuição

Artigo 11.º-A
Homologação

1 – São sujeitas a homologação, mediante catálogo a publicar anualmente pela PSP, as armas de fogo, reproduções de armas de fogo, armas de salva ou alarme, armas de *starter* e munições destinadas a venda, aquisição, cedência, detenção, importação, exportação e transferência.

Anotações:

[49] *"A licença é o acto administrativo que permite a alguém a prática de um acto ou o exercício de uma actividade relativamente proibidos. Diz-se relativa proibição quando a lei admite que a actividade proibida seja exercida nos casos ou pelas pessoas que a Administração permita. Aqui portanto, o administrado não tem direitos, visto que em princípio a actividade é proibida: mas a Administração pode conferir o poder de exercê-la, mediante licença"* [Caetano, Marcelo, *in Manual de Direito Administrativo*, 10ª Ed. (2ª Reimpressão), Almedina, 1982, Vol. I, pág.459 e 460]. Ou seja, enquanto que a autorização se configura como a verificação de um exercício de um direito ou de uma actividade lícita, a licença permite o exercício de uma actividade relativamente proibida, sendo obrigatória se a autoridade está vinculada por lei e tem de passar a licença a todo aquele que a requeira e mostre reunir as condições exigidas na mesma lei. O efeito mais importante da concessão de licença consiste em colocar aquele que dela beneficia sob a vigilância especial da polícia, dado que se atende às qualidades ou requisitos individuais do beneficiário. (Acórdão do Tribunal da Relação do Porto, de 20 de Abril de 2004, Processo n.º 0442806).

Nesta senda, e como prescreve Freitas do Amaral, *"a licença é um acto administrativo incluído na categoria dos actos permissivos, tradicionalmente definido como o acto pelo qual um órgão da Administração atribui a alguém o direito de exercer uma actividade privada que é por lei relativamente proibida"* (Amaral, Diogo Freitas, *in Curso de Direito Administrativo*, Vol. II, pág. 257). Daí que, quando a lei se refere aos indivíduos autorizados ao uso e porte de arma, está a referir-se aos titulares de licença eficaz.

Lei n.º 5/2006, de 23 de Fevereiro

2 – Para fins de homologação de armas de fogo, reproduções de armas de fogo, armas de salva ou alarme, armas de *starter* e munições, que não constem do catálogo referido no n.º 1, o interessado submete requerimento ao director nacional da PSP, sendo o processo instruído com a descrição técnica pormenorizada da arma e munições e com catálogo fotográfico, em modelo e condições a definir por despacho do director nacional da PSP.

3 – É proibida a importação, exportação, transferência e comércio, em território nacional, de armas de fogo, reproduções de armas de fogo, armas de salva ou alarme, armas de *starter* e munições não homologadas.

Artigo 12.º
Classificação das licenças
de uso e porte de arma ou detenção

1 – De acordo com a classificação das armas constante do artigo 3.º, os fins a que as mesmas se destinam, bem como a justificação da sua necessidade, podem ser concedidas pelo director nacional da PSP as seguintes licenças de uso e porte ou detenção:[50]

a) Licença B, para o uso e porte de armas das classes B, B1 e E;

b) Licença B1, para o uso e porte de armas das classes B1 e E;

c) Licença C, para o uso e porte de armas das classes C, D e E;

d) Licença D, para o uso e porte de armas das classes D e E;

e) Licença E, para o uso e porte de arma da classe E;

f) Licença F, para a detenção, uso e porte de armas da classe F;

g) Licença de detenção de arma no domicílio, para a detenção de armas das classes B, B1, C, D e F e uso e porte de arma da classe E;

h) Licença especial para o uso e porte de armas das classes B, B1 e E.

2 – Às situações de isenção ou dispensa de licença legalmente previstas são correspondentemente aplicáveis as obrigações previstas para os titulares de licença.

Anotações:

[50] Classes B, B1, C, D, E e F.

72   *Regime Jurídico das Armas e suas Munições – Anotações*

3 – O uso e porte de arma por quem desempenha actividades profissionais que o exijam, que não as desempenhadas pelas Forças Armadas e forças e serviços de segurança, é regulado por despacho do director nacional da PSP.[51]

Artigo 13.º
Licença B[52]

1 – Sem prejuízo das situações de isenção ou dispensa, a licença B pode ser concedida ao requerente que faça prova da cessação do direito que lhe permitiu o uso e porte de arma da classe B, pelo menos durante um período de quatro anos.

2 – A licença não é concedida se a cessação do direito que permitiu ao requerente o uso e porte de arma ocorreu em resultado da aplicação de pena disciplinar de demissão, de aposentação compulsiva, bem como de aposentação por incapacidade psíquica ou física impeditiva do uso e porte da mesma.

3 – Os pedidos de concessão de licenças de uso e porte de arma da classe B são formulados através de requerimento do qual conste o nome completo do requerente, número do bilhete de identidade, data e local de emissão, data de nascimento, profissão, estado civil, naturalidade, nacionalidade e domicílio, bem como a justificação da pretensão.

Artigo 14.º
Licença B1[53]

1 – A licença B1 pode ser concedida a maiores de 18 anos que reúnam, cumulativamente, as seguintes condições:

Anotações:

[51] É o caso do exercício da **Segurança Privada**, cuja actividade vem regulada no Decreto-Lei n.º 35/2004, de 21 de Fevereiro, alterada pela Lei n.º 38/2008, de 8 de Agosto (*vide* art. 14.º), bem como da actividade do **Guarda-Nocturno**, que se encontra estatuída através do Decreto-Lei n.º 310/2002, de 18 de Dezembro, com as alterações produzidas pelo Decreto-Lei n.º 114/2008, de 1 de Julho (*vide* art. 9.º-C).

[52] **São armas da classe B:** as armas de fogo curtas de repetição ou semiautomáticas (art. 3.º, n.º 3).

[53] **São armas da classe B1**: as pistolas semiautomáticas com os calibres denominados 6,35 mm *Browning* (.25 ACP ou .25 Auto) e os revólveres com os calibres denominados .32 *S & W Long* e .32 *H & R Magnum* (art. 3.º, n.º 4, als. a) e b)).

Lei n.º 5/2006, de 23 de Fevereiro 73

a) Se encontrem em pleno uso de todos os direitos civis;

b) Demonstrem carecer da licença por razões profissionais ou por circunstâncias de defesa pessoal ou de propriedade;[54]

c) Sejam idóneos;

d) Sejam portadores de certificado médico;[55]

e) Sejam portadores do certificado de aprovação em curso de formação técnica e cívica para o uso e porte de armas de fogo da classe B1.[56]

2 – Sem prejuízo do disposto no artigo 30.º da Constituição e do número seguinte, para efeito de apreciação do requisito constante na alínea c) do número anterior, é susceptível de indiciar falta de idoneidade para efeitos de concessão de licença o facto de, entre outros, ao requerente ter sido aplicada medida de segurança ou ter sido condenado pela prática de crime doloso, cometido com uso de violência, em pena superior a 1 ano de prisão.

3 – No decurso do período anterior à verificação do cancelamento definitivo da inscrição no registo criminal das decisões judiciais em que o requerente foi condenado, pode este requerer que lhe seja reconhecida a idoneidade para os fins pretendidos, pelo tribunal da última condenação.

4 – O incidente corre por apenso ao processo principal, sendo instruído com requerimento fundamentado do requerente, que é obrigatoriamente ouvido pelo juiz do processo, que decide, produzida a necessária prova e após parecer do Ministério Público.

Anotações:

[54] O requerente terá que fornecer à entidade licenciadora, PSP, elementos em como carece da necessidade de possuir este tipo de licença, *i. e.,* cabe-lhe o "ónus da prova", conforme preceitua o artigo 88.º, do Código do Procedimento Administrativo.

[55] Nos termos do artigo 23.º, da presente lei.

[56] O certificado comprova a frequência com aproveitamento do Curso de Formação Técnica e Cívica (CFTC) para portadores de armas de fogo, nos termos dos artigos 21.º, 24.º, 25.º e 26.º, da presente lei, cuja regulamentação foi efectuada pela Portaria n.º 932/2006, de 8 de Setembro (*Vide* p. 263).

74 *Regime Jurídico das Armas e suas Munições – Anotações*

5 – Os pedidos de concessão de licenças de uso e porte de arma da classe B1 são formulados através de requerimento do qual conste o nome completo do requerente, número do bilhete de identidade, data e local de emissão, data de nascimento, profissão, estado civil, naturalidade, nacionalidade e domicílio, bem como a justificação da pretensão.[57]

6 – O requerimento referido no número anterior deve ser acompanhado do certificado de aprovação para o uso e porte de armas de fogo da classe B1.

ARTIGO 15.º
Licenças C[58] e D[59]

1 – As licenças C e D podem ser concedidas a maiores de 18 anos que reúnam, cumulativamente, as seguintes condições:

Anotações:

[57] O processo com vista à concessão da licença B1 divide-se em duas fases:

Na primeira, o requerente candidata-se ao CFTC. O processo é instruído com toda a documentação necessária para o efeito, mediante o pagamento da taxa de serviço. Reunindo todos os requisitos legais para a concessão da licença, *vide* artigo 24.º, com remissão ao artigo 14.º, o requerente é admitido ao CFTC, mediante o pagamento da taxa final relativa à candidatura e taxa de frequência do curso. Tendo aproveitamento é-lhe emitido o competente certificado, que lhe será entregue mediante o pagamento da taxa correspondente.

Na segunda fase, tendo obtido o certificado de aprovação, promove a instrução do processo de licenciamento da classe B1, com todos os elementos inerentes, que apresentará na PSP para a eventual emissão da licença, havendo lugar ao pagamento da taxa de serviço. Reunindo-se as condições cumulativas previstas no artigo 14.º, é-lhe deferido a sua pretensão, havendo lugar ao pagamento da taxa final.

[58] **Armas da classe C:** As armas de fogo longas semiautomáticas, de repetição ou de tiro a tiro, de cano de alma estriada; as armas de fogo longas semiautomáticas, de repetição ou de tiro a tiro com dois ou mais canos, se um deles for de alma estriada; as armas de fogo longas semiautomáticas ou de repetição, de cano de alma lisa, em que este não exceda 60 cm; as armas de fogo curtas de tiro a tiro unicamente aptas a disparar munições de percussão central; as armas de fogo de calibre até 6 mm unicamente aptas a disparar munições de percussão anelar; as réplicas de armas de fogo, quando usadas para tiro desportivo; as armas de ar comprimido de aquisição condicionada (*art. 3.º, n.º 5, als. a), b), c), d), e), f) e g)*).

[59] **Armas da classe D:** as armas de fogo longas semiautomáticas ou de repetição, de cano de alma lisa com um comprimento superior a 60 cm; as armas de fogo longas

Lei n.º 5/2006, de 23 de Fevereiro

a) Se encontrem em pleno uso de todos os direitos civis;

b) Demonstrem carecer da licença para a prática de actos venatórios de caça maior ou menor e se encontrem habilitados com carta de caçador com arma de fogo ou demonstrem fundamentadamente carecer da mesma por motivos profissionais;[60-61]

Anotações:

semiautomáticas, de repetição ou de tiro a tiro de cano de alma estriada com um comprimento superior a 60 cm, unicamente aptas a disparar munições próprias do cano de alma lisa; as armas de fogo longas de tiro a tiro de cano de alma lisa (*art. 3.º, n.º 6, als. a), b) e c)*).

[60] *a)* **Requisitos para obter a carta de caçador**, nos termos da Lei n.º 173/99, de 21 de Setembro (Lei de Bases Gerais da Caça)**:**
- – ser maior de 16 anos (art. 21.º, n.º 2, al. a));
- – não ser portador de anomalia psíquica ou de deficiência orgânica ou fisiológica que torne perigoso o exercício da caça (art. 21.º, n.º 2, al. b));
- – não estar sujeito a proibição de caçar por disposição legal ou decisão judicial (art. 21.º, n.º 2, al. c));
- – realização de exame, com aproveitamento, destinado a apurar se o interessado possui aptidão e conhecimentos necessários ao exercício da caça (art. 21.º, n.º 1);
- – requerer a concessão de carta de caçador até 31 de Maio do ano seguinte ao da sua realização (art. 69.º, n.º 1, do Decreto-Lei n.º 202/2004, de 18 de Agosto).

b) **Especificações da carta de caçador**, nos termos do Decreto-Lei n.º 202/2004, de 18 de Agosto, com a nova redacção do Decreto-Lei n.º 201/2005, de 24 de Novembro e Decreto-Lei n.º 9/2009, de 09 de Janeiro:
- – sem arma de caça nem ave de presa (art. 66.º, n.º 2, al. a));
- – com arma de fogo (art. 66.º, n.º 2, al. b));
- – arqueiro-caçador (art. 66.º, n.º 2, al. c));
- – cetreiro (art. 66.º, n.º 2, al. c)).

c) **Validade da carta de caçador:** a carta de caçador é válida até aos 60 anos e seguidamente por períodos de 5 anos. A sua renovação deve ser requerida nos 12 meses que antecedem a data de validade (art. 71.º, n.º 1 e n.º 2, do Decreto-Lei n.º 202/2004, de 18 de Agosto, com a nova redacção do Decreto-Lei n.º 201/2005, de 24 de Novembro e Decreto--Lei n.º 9/2009, de 09 de Janeiro). Para melhor esclarecimento *vide*: www.afn.min-agricultura.pt

d) **Regras dos exames** para obtenção da carta de caçador: *vide* Portaria n.º 1229/2009, de 12 de Outubro.

e) **Infracções**:
- – caçar sem estar habilitado com a carta de caçador, quando exigida – crime punido com pena de prisão até 3 meses ou com pena de multa até 90 dias (art. 32.º, da Lei n.º 173/99, de 21 de Setembro);
- – caçar sem se fazer acompanhar da carta de caçador, quando exigida – coima de € 50 a € 500 (art. 137.º, n.º 1, al. q) e n.º 2, al. a), por violação do disposto do art. 65.º, n.º 1, do Decreto-Lei n.º 202/2004, de 18 de Agosto, com a nova redacção do Decreto-Lei n.º 201/2005, de 24 de Novembro);

76   *Regime Jurídico das Armas e suas Munições – Anotações*

c) Sejam idóneos;

d) Sejam portadores de certificado médico;[62]

e) Sejam portadores do certificado de aprovação para o uso e porte de armas de fogo.

2 – A apreciação da idoneidade do requerente é feita nos termos do disposto nos n.ºs 2 e 3 do artigo 14.º

3 – Os pedidos de concessão de licenças de uso e porte de arma das classes C e D são formulados através de requerimento do qual conste o nome completo do requerente, número do bilhete de identidade, data e local de emissão, data de nascimento, profissão, estado civil, naturalidade, nacionalidade e domicílio.[63]

4 – O requerimento deve ser acompanhado do certificado de aprovação para o uso e porte de armas de fogo da classe C ou D.

Anotações:

- caçar com carta de caçador que tenha ultrapassado a data de validade, mas no período estabelecido para a sua renovação (5 anos) – coima de € 50 a € 500 (art. 137.º, n.º 1, al. r) e n.º 2, al. a), por violação do disposto do art. 71.º, n.º 3, do Decreto-Lei n.º 202/2004, de 18 de Agosto, com a nova redacção do Decreto-Lei n.º 201/2005, de 24 de Novembro);

- caçar em povoados, terrenos adjacentes a hospitais, escolas, lares de idosos, instalações militares, instalações radioeléctricas, faróis, instalações turísticas, parques de campismo e desportivos, instalações industriais e de criação animal, estradas nacionais, linhas de caminho de ferro e praias de banho, bem como quaisquer terrenos que os circundem, numa faixa de protecção a regulamentar; aeródromos e estradas secundárias; aparcamento de gado – crime punido com pena de prisão até 6 meses ou com pena de multa até 100 dias, nos termos do art. 30.º, n.º 2, da Lei n.º 173/99, de 21 de Setembro, por violação do disposto no art. 19.º, n.º 2, al. a), b) e c), com remissão ao art. 52.º do Decreto-Lei n.º 202/04, de 18 de Agosto na sua redacção actual;

[61] Para efeitos do disposto na legislação específica da caça, são permitidas as armas de fogo referidas nas alíneas a), b) e c) do n.º 5 e nas alíneas a), b) e c) do n.º 6, ambos do artigo 3.º, da presente lei.

[62] Nos termos do artigo 23.º, da presente lei.

[63] É obrigatória a apresentação do bilhete de identidade para formular o pedido de licença de uso e porte de arma, nos termos do artigo 4.º, da Lei n.º 33/99, de 18 de Maio, ou cartão de cidadão criado pela Lei n.º 7/2007, de 5 de Fevereiro.

Artigo 16.º

Licença E[64]

1 – A licença E pode ser concedida a maiores de 18 anos que reúnam, cumulativamente, as seguintes condições:

a) Se encontrem em pleno uso de todos os direitos civis;
b) Demonstrem justificadamente carecer da licença;
c) Sejam idóneos;
d) Sejam portadores de certificado médico.[65]

2 – A apreciação da idoneidade do requerente é feita nos termos do disposto nos n.ºs 2 e 3 do artigo 14.º

3 – Os pedidos de concessão de licenças de uso e porte de arma da classe E são formulados através de requerimento do qual conste o nome completo do requerente, número do bilhete de identidade, data e local de emissão, data de nascimento, profissão, estado civil, naturalidade, nacionalidade e domicílio, bem como a justificação da pretensão.

Artigo 17.º

Licença F[66]

1 – A licença F é concedida a maiores de 18 anos, que reúnam, cumulativamente, as seguintes condições:

Anotações:

[64] **São armas da classe E:** Os aerossóis de defesa com gás, cujo princípio activo seja a capsaicina ou oleoresina de capsicum (gás pimenta) com uma concentração não superior a 5 %, e que não possam ser confundíveis com armas de outra classe ou que não estejam dissimulados de forma a ocultarem a sua configuração; as armas eléctricas até 200 000 V, com mecanismo de segurança e que não possam ser confundíveis com armas de outra classe ou que não estejam dissimuladas de forma a ocultarem a sua configuração; as armas de fogo e suas munições, de produção industrial, unicamente aptas a disparar projécteis não metálicos ou a impulsionar dispositivos, concebidas de origem para eliminar qualquer possibilidade de agressão letal e que tenham merecido homologação por parte da Direcção Nacional da PSP (*art. 3.º, n.º 7, als. a), b) e c)*).

[65] Nos termos do artigo 23.º, da presente lei.

[66] **São armas de classe F:** As matracas, sabres e outras armas brancas tradicionalmente destinadas às artes marciais ou a ornamentação; as réplicas de armas de fogo quando destinadas a ornamentação; as armas de fogo inutilizadas quando destinadas a ornamentação (art. 3.º, n.º 8, als. a), b) e c)).

78 Regime Jurídico das Armas e suas Munições – Anotações

a) Se encontrem em pleno uso de todos os direitos civis;

b) Demonstrem carecer da licença para a prática desportiva de artes marciais, sendo atletas federados, práticas recreativas em propriedade privada, detenção de réplicas e armas de fogo inutilizadas destinadas a ornamentação e armas brancas destinadas ao mesmo fim;

c) Sejam idóneos;

d) Sejam portadores de certificado médico.[67]

2 – A apreciação da idoneidade do requerente é feita nos termos do disposto nos n.ᵒˢ 2 e 3 do artigo 14.º

3 – Os pedidos de concessão de licenças de uso e porte de arma da classe F são formulados através de requerimento do qual conste o nome completo do requerente, número do bilhete de identidade, data e local de emissão, data de nascimento, profissão, estado civil, naturalidade, nacionalidade e domicílio, bem como a justificação da pretensão.

4 – Por despacho do director nacional da PSP, a solicitação do interessado, através de quem exerça a responsabilidade parental, pode ser permitida a aquisição, a detenção, o uso e o porte das armas indicadas na alínea *a)* do n.º 8 do artigo 3.º, quando destinadas à prática de artes marciais, a menores de 18 anos e maiores de 14 anos, sendo atletas federados.[68]

Artigo 18.º
Licença de detenção de arma no domicílio[69]

1 – A licença de detenção de arma no domicílio é concedida a maiores de 18 anos, exclusivamente para efeitos de detenção de armas na sua residência, nos seguintes casos:

Anotações:

[67] Nos termos do art. 23.º, da presente lei.

[68] É o caso das matracas, sabres e outras armas brancas tradicionalmente destinadas às artes marciais.

[69] A licença de detenção de arma no domicílio é válida por um período de 10 anos (cfr. art. 27.º, n.º 5, da presente lei), emitido-se uma licença e respectiva taxa por cada arma que se deseja deter (cfr. Anexo III, à Portaria n.º 931/2006, de 8 de Setembro, alterada pela Portaria n.º 1165/2007, de 13 de Setembro. *Vide* p. 229). O processo para este tipo de licenciamento é uno, independentemente das armas que o requerente quer neste tipo de licenciamento.

a) Quando a licença de uso e porte de arma tiver cessado, por vontade expressa do seu titular, ou caducado e este não opte pela transmissão da arma abrangida;

b) Quando o direito de uso e porte de arma tiver cessado e o seu detentor não opte pela transmissão da arma abrangida;

c) Quando as armas tenham sido adquiridas por sucessão *mortis causa* ou doação e o seu valor venal, artístico ou estimativo o justifique.[70]

2 – Os pedidos de concessão de licenças de detenção de arma no domicílio são formulados através de requerimento do qual conste o nome completo do requerente, número do bilhete de identidade, data e local de emissão, data de nascimento, profissão, estado civil, naturalidade e domicílio, bem como a justificação da pretensão.

3 – Em caso algum a detenção das armas pode ser acompanhada de munições para as mesmas.[71]

4 – Se a classe em que as armas se encontram classificadas obrigar à existência no domicílio de cofre ou armário de segurança não portáteis, a atribuição da licença de detenção fica dependente da demonstração da sua existência, sendo aplicável o disposto na alínea e) do n.º 2 do artigo 30.º

5 – A licença de detenção domiciliária não pode ser concedida nos seguintes casos:[72]

Anotações:

A única alteração é que cada arma irá dar origem a uma licença, sendo o custo total multiplicado pelas licenças emitidas. A situação de uma arma com licença no domicílio, mas encontrada fora da morada indicada naquele documento, faz incorrer o seu possuidor numa coima de € 500 a € 5 000, nos termos do art. 98.º, por violação geral das normas de conduta e obrigações dos portadores de armas.

[70] A doação é um contrato que consiste em atribuir a alguém um benefício, uma coisa ou um direito do seu património, sem contrapartida, conforme vem consignado no artigo 940.º do Código Civil. Nas doações, o processo de concessão da licença deve ser analisado casuisticamente e só depois de rigorosamente verificados os requisitos é que poderá ser deferida a licença, e isto se o requerente reunir os demais requisitos constantes da Lei das Armas.

[71] Coima de € 600 a € 6 000 (cfr. art. 99.º, n.º 1, al. c)).

[72] Não são ainda passíveis de detenção no domicílio armas que não estejam manifestadas e o seu manifesto não tenha sido requerido, e ainda quando sejam apresentadas para manifesto armas adquiridas noutros Estados, sem que previamente tenham sido observados os requisitos legais de transferência ou importação. A inobservância destes requisitos, ditará a apreensão das armas e eventual responsabilidade criminal, nos termos do artigo 86.º da presente lei.

80 *Regime Jurídico das Armas e suas Munições – Anotações*

a) Quando a licença de uso e porte tiver sido cassada;

b) Quando o direito de uso e porte de arma tiver cessado pelas razões constantes do n.º 2 do artigo 13.º;

c) Quando o requerente não reúna, cumulativamente, os requisitos constantes da alíneas a), c) e d) do n.º 1 do artigo 14.º

6 – A apreciação da idoneidade do requerente é feita nos termos do disposto nos n.ºs 2 e 3 do artigo 14.º

7 – Verificada alguma das circunstâncias referidas no n.º 5, tem o detentor das armas 180 dias para promover a transmissão das mesmas, sob pena de serem declaradas perdidas a favor do Estado.

Artigo 19.º
Licença especial

1 – Podem ser concedidas licenças especiais para o uso e porte de arma das classes B e B1 quando solicitadas pelo Presidente da República, pelo Presidente da Assembleia da República, pelos Ministros, pelos Presidentes das Assembleias Legislativas das Regiões Autónomas e pelos Presidentes dos Governos Regionais, para afectação a funcionários ao seu serviço.

2 – A licença especial concedida nos termos do número anterior caduca com a cessação de funções, podendo, em casos justificados, ser atribuída licença de uso e porte de arma da classe B ou B1, nos termos do disposto nos n.ºs 1 e 2 do artigo 13.º

Artigo 19.º-A
Licença para menores[73]

Sem prejuízo do disposto no n.º 1 do artigo 15.º, aos menores com a idade mínima de 16 anos pode ser autorizado o uso e porte de armas da classe D, para a prática de actos venatórios de caça maior ou menor, desde que acompanhados no mesmo acto cinegético por quem exerce a responsabilidade parental ou, mediante autorização escrita deste e sendo portadores desta autorização, por qualquer pessoa

---

Anotações:

[73] Coima de € 500 a € 5 000 (cfr. art. 99.º, n.º 1, al. b)).

habilitada com licença para a prática do acto venatório, identificada naquela autorização, que seja simultaneamente proprietária da arma utilizada pelo menor e titular da licença correspondente.

ARTIGO 20.º
Recusa de concessão[74]

Para além da não verificação dos requisitos exigidos na presente lei para a concessão da licença pretendida, pode o pedido ser recusado, nomeadamente, quando tiver sido determinada a cassação da licença ao requerente, não forem considerados relevantes os motivos justificativos da pretensão ou não se considerem adequados para os fins requeridos.

Anotações:

[74] O dever de fundamentação expressa dos actos administrativos, conforme a doutrina e a jurisprudência assenta numa tripla justificação racional: habilitar o interessado a optar conscientemente entre conformar-se com o acto ou impugná-lo; assegurar a devida ponderação das decisões administrativas e permitir um eficaz controlo da actividade administrativa pelos Tribunais. Daí que, conforme de resto se prevê expressamente no artigo 125.º, n.º 2, do Código de Procedimento Administrativo, seja equivalente *"à falta de fundamentação a adopção de fundamentos que, por obscuridade, contradição ou insuficiência, não esclareçam concretamente a motivação do acto"*. É ainda mais premente neste tipo de actos a exigência da enunciação clara, suficiente e congruente das razões factuais em que se ancora o juízo da Administração (Acórdão do Supremo Tribunal Administrativo, de 20 de Novembro de 2002, Processo 01178/02).

• Mais, a necessidade de fundamentação e motivação dos actos decisórios destina-se a conferir força pública e inequívoca aos mesmos e a permitir a sua impugnação quando esta for legalmente admissível, ou, como refere SILVA, Germano Marques da, *in Curso de Processo Penal*, II, pág. 19, *"permite o controlo da legalidade do acto, por uma parte, e serve para convencer os interessados e os cidadãos em geral acerca da sua correcção e justiça, por outra parte, mas é ainda um importante meio para obrigar a autoridade decidente a ponderar os motivos de facto e de direito da sua decisão, actuando por isso como meio de autocontrolo"*.

• Nos termos do n.º 1, artigo 88.º do Código de Procedimento Administrativo, *"cabe aos interessados provar os factos que tenham alegado"*, rematando o n.º 2 que aqueles *"podem juntar documentos e pareceres ou requerer diligências de prova úteis para o esclarecimento dos factos com interesse para a decisão"*.

SECÇÃO II
Cursos de formação e de actualização, exames e certificados[75]

ARTIGO 21.º
Cursos de formação[76]

1 – Os cursos de formação técnica e cívica para o uso e porte de armas de fogo das classes B1, C e D, e para o exercício de actividade de armeiro, são ministrados pela PSP ou por entidades por si credenciadas para o efeito.

2 – A frequência, com aproveitamento, dos cursos de formação para o uso e porte de armas de fogo confere ao formando um certificado com especificação da classe de armas a que se destina.

ARTIGO 22.º
Cursos de actualização[77]

1 – Os titulares de licença B1 devem submeter-se, em cada cinco anos, a um curso de actualização técnica e cívica para o uso e porte de armas de fogo, ministrado nos termos do artigo anterior.

2 – Os titulares de licenças C e D devem submeter-se, em cada 10 anos, a um curso de actualização técnica e cívica para o uso e porte de armas de fogo, ministrado nos termos do artigo anterior.

3 – Exceptuam-se do disposto nos números anteriores os titulares de licença de tiro desportivo e de licença federativa válida, que façam prova da prática desportiva com armas de fogo.

Anotações:

[75] Os cursos de formação e exames em epígrafe encontram-se previstos na **Portaria n.º 932/2006, de 8 de Setembro** – Regulamento relativo ao regime dos cursos de formação técnica e cívica e sua actualização (p. 263).

[76] *Vide* **Portaria n.º 932/2006, de 8 de Setembro**, Capítulos III e IV (pp. 269-271).

[77] *Vide* **Portaria n.º 932/2006, de 8 de Setembro**, Capítulo V (p. 273).

Artigo 23.º
Exame médico

O exame médico, com incidência física e psíquica, destina-se a certificar se o requerente está apto, ou apto com restrições, à detenção, uso e porte de arma, bem como se está na posse de todas as suas faculdades psíquicas, sem historial clínico que deixe suspeitar poder vir a atentar contra a sua integridade física ou de terceiros.

Artigo 24.º
Frequência dos cursos de formação para portadores de arma de fogo[78]

A inscrição e a frequência no curso de formação para portadores de arma de fogo ou para o exercício da actividade de armeiro dependem de prévia autorização da PSP mediante avaliação do cumprimento dos requisitos legais para a concessão da licença.

Artigo 25.º
Exames de aptidão[79]

1 – Concluídos os cursos de formação têm lugar exames de aptidão.

2 – Os exames serão realizados em data e local a fixar pela PSP e compreendem uma prova teórica e uma prática.

3 – Os júris de exame são constituídos por três membros a designar pelo director nacional da PSP, podendo integrar representantes do Ministério da Agricultura, do Desenvolvimento Rural e das Pescas, nos casos de atribuição de licenças para uso e porte de armas das classes C e D.

Anotações:

[78] *Vide* **Portaria n.º 932/2006, de 8 de Setembro** Capítulo III – Secção I e II (pp. 269-271).

[79] *Vide* **Portaria n.º 932/2006, de 8 de Setembro**, Capítulo IV (pp. 271).

ARTIGO 26.º
Certificado de aprovação[80]

1 – O certificado de aprovação para o uso e porte de armas de fogo é o documento emitido pela Direcção Nacional da PSP, atribuído ao candidato que tenha obtido a classificação de apto nas provas teórica e prática do exame de aptidão, comprovando que o examinado pode vir a obter licença para o uso e porte de armas da classe a que o mesmo se destina.

2 – O deferimento do pedido de inscrição e frequência no curso de formação bem como a aprovação no exame de aptidão não conferem quaisquer direitos ao requerente quanto à concessão da licença.

SECÇÃO III
Renovação e caducidade das licenças[81]

ARTIGO 27.º
Validade das licenças

1 – As licenças de uso e porte ou de detenção de arma são emitidas por um período de tempo determinado e podem ser renovadas a pedido do interessado.

2 – Em caso algum são atribuídas licenças vitalícias.

3 – As licenças de uso e porte de arma das classes B, B1, C e D e a licença especial concedida ao abrigo do artigo 19.º são válidas por um período de cinco anos.

Anotações:

[80] O certificado de aprovação nos cursos de formação técnica e cívica para portadores de armas de fogo e o certificado de frequência de curso de actualização para portadores de arma de fogo, são os constantes nos Anexos XVIII e XX, respectivamente, da **Portaria n.º 931/2006, de 8 de Setembro,** com a nova redacção da Portaria n.º 1165/2007, de 13 de Setembro (pp. 247 e 249).

[81] Em termos genéricos, designa-se por **caducidade** a extinção não retroactiva de efeitos jurídicos em virtude da verificação de um facto jurídico, *stricto sensu,* isto é, independentemente de qualquer manifestação de vontade. Como forma extintiva dos direitos, a caducidade opera quando o direito não é exercido dentro de um prazo fixado por lei ou convenção. O regime da caducidade encontra-se previsto nos artigos 328.º e seguintes do Código Civil. *In* PRATA, Ana, *Dicionário Jurídico,* Coimbra, 2005, p. 179.

Lei n.º 5/2006, de 23 de Fevereiro

4 – As licenças de uso e porte de arma das classes E e F são válidas por um período de seis anos.

5 – As licenças de detenção de arma no domicílio são válidas por um período de 10 anos.

ARTIGO 28.º
Renovação da licença de uso e porte de arma

1 – A renovação da licença de uso e porte de arma deve ser requerida até ao termo do seu prazo e depende da verificação, à data do pedido, dos requisitos exigidos para a sua concessão.

2 – O requisito de frequência do curso de formação técnica e cívica para o uso e porte de arma da classe respectiva é substituído por prova da frequência do curso de actualização correspondente, previsto no artigo 22.º, sempre que exigível.

ARTIGO 29.º
Caducidade e não renovação da licença[82]

1 – Nos casos em que se verifique a caducidade da licença, o respectivo titular tem o prazo de 180 dias para promover a sua renovação, solicitar outra licença que permita a detenção, uso ou porte das armas adquiridas ao abrigo da licença caducada ou proceder à transmissão das respectivas armas.[83]

2 – Sem prejuízo do disposto no n.º 1 do artigo 99.º-A, logo que caducar a licença, as armas adquiridas ao abrigo da mesma e que não estejam legalmente autorizadas a ser utilizadas ao abrigo doutra

---

Anotações:

[82] Do exposto se conclui que a licença de uso e porte de arma é uma licença temporária, sujeita a um prazo de validade e cuja atribuição ou renovação está subordinada a determinados requisitos legais. Isto quer dizer, que a partir do momento em que caduca a licença de uso e porte de arma, cessam os efeitos jurídicos que a mesma produz, por força do decurso do prazo consagrado na lei, ou por força de qualquer outro facto ou evento superveniente a que a lei atribui o efeito extintivo, «*ex nunc*», designadamente a sua cassação a todo o tempo por ordem da Direcção Nacional da Polícia de Segurança Pública, por motivo justificado (Acórdão do Tribunal da Relação do Porto, de 20 de Abril de 2004, Processo n.º 0442806).

[83] Coima de € 250 a € 2 500 (cfr. art. 99.º-A, n.º 1).

licença passam a ser consideradas, a título transitório, como em detenção domiciliária, durante o prazo estipulado no número anterior.[84]

3 – No caso de o titular da licença caducada ser titular de outra licença que permita a detenção, uso ou porte, das armas adquiridas ao abrigo daquela, pode solicitar, no prazo referido no n.º 1, que as mesmas sejam consideradas tituladas por esta outra licença.

4 – Sem prejuízo do disposto no número anterior, nos casos em que não seja autorizada a renovação da licença ou seja indeferida a concessão da nova licença a que se refere o n.º 1, deve o interessado depositar a respectiva arma na PSP, acompanhada dos documentos inerentes, no prazo de 15 dias após a notificação da decisão, sob pena de incorrer em crime de desobediência qualificada.[85]

5 – Sem prejuízo do disposto no número anterior, nos 15 dias seguintes à data em que a decisão se tornar definitiva, pode o interessado proceder à transmissão da arma, remetendo à PSP o respectivo comprovativo.

6 – Findo o prazo de 15 dias referido no número anterior, a arma é declarada perdida a favor do Estado.

Anotações:

[84] Deixar caducar a licença, sem ultrapassar os 180 dias, ainda que seja entregue o processo de renovação, fica o seu titular impedido de usar ou portar arma até à emissão da competente licença.

[85] Nos termos do artigo 348.º, n.º 2, do Código Penal, *"a pena é de prisão até dois anos ou de multa até 240 dias nos casos em que uma disposição legal cominar a punição da desobediência qualificada."*

CAPÍTULO III
Aquisição de armas e munições

SECÇÃO I
Autorizações de aquisição e declarações de compra e venda ou doação de armas

Artigo 30.º
Autorização de aquisição[86]

1 – A autorização de aquisição é o documento emitido pela PSP que permite ao seu titular a aquisição, a título oneroso ou gratuito, de arma da classe a que o mesmo se refere.

2 – O requerimento a solicitar a autorização de aquisição deve conter:

a) A identificação completa do comprador ou donatário;[87]

b) O número e o tipo de licença de que é titular ou o número do alvará da entidade que exerce a actividade;

c) Identificação da marca, modelo, tipo e calibre ou, no caso de partes essenciais de arma de fogo, a identificação da arma a que se destinam e as características dessas partes;

d) Declaração, sob compromisso de honra, de possuir no seu domicílio ou instalações, respectivamente, um cofre ou armário de segurança não portáteis, ou casa-forte ou fortificada, bem como referência à existência de menores no domicílio, se os houver;

Anotações:

[86] *Vide* modelo constante no Anexo XIV, da **Portaria n.º 931/2006, de 8 de Setembro**, com a nova redacção da Portaria n.º 1165/2007, de 13 de Setembro (p. 243).

[87] Nos termos do artigo 940.º do Código Civil, donatário é aquele que aceita uma doação. Regra geral, todos os indivíduos podem aceitar doações, excepto se estiverem inibidas por lei de o fazer, sendo a capacidade do donatário fixada no momento da aceitação (*In* PRATA, Ana, *ob. cit.,* p. 472.).

88   *Regime Jurídico das Armas e suas Munições – Anotações*

e) Autorização para que a PSP, sem prejuízo do disposto no artigo 34.º da Constituição e após notificação para o efeito, proceda à fiscalização das condições de segurança para a guarda das armas.

3 – A verificação das condições de segurança por parte da PSP leva sempre em consideração a existência ou não de menores no domicílio do requerente, podendo a autorização de aquisição ser condicionada à realização de alterações nas mesmas.

4 – A autorização de aquisição tem o prazo de validade de 60 dias e dela devem constar os elementos referidos nas alíneas a), b) e c) do n.º 2.

5 – *(Revogado)*.

ARTIGO 31.º
Declarações de compra e venda ou doação

1 – A declaração de compra e venda ou doação é o documento do qual consta a identificação completa do vendedor ou doador e do comprador ou donatário, tipo e número das licenças ou alvarás, data, identificação da marca, modelo, tipo, calibre, capacidade ou voltagem da arma, conforme os casos, e número de fabrico, se o tiver.

2 – A declaração referida no número anterior é feita em triplicado, sendo o original para a PSP, o duplicado para o comprador ou donatário e o triplicado para o vendedor ou doador.

3 – O vendedor ou doador remete o original da declaração para a PSP, bem como o livrete de manifesto, no prazo máximo de 15 dias, para efeitos de emissão de livrete de manifesto, do registo da arma e da sua propriedade, conforme os casos.[88]

ARTIGO 32.º
Limites de detenção[89]

1 – Aos titulares das licenças B e B1 só é permitida a detenção até duas armas da classe respectiva.

Anotações:

[88] Coima de € 250 a € 2 500 (cfr. art. 99.º, n.º 1, al. a)).
[89] Coima de € 700 a € 7 000 (cfr. art. 99.º, n.º 1, al. d)).

Lei n.º 5/2006, de 23 de Fevereiro 89

2 – Ao titular da licença C só é permitida a detenção até duas armas de fogo desta classe, excepto se a sua guarda for feita em cofre ou armário de segurança não portáteis, casa-forte ou fortificada para a guarda das mesmas, devidamente verificados pela PSP.

3 – Ao titular da licença D só é permitida a detenção até duas armas de fogo desta classe, excepto se a sua guarda for feita em cofre ou armário de segurança não portáteis, devidamente verificados pela PSP.

4 – Ao titular de licença de detenção de arma no domicílio só é permitida a detenção até duas armas de fogo, excepto se a sua guarda for feita em cofre ou armário de segurança não portáteis, devidamente verificados pela PSP.

5 – Independentemente do número de armas detidas ao abrigo das licenças referidas nos números anteriores, sempre que o titular detiver no total mais de 25 armas de fogo está obrigado a ter casa-forte ou fortificada para a guarda das mesmas, devidamente verificada pela PSP.

6 – Sempre que, por razões legais ou de estrutura do edifício, não seja possível a edificação de casa-forte ou fortificada, podem estas ser substituídas por cofre com fixação à parede ou a pavimento, devidamente verificado pela PSP.

SECÇÃO II
Aquisição de munições

ARTIGO 33.º

Livro de registo de munições
para as armas das classes B e B1[90]

1 – O livro de registo de munições é concedido com o livrete de manifesto das armas das classes B e B1.

2 – O livro de registo de munições destina-se a inscrever em campos próprios as datas e quantidades de munições adquiridas e

---

Anotações:

[90] Coima de € 700 a € 7 000 (cfr. art. 99.º, n.º 1, al. d)).

90 Regime Jurídico das Armas e suas Munições – Anotações

disparadas, dele devendo constar o nome do titular, número do livrete de manifesto da arma e seu calibre.

3 – Cada compra de munições efectuada deve ser registada no livro e certificada e datada pelo armeiro.

4 – Cada disparo ou conjunto de disparos efectuados pelo proprietário em carreira de tiro deve ser registado no livro e certificado e datado pelo responsável da carreira.

5 – O livro de registo de munições pode ser substituído no quadro da implementação de um registo informático centralizado na PSP de todas as aquisições e gastos de munições que inclua a atribuição e gestão de um cartão electrónico com código de identificação secreto.

ARTIGO 34.º
**Posse e aquisição de munições
para as armas das classes B e B1**

1 – O proprietário ou o detentor de uma arma das classes B e B1 não pode, em momento algum, ter em seu poder mais de 250 munições por cada uma das referidas classes.[91]

2 – A aquisição de munições depende da apresentação do livrete de manifesto da arma, da licença de uso e porte de arma, do livro de registo de munições e de prova da identidade do titular da licença.[92]

Artigo 35.º
Aquisição de munições para as armas das classes C e D[93]

1 – A compra e venda de munições para as armas das classes C e D é livre, mediante prova da identidade do comprador, exibição do

---

Anotações:

[91] Coima de € 250 a € 2 500 (cfr. art. 99.º, n.º 1, al. a)).

[92] Coima de € 1 000 a € 20 000, conjugado com o art. 52.º, n.º 2 (cfr. art. 100.º, n.º 1) para o armeiro que proceda à venda de munições das classes B e B1 sem apresentação do livrete de manifesto da arma, da licença de uso e porte de arma, do livro de registo de munições e de prova da identidade do titular da licença. A coima poderá ainda ser agravada nos termos do art. 103.º.

[93] Coima de € 250 a € 2 500 (cfr. art. 99.º, n.º 1, al. a)).

Lei n.º 5/2006, de 23 de Fevereiro

livrete de manifesto da respectiva arma ou do documento comprovativo da cedência a título de empréstimo da mesma, licença de uso e porte de arma e emissão de factura discriminada das munições vendidas.

2 – Aos titulares das licenças C e D não é permitida a detenção de mais de 2000 munições para armas da classe D ou de mais de 250 munições para cada calibre de armas da classe C, salvo por autorização especial do director nacional da PSP, mediante requerimento do interessado, através do qual comprove possuir as necessárias condições de segurança para o seu armazenamento.

3 – A legislação regulamentar da presente lei define as medidas necessárias para a implementação de meios de registo electrónico e gestão centralizada na PSP de todas as aquisições.

Artigo 36.º
Recarga e componentes de recarga[94]

1 – A recarga de munições é permitida aos titulares de licença C e D, não podendo ultrapassar as cargas propulsoras indicadas pelos fabricantes.

2 – Só é permitida a venda de equipamentos e componentes de recarga a quem apresentar as licenças referidas no número anterior.

3 – As munições provenientes de recarga não podem ser vendidas ou cedidas e só podem ser utilizadas na prática de actos venatórios, treinos ou provas desportivas.

Anotações:

[94] Coima de € 700 a € 7 000 (cfr. art. 99.º, n.º 1, al. d)).

SECÇÃO III
Aquisição por sucessão *mortis causa* e cedência por empréstimo

Artigo 37.º
Aquisição por sucessão *mortis causa*[95]

1 – A aquisição por sucessão *mortis causa* de qualquer arma manifestada é permitida mediante autorização do director nacional da PSP.[96]

2 – O director nacional da PSP pode autorizar que a arma fique averbada em nome do cabeça-de-casal até se proceder à partilha dos bens do autor da herança, sendo neste caso obrigatório o depósito da arma à guarda da PSP.[97]

3 – Caso o cabeça-de-casal ou outro herdeiro reúna as condições legais para a detenção da arma, pode ser solicitado averbamento em seu nome, ficando a mesma à sua guarda.

Anotações:

[95] ***Mortis causa***, *i.e.*, em consequência da morte. Esta expressão é comummente utilizada para designar os direitos e deveres que os herdeiros adquirem por morte de um familiar.

[96] Além dos demais documentos para um acto de registo, o interessado apresenta declaração de habilitação de herdeiros, com ou sem a relação dos bens e partilhas (através das verbas) e certidão de óbito do autor da herança.

[97] Nos termos do art. 2079.º do Código Civil, **cabeça-de-casal** é aquele a quem cabe a administração da herança até à sua liquidação e partilha, deferindo-se o seu cargo, conforme preceitua o art. 2080.º do mesmo diploma legal, do seguinte modo:

a) Ao cônjuge sobrevivo, não separado judicialmente de pessoas e bens, se for herdeiro ou tiver meação nos bens do casal;

b) Ao testamenteiro, salvo declaração do testador em contrário;

c) Aos parentes que sejam herdeiros legais;

d) Aos herdeiros testamentários.

De entre os parentes que sejam herdeiros legais, a preferência é atribuída, pela lei, em função de proximidade de grau de parentesco; de entre os herdeiros legais do mesmo grau de parentesco, ou de entre os herdeiros testamentários, preferem os que viviam com o falecido (*de cujus*) há pelo menos um ano à data da morte; em igualdade de circunstâncias, prefere o herdeiro mais velho. (*In* Prata, Ana, *Dicionário Jurídico*, Coimbra, 2005, p. 177).

Lei n.º 5/2006, de 23 de Fevereiro   93

4 – A pedido do cabeça-de-casal, pode a arma ser transmitida a quem reunir condições para a sua detenção, sendo o adquirente escolhido pelo interessado, ou pode ser vendida em leilão que a PSP promova, sendo o valor da adjudicação, deduzido dos encargos, entregue à herança.[98]

5 – Finda a partilha, a arma será entregue ao herdeiro beneficiário, desde que este reúna as condições legais para a sua detenção.

6 – Decorridos 10 anos sem que haja reclamação do bem, será o mesmo declarado perdido a favor do Estado.[99]

ARTIGO 38.º

Cedência a título de empréstimo[100-101]

1 – Podem ser objecto de cedência, a título de empréstimo, a terceiro que as possa legalmente deter, as armas das classes C e D, desde que destinadas ao exercício de prática venatória ou treino de caça, nas condições definidas na legislação regulamentar da presente lei.[102]

2 – O empréstimo deve ser formalizado mediante documento escrito, elaborado em triplicado, emitido pelo proprietário e por este datado e assinado, sendo certificado pela PSP, que arquiva o original,

---

Anotações:

[98] Atendendo que as armas são objectos perigosos e deverão estar em lugar seguro, associando-se a necessidade de licenciamento para a sua posse e, por em algumas situações não existir consenso entre os herdeiros, surgiu a possibilidade legal do cabeça-de-casal transmitir a arma a um terceiro, ou ainda, em alternativa, proceder à sua entrega na PSP, para venda em leilão, revertendo o valor da venda à herança, deduzidas as despesas inerentes ao processo.

[99] Nos termos do art. 2059.º do Código Civil, o direito de aceitar a herança caduca ao fim de dez anos, contados desde que o sucessível tem conhecimento de haver sido a ela chamado.

[100] Nos termos do art. 1129.º do Código Civil, entende-se por "cedência a titulo de empréstimo" o contrato gratuito pelo qual o comodante entrega coisa móvel ou imóvel ao comodatário para que este se sirva dela com a obrigação de a restituir (*vide* art. 1130.º, n.º1 do Código Civil). Este tipo de contrato designa-se por "Comodato".

[101] *Vide* também art. 6.º, da Lei n.º 42/2006, de 25 de Agosto (p. 171) – cedência de armas de fogo para fins desportivos e de colecccionismo.

[102] Coima de € 600 a € 6 000 (cfr. art. 99.º, n.º 1, al. c)).

devendo o duplicado ser guardado pelo proprietário e o triplicado acompanhar a arma.[103]

3 – Não é permitido o empréstimo por mais de 180 dias, excepto se for a museu.[104]

4 – O empréstimo legal da arma exime o proprietário da responsabilidade civil inerente aos danos por aquela causados.

CAPÍTULO IV
Normas de conduta de portadores de armas

SECÇÃO I
Obrigações comuns

ARTIGO 39.º
Obrigações gerais

1 – Os portadores de qualquer arma obrigam-se a cumprir as disposições legais constantes da presente lei e seus regulamentos, bem como as normas regulamentares de qualquer natureza relativas ao porte de armas no interior de edifícios públicos, e as indicações das autoridades competentes relativas à detenção, guarda, transporte, uso e porte das mesmas.

2 – Os portadores de armas estão, nomeadamente, obrigados a:

a) Apresentar as armas, bem como a respectiva documentação, sempre que solicitado pelas autoridades competentes;[105]

Anotações:

[103] A cedência destas armas a título de empréstimo só é autorizada entre titulares do mesmo tipo de licença (é legal o empréstimo de armas da classe D entre titulares de licença C e D, enquanto as armas de classe C só entre titulares de licença tipo C), por força do art. 39.º, n.º 2, al. g) e h) e art. 3.º, n.º 11. A violação destas normas legais é punida com coima de € 500 a € 5000 (cfr. art.º 98.º).

[104] Coima de € 600 a € 6 000 (cfr. art. 99.º, n.º 1, al. c)).

[105] Coima de € 500 a € 5 000 (cfr. art. 98.º).

b) Declarar, de imediato e por qualquer meio, às autoridades policiais o extravio, furto ou roubo das armas, bem como o extravio, furto, roubo ou destruição do livrete de manifesto ou da licença de uso e porte de arma;[106]

c) Não exibir ou empunhar armas sem que exista manifesta justificação para tal;[107]

d) Disparar as armas unicamente em carreiras ou campos de tiro ou no exercício de actos venatórios, actos de gestão cinegética e outras actividades de carácter venatório, nomeadamente no treino de caça em áreas específicas para o efeito, em provas desportivas ou em práticas recreativas em propriedades rústicas privadas em condições de segurança para o efeito;[108]

e) Comunicar de imediato às autoridades policiais situações em que tenham recorrido às armas por circunstâncias de defesa pessoal ou de propriedade;[109]

f) Comunicar às autoridades policiais qualquer tipo de acidente ocorrido;[110]

g) Não emprestar ou ceder as armas, a qualquer título, fora das circunstâncias previstas na presente lei;[111]

h) Dar uma utilização às armas de acordo com a justificação da pretensão declarada aquando do seu licenciamento;[112]

i) Manter válido e eficaz o contrato de seguro relativo à sua responsabilidade civil, quando a isso esteja obrigado nos termos da presente lei.[113]

Anotações:

[106] Coima de € 500 a € 5 000 (cfr. art. 98.º).

[107] Coima de € 500 a € 5 000 (cfr. art. 98.º).

[108] Coima de € 500 a € 5 000 (cfr. art. 98.º). Aplica-se aos titulares de licença que façam qualquer disparo fora dos locais previstos na presente alínea.

[109] Coima de € 500 a € 5 000 (cfr. art. 98.º), pela não comunicação imediata.

[110] Coima de € 500 a € 5 000 (cfr. art. 98.º), pela não comunicação de acidente.

[111] Coima de € 500 a € 5 000 (cfr. art. 98.º).

[112] Uma arma declarada aquando do seu licenciamento para determinada actividade, não pode ser utilizada noutra diferente. Coima de € 500 a € 5 000 (cfr. art.98.º).

[113] Coima de € 500 a € 5 000 (cfr. art. 98.º).

Artigo 40.º
Segurança das armas

Os portadores de armas são permanentemente responsáveis pela segurança das mesmas, no domicílio ou fora dele, e devem tomar todas as precauções necessárias para prevenir o seu extravio, furto ou roubo, bem como a ocorrência de acidentes.[114]

SECÇÃO II
Uso de armas de fogo, eléctricas e aerossóis de defesa

Artigo 41.º
Uso, porte e transporte[115]

1 – O uso, porte e transporte das armas de fogo deve ser especialmente disciplinado e seguir rigorosamente as regras e procedimentos de segurança.

2 – As armas de fogo curtas devem ser portadas em condições de segurança, em coldre ou estojo próprio para o seu porte, com dispositivo de segurança, sem qualquer munição introduzida na câmara, com excepção dos revólveres.

3 – As armas de fogo devem ser transportadas de forma separada das respectivas munições, com cadeado de gatilho ou mecanismo que impossibilite o seu uso, ou desmontadas de forma a que não sejam facilmente utilizáveis, ou sem peça que possibilite o seu disparo, em bolsa ou estojo próprios para o modelo em questão, com adequadas condições de segurança.

Anotações:

[114] É de toda a conveniência que a autoridade administrativa inicie processo de contra-ordenação derivado às situações acima referidas, a fim de ser avaliada a culpabilidade do seu portador, tendo em consideração a perigosidade destes objectos que a presente lei visa regular. Este processo poderá conduzir a instauração de um outro, tendo em vista a hipotética cassação da licença, se se provar que houve culpa do portador, ainda que a título de negligência (cfr. art. 108.º, n.º 1, al. h). Coima de € 500 a € 5 000 (cfr. art. 98.º).

[115] A violação ao disposto no presente artigo corresponde a aplicação de coima de € 500 a € 5 000 (cfr. art. 98.º).

Lei n.º 5/2006, de 23 de Fevereiro

4 – O porte de arma de fogo, armas eléctricas, aerossóis de defesa e munições nas zonas restritas de segurança dos aeroportos e a bordo de uma aeronave carece de autorização da autoridade competente, sendo o seu transporte a bordo de aeronaves, como carga, sujeito ao disposto na Convenção da Aviação Civil Internacional.[116]

ARTIGO 42.º

Uso de armas de fogo

1 – Considera-se uso excepcional de arma de fogo a sua utilização efectiva nas seguintes circunstâncias:[117]

a) Como último meio de defesa, para fazer cessar ou repelir uma agressão actual e ilícita dirigida contra o próprio ou terceiros, quando exista perigo iminente de morte ou ofensa grave à integridade física e quando essa defesa não possa ser garantida por agentes da autoridade do Estado, devendo o disparo ser precedido de advertência verbal ou de disparo de advertência e em caso algum podendo visar zona letal do corpo humano;

b) Como último meio de defesa, para fazer cessar ou repelir uma agressão actual e ilícita dirigida contra o património do próprio ou de terceiro e quando essa defesa não possa ser garantida por agentes da autoridade do Estado, devendo os disparos ser exclusivamente de advertência.

2 – Considera-se uso não excepcional de arma de fogo:

a) O exercício da prática desportiva ou de actos venatórios, actos de gestão cinegética e outras actividades de carácter

---

Anotações:

[116] A **Convenção sobre Aviação Civil Internacional**, também conhecida como **Convenção de Chicago**, é um tratado que estabeleceu a Organização de Aviação Civil Internacional (OACI), cuja função é coordenar e regular o transporte aéreo internacional. A convenção determina regras acerca do espaço aéreo, registo de aeronaves e segurança de voo, bem como consagra os direitos dos signatários com respeito ao transporte aéreo.

[117] Existe a obrigatoriedade legal de comunicar de imediato às autoridades policiais o uso das armas de fogo nestas circunstâncias. A não comunicação é sancionada com coima de € 500 a € 5 000 (cfr. art. 98.º).

venatório, nomeadamente o treino de tiro em zonas de caça nas áreas específicas para o efeito, em provas desportivas e em práticas recreativas em propriedades rústicas privadas com condições de segurança para o efeito;

b) Como meio de alarme ou pedido de socorro, numa situação de emergência, quando outros meios não possam ser utilizados com a mesma finalidade;

c) Como meio de repelir uma agressão iminente ou em execução, perpetrada por animal susceptível de fazer perigar a vida ou a integridade física do próprio ou de terceiros, quando essa defesa não possa ser garantida por outra forma.

Artigo 43.º
Segurança no domicílio[118]

1 – O portador que se separe fisicamente da arma de fogo deve colocá-la no interior de um cofre ou armário de segurança não portáteis, sempre que exigido.

2 – Nos casos não abrangidos pelo número anterior, deve o portador retirar à arma peça que possibilite o seu disparo, que deve ser guardada separadamente, ou fixá-la a parede ou a outro objecto fixo, ou apor-lhe cadeado ou mecanismo de bloqueio, por forma a que não seja possível a sua utilização.

3 – O cofre ou armário referidos no n.º 1 podem ser substituídos por casa-forte ou fortificada.

Artigo 44.º
Armas eléctricas, aerossóis de defesa e outras armas de letalidade reduzida[119]

1 – O uso de arma eléctrica, aerossóis de defesa e outras armas não letais deve ser precedido de aviso explícito quanto à sua nature-

---

Anotações:

[118] A violação ao disposto no presente artigo corresponde a aplicação de coima de € 500 a € 5 000 (cfr. art. 98.º).

[119] A violação ao disposto no presente artigo corresponde a aplicação de coima de € 500 a € 5 000 (cfr. art. 98.º).

za e intenção da sua utilização, aplicando-se, com as devidas adaptações, as limitações definidas no artigo 42.º

2 – Estas armas ou dispositivos devem ser transportados em bolsa própria para o efeito, com o dispositivo de segurança accionado, e ser guardados no domicílio em local seguro.

SECÇÃO III
Proibição de detenção, uso e porte de arma

Artigo 45.º
Ingestão de bebidas alcoólicas ou de outras substâncias

1 – É proibida a detenção,[120] uso[121] e porte[122] de arma, bem como o seu transporte[123] fora das condições de segurança previstas no artigo 41.º, sob a influência de álcool ou de outras substâncias estupefacientes ou psicotrópicas, sendo o portador de arma, por ordem de autoridade policial competente, obrigado, sob pena de incorrer em crime de desobediência qualificada, a submeter-se a provas para a sua detecção.[124]

2 – Entende-se estar sob o efeito do álcool quem apresentar uma taxa de álcool no sangue igual ou superior a 0,50 g/l.

3 – As provas referidas no n.º 1 compreendem exames de pesquisa de álcool no ar expirado, análise de sangue e outros exames médicos adequados.

Anotações:

[120] **Detenção de arma** – o facto de ter em seu poder ou na sua esfera de disponibilidade uma arma (art. 2.º, n.º 5, al. g)).

[121] **Uso de arma** – o acto de empunhar, apontar ou disparar uma arma (art. 2.º, n.º 5, al. s)).

[122] **Porte de arma** – o acto de trazer consigo uma arma branca ou uma arma municiada ou carregada ou em condições de o ser para uso imediato (art. 2.º, n.º 5, al. p)).

[123] **Transporte de arma** – o acto de transferência de uma arma descarregada e desmuniciada ou desmontada de um local para outro, de forma a não ser susceptível de uso imediato (art. 2.º, n.º 5, al. r)).

[124] Coima de € 700 a € 7000 (cfr. art. 99.º, n.º 1, al. d)).

100 *Regime Jurídico das Armas e suas Munições – Anotações*

4 – Para efeitos do disposto no n.º 1, considera-se detenção de arma o facto de esta se encontrar na esfera de disponibilidade imediata do detentor, montada, municiada, e apta a disparar.

ARTIGO 46.º
Fiscalização[125]

1 – O exame de pesquisa de álcool no ar expirado é efectuado por qualquer autoridade ou agente de autoridade, mediante o recurso a aparelho aprovado.[126]

2 – Sempre que o resultado do exame for positivo, o agente de autoridade deve notificar o examinado por escrito do respectivo resultado e sanções daí decorrentes e ainda da possibilidade de este requerer de imediato a realização de contraprova por análise do sangue.

3 – Se a suspeita se reportar à existência de substâncias estupefacientes ou outras, o exame é feito mediante análise ao sangue ou outros exames médicos, devendo o suspeito ser conduzido pelo agente de autoridade ao estabelecimento de saúde mais próximo dotado de meios que permitam a sua realização.[127]

Anotações:

[125] A fiscalização prefigurada neste artigo é realizada nos termos da Lei n.º 18/2007, de 17 de Maio, que aprova o **Regulamento de Fiscalização da Condução sob Influência do Álcool ou de Substâncias Psicotrópicas**, e devidamente regulamentada pela Portaria n.º 902-B/2007, de 13 de Agosto. E através do Despacho normativo n.º 35/2007, do Ministério da Saúde, publicado no Diário da República, II.ª Série, n.º 185, de 25 de Setembro, foi aprovado o guia orientador de indícios de influência por substâncias psicotrópicas, que auxilia os elementos das forças de segurança na detecção de indícios indicativos de que o condutor fiscalizado possa estar sob influência das ditas substâncias.

[126] Pelo Despacho n.º 12594/2007, publicado no Diário da República, II.ª Série, n.º 118, de 21 de Julho, da Direcção Geral de Viação (actualmente Autoridade Nacional de Segurança Rodoviária), foram aprovados os seguintes aparelhos (alcoolímetros) para a detecção de álcool no exercício da condução: *Seres (679 T); Drager (Alcotest 7110 MK III); Drager (Alcotest 7410); Siemens (Alcomat F); Seres (679 E).*

[127] Os exames acima referidos são os consignados no *Capítulo II – Avaliação do estado de influenciado por substâncias psicotrópicas* – na sua *Secção I – Exame de rastreio, Secção II – Exame de confirmação e Secção III – Exame médico*, da Portaria n.º 902-B/2007, de 13 de Agosto.

4 – A recolha do sangue para efeitos dos números anteriores deve efectuar-se no prazo máximo de duas horas e é realizada em estabelecimento de saúde oficial ou, no caso de contraprova de exame que já consistiu em análise do sangue, noutro estabelecimento de saúde, público ou privado, indicado pelo examinado, desde que a sua localização e horário de funcionamento permitam a sua efectivação no prazo referido.

5 – Para efeitos da fiscalização prevista neste artigo, as autoridades policiais podem utilizar os aparelhos e outros meios homologados ao abrigo do Código da Estrada e legislação complementar.[128]

CAPÍTULO V
Armeiros[129]

SECÇÃO I
Tipos de alvarás, sua atribuição e cassação

ARTIGO 47.º
Concessão de alvarás

Por despacho do director nacional da PSP, podem ser concedidos alvarás de armeiro para o exercício da actividade de fabrico, compra e venda ou reparação de armas das classes B, B1, C, D, E, F e G e das suas munições, para efeitos cénicos ou cinematográficos e

---

Anotações:

[128] Através do Despacho n.º 4/2007, de 15 de Agosto, da Autoridade Nacional de Segurança Rodoviária, foram aprovados os seguintes equipamentos, aptos para serem utilizados nos testes de rastreio na saliva, para a detecção de substâncias psicotrópicas: *Branan Oratec III; Securetec Drug Wipe 5; Acon Multi Drug Multi-Line Twist Screen Test Device; Drager Drug Check; Avitar Oralscreen Drugometer; Dialab Diaquick Doa-Saliva Multi 6.*

[129] **Armeiro** – qualquer pessoa singular ou colectiva cuja actividade profissional consiste, total ou parcialmente, no fabrico, compra e venda ou reparação de armas de fogo e suas munições (art. 2, n.º 5, al. a)).

102 *Regime Jurídico das Armas e suas Munições – Anotações*

leilão de armas, e ainda para armas e munições de colecções temáticas definidas no artigo 27.º da Lei n.º 42/2006, de 25 de Agosto.[130]

Artigo 48.º
Tipos de alvarás

1 – Tendo em consideração a actividade pretendida e as condições de segurança das instalações, são atribuídos os seguintes tipos de alvarás:

a) Alvará de armeiro do tipo 1, para o fabrico, montagem e reparação de armas de fogo e suas munições;[131-132]

b) Alvará de armeiro do tipo 2, para a compra e venda e reparação de armas das classes B, B1, C, D, E, F e G e suas munições;[133]

c) Alvará de armeiro do tipo 3, para a compra e venda e reparação de armas das classes E, F e G e suas munições;[134]

d) Alvará de armeiro do tipo 4, para importar, transferir, deter e ceder temporariamente armas e acessórios de todas as classes, com excepção dos equipamentos, meios militares e material de guerra, para efeitos cénicos e cinematográficos;

Anotações:

[130] A obtenção de alvará para o exercício da actividade de armeiro depende da prévia verificação das condições de segurança das instalações onde decorre, nos termos do **Regulamento de segurança das instalações destinadas ao fabrico, reparação, comércio e guarda de armas de fogo**, publicado pela Portaria n.º 933/2006, de 8 de Setembro, alterada pela Portaria n.º 256/2007, de 12 de Março, (p. 281).

[131] *Vide* modelo constante no Anexo IV à Portaria 931/2006, de 8 de Setembro, com as alterações introduzidas pelas Portarias n.os 256/2007, de 12 de Março e 1165/2007, de 13 de Setembro (p. 230).

[132] *Vide* art. 3.º, n.º 1 da Lei n.º 41/2006, de 25 de Agosto, referente às entidades titulares no âmbito das condições de instalação em território nacional de bancos de provas de armas de fogo e suas munições, desde que de uso civil (p. 164).

[133] *Vide* modelo constante no Anexo V à Portaria 931/2006, de 8 de Setembro, com as alterações introduzidas pelas Portarias n.os 256/2007, de 12 de Março e 1165/2007, de 13 de Setembro (p. 232).

[134] *Vide* modelo constante no Anexo VI à **Portaria n.º 931/2006**, de 8 de Setembro, com as alterações introduzidas pelas Portarias n.os 256/2007, de 12 de Março e 1165/2007, de 13 de Setembro (p. 234).

e) Alvará de armeiro do tipo 5, para venda e leilão de armas destinadas a colecção.

2 – Os alvarás podem ser requeridos por quem reúna, cumulativamente, as seguintes condições:

a) Seja maior de 18 anos;
b) Se encontre em pleno uso de todos os direitos civis;
c) Seja idóneo;
d) Seja portador do certificado de aprovação para o exercício da actividade de armeiro ou, tratando-se de pessoa colectiva, possua um responsável técnico que preencha os requisitos das alíneas a) a e);[135]
e) Seja portador de certificado médico;
f) Seja possuidor de instalações comerciais ou industriais devidamente licenciadas e que observem as condições de segurança fixadas para actividade pretendida.

3 – Quando o requerente for uma pessoa colectiva, os requisitos mencionados nas alíneas *a)*, *b)*, *c)* e *e)* do número anterior têm de se verificar relativamente a todos os sócios e gerentes ou aos cinco maiores accionistas ou administradores, conforme os casos.

4 – A apreciação da idoneidade do requerente é feita nos termos do disposto nos n.ºˢ 2 e 3 do artigo 14.º

5 – O alvará de armeiro é concedido por um período de cinco anos, renovável, ficando a sua renovação condicionada à verificação das condições exigidas para a sua concessão, não sendo contudo exigido o certificado previsto na alínea d) do n.º 2.

6 – O alvará de armeiro só é concedido depois de verificadas as condições de segurança das instalações, bem como da comprovada capacidade que os requerentes possuem para o exercício da actividade, podendo a PSP, para o efeito, solicitar parecer às associações da classe.

Anotações:

[135] *Vide* modelo constante no Anexo XIX à **Portaria n.º 931/2006**, de 8 de Setembro, com as alterações introduzidas pelas Portarias n.ºˢ 256/2007, de 12 de Março e 1165/2007, de 13 de Setembro (p. 248).

104　*Regime Jurídico das Armas e suas Munições – Anotações*

7 – Os requisitos fixados no n.º 2 são de verificação obrigatória para as pessoas singulares ou colectivas provenientes de Estados membros da União Europeia ou de países terceiros.

8 – Para os efeitos previstos no número anterior, pode a Direcção Nacional da PSP proceder à equiparação de certificações emitidas por Estados terceiros para o exercício da actividade de armeiro a que corresponda alvará do tipo 1, sem prejuízo da aplicabilidade de eventuais tratados ou acordos de que Portugal seja, no presente domínio, parte celebrante ou aderente.

9 – Aos elementos das forças e serviços de segurança e das Forças Armadas, quando no activo, é interdito o exercício da actividade de armeiro.

10 – Sem prejuízo do disposto no artigo 68.º-A, os titulares de alvará de armeiro só podem exercer a sua actividade em estabelecimentos licenciados para o efeito, de acordo com as regras de segurança definidas, podendo apenas transaccionar, para além de todos os bens, materiais e equipamentos de venda livre, as armas, munições e equipamentos previstos na presente lei que recaiam no âmbito do seu alvará.

11 – O exercício da actividade de armeiro em feiras da especialidade ou feiras agrícolas, bem como em exposições, carece de autorização prévia do director nacional da PSP.

12 – As regras de funcionamento, obrigações, requisitos de concessão e das taxas a cobrar pela emissão dos alvarás de armeiro tipo 4 e 5 são estabelecidos por portaria do Ministério da Administração Interna.

ARTIGO 49.º

Cedência do alvará

O alvará de armeiro só pode ser cedido a pessoa singular ou colectiva que reúna iguais condições às do seu titular para o exercício da actividade, ficando a sua cedência dependente de autorização do director nacional da PSP.

Artigo 50.º
Cassação do alvará

1 – O director nacional da PSP pode determinar a cassação do alvará de armeiro nos seguintes casos:

a) Incumprimento das disposições legais fixadas para a prática da actividade;

b) Alteração dos pressupostos em que se baseou a concessão do alvará;

c) Por razões de segurança e ordem pública.

2 – A cassação do alvará é precedida de um processo de inquérito, instruído pela PSP com todos os documentos atinentes ao fundamento da cassação relativos à infracção e com outros elementos que se revelem necessários.

3 – O armeiro a quem for cassado o alvará deve encerrar a instalação no prazo de quarenta e oito horas após a notificação da decisão, sob pena de incorrer em crime de desobediência qualificada, sem prejuízo de a PSP optar por outro procedimento, nomeadamente o imediato encerramento e selagem preventiva das instalações.[136]

Artigo 50.º-A
Comércio electrónico

1 – É permitido aos armeiros o comércio electrónico de bens que recaiam no âmbito do seu alvará, com excepção de armas, munições e acessórios da classe A e partes essenciais dessas armas.

Anotações:

[136] Art. 348.º do Código Penal – **Desobediência**.

Quem faltar à obediência devida a ordem ou a mandado legítimos, regularmente comunicados e emanados de autoridade ou funcionário competente, é punido com pena de prisão até 1 ano ou com pena de multa até 120 dias se:

    a) Uma disposição legal cominar, no caso, a punição da desobediência simples; ou

    b) Na ausência de disposição legal, a autoridade ou o funcionário fizerem a correspondente cominação. A pena é de prisão até 2 anos ou de multa até 240 dias nos casos em que uma disposição legal cominar a punição da desobediência qualificada.

106   *Regime Jurídico das Armas e suas Munições – Anotações*

2 – O comércio electrónico não dispensa que a aquisição de bens permitidos ao abrigo da presente lei seja titulada pelos originais ou fotocópias autenticadas dos documentos necessários para a sua realização, nem que a sua entrega seja efectuada no estabelecimento de armeiro, cujo alvará permita a referida transacção, mantendo-se as obrigações do n.º 2 do artigo 52.º

3 – Para efeitos do disposto no número anterior, não é admissível a apresentação de fotocópias autenticadas de autorizações prévias de importação, exportação ou de transferência.

SECÇÃO II
Obrigações dos armeiros, registos e mapas

Artigo 51.º
Obrigações especiais dos armeiros quanto à actividade[137]

1 – Os titulares de alvará de armeiro, para além de outras obrigações decorrentes da presente lei, estão, especialmente, obrigados a:

a) Exercer a actividade de acordo com o seu alvará e com as normas legais;

b) Manter actualizados os registos obrigatórios;

c) Enviar à PSP cópia dos registos obrigatórios;

d) Observar com rigor todas as normas de segurança a que está sujeita a actividade;

e) Facultar às autoridades competentes, sempre que por estas solicitado, o acesso aos registos de armas e munições, bem como a conferência das armas e munições em existência;

f) Facultar às autoridades competentes, sempre que por estas solicitado, o acesso às armas transferidas de outro Estado membro, bem como à respectiva documentação.

Anotações:

[137] Coima de € 1 000 a € 20 000 (cfr. art. 100.º, n.º 1), se pessoa singular. Tratando-se de pessoa colectiva ou equiparada, a coima é agravada no seu limite mínimo e máximo para o triplo (art. 103.º). A negligência e a tentativa são puníveis. No caso de tentativa, as coimas previstas para a respectiva contra-ordenação são reduzidas para metade nos seus limites máximos e mínimos (art. 104.º).

Lei n.º 5/2006, de 23 de Fevereiro 107

2 – Os armeiros estão, especialmente, obrigados a registar diariamente os seguintes actos:

a) Importação, exportação e transferência de armas;
b) Importação, exportação e transferência de munições;
c) Compra de armas;
d) Venda de armas;
e) Compra e venda de munições;
f) Fabrico e montagem de armas;
g) Reparação de armas;
h) Existências de armas e munições.

3 – Em cada um dos registos referidos nas alíneas do número anterior são escrituradas, separadamente, as armas e munições por classes, indicando-se o seu fabricante, número, modelo, calibre, data e entidade com quem se efectuou a transacção, respectiva licença ou alvará, bem como o número da autorização de compra, quando exigida.

4 – Os registos são efectuados em livros ou suporte informático e devem existir em todos os locais de fabrico, compra e venda ou reparação de armas e suas munições.

5 – Nos armazéns que o armeiro possua só é obrigatório o registo referido na alínea h) do n.º 2.

6 – O armeiro remete à PSP, até ao dia 5 de cada mês, uma cópia dos registos obrigatórios.

7 – Os registos devem ser mantidos por um período de 20 anos.[138]

Artigo 52.º
Obrigações especiais dos armeiros na venda ao público

1 – A venda ao público de armas de fogo e suas munições só pode ser efectuada por pessoas devidamente habilitadas para o efeito, com domínio da língua portuguesa.

2 – Cabe aos armeiros ou aos seus trabalhadores verificar a identidade do comprador, a existência das licenças ou autorizações

---

Anotações:

[138] Transposição da Directiva Comunitária 2008/51/CE, do Parlamento Europeu e do Conselho, de 21 de Maio.

habilitantes, confirmar e explicar as características e efeitos da arma e munições vendidas, bem como as regras de segurança aplicáveis.

3 – O armeiro e os seus trabalhadores devem recusar a venda de arma ou munições sempre que o comprador apresente sinais notórios de embriaguez, perturbação psíquica, consumo de estupefacientes ou ingestão de qualquer substância que lhe afecte o comportamento.

SECÇÃO III
Obrigações dos armeiros no fabrico, montagem e reparação de armas

Artigo 53.º
Marca de origem

1 – O titular de alvará do tipo 1 é obrigado a marcar, de modo permanente, nas armas por ele produzidas, por marcação incisiva ou indelével, o seu nome ou marca, modelo, país de origem, o ano e o número de série de fabrico e a apresentar, de seguida, as mesmas à PSP para efeitos de exame.[139]

2 – As armas de fogo produzidas em Portugal devem ter inscrito um punção de origem e uma marca aposta por um banco oficial de provas reconhecido por despacho do Ministro da Administração Interna.[140-141]

Artigo 54.º
Manifesto de armas

O manifesto das armas fabricadas ou montadas é sempre feito a favor dos armeiros habilitados com alvará do tipo 2 ou 3.

Anotações:

[139] Coima de € 700 a € 7 000 (cfr. art. 99.º, n.º 1, al. d)).

[140] Coima de € 700 a € 7 000 (cfr. art. 99.º, n.º 1, al. d)).

[141] *Vide* art. 7.º, n.º 1, da **Lei n.º 41/2006, de 25 de Agosto**, que estabelece os termos e as condições de instalação em território nacional de bancos de provas de armas de fogo e suas munições, desde que de uso civil (p. 163).

Lei n.º 5/2006, de 23 de Fevereiro 109

ARTIGO 55.º

**Obrigações especiais dos armeiros
na reparação de armas de fogo**

1 – É proibida a reparação de armas de fogo que não estejam devidamente manifestadas e acompanhadas dos respectivos livretes de manifesto ou documento que os substitua.

2 – Quando da reparação de armas possa resultar eliminação de número de série de fabrico ou alteração das suas características, devem as armas ser, previamente, examinadas e marcadas pela PSP.

3 – As armas sem número de série de fabrico ficam sujeitas ao exame e marcação previstos no número anterior.

4 – As alterações de características das armas para efeito de maior aptidão venatória ou desportiva são requeridas ao director nacional da PSP, sendo obrigatório o seu averbamento ao respectivo manifesto.

CAPÍTULO VI
Carreiras e campos de tiro

SECÇÃO I
Prática de tiro

ARTIGO 56.º

Locais permitidos[142]

1 – Só é permitido efectuar disparos com armas de fogo em carreiras[143] e campos de tiro[144] devidamente autorizados ou no exer-

---

Anotações:

[142] *Vide* **Despacho Conjunto dos Ministérios da Administração Interna e da Agricultura e do Desenvolvimento Rural e das Pescas n.º 18584/2008, de 27 de Junho de 2008,** publicado no Diário da República II Série – n.º 133, de 11 de Julho de 2008 (p. 329)

[143] **Carreira de tiro** – a instalação interior ou exterior, funcional e exclusivamente destinada à prática de tiro com arma de fogo carregada com munição de projéctil único (art. 2.º, n.º 5, al. d)).

[144] **Campo de tiro** – a instalação exterior funcional e exclusivamente destinada à pratica de tiro com arma de fogo carregada com munição de projectéis múltiplos (art. 2.º, n.º 5, al. b)).

110 *Regime Jurídico das Armas e suas Munições – Anotações*

cício de actos venatórios, actos de gestão cinegética e outras actividades de carácter venatório, nomeadamente o treino de caça em
áreas específicas para o efeito, em provas desportivas e em práticas
recreativas em propriedades rústicas privadas[145] em condições de
segurança para o efeito e nos demais locais permitidos por lei.[146]

2 – Ficam excluídos do âmbito da presente lei as carreiras e
campos de tiro para uso militar ou policial, estejam ou não afectos à
prática de tiro desportivo.

3 – É permitida a prática recreativa de tiro com armas de fogo
em propriedades rústicas privadas, desde que observadas as condições
de segurança definidas por despacho do director nacional da PSP.

SECÇÃO II
Atribuição de alvarás, sua cedência e cassação

ARTIGO 57.º
Competência

1 – O licenciamento das carreiras e campos de tiro depende de
alvará concedido pelo director nacional da PSP.[147]

2 – A criação de carreiras e campos de tiro em propriedades
rústicas, com área adequada para o efeito, para uso restrito do proprietário, depende de licença concedida pela PSP.[148]

3 – Ficam excluídos do disposto no n.º 1 as carreiras e campos
de tiro da iniciativa do Instituto do Desporto de Portugal, I. P., desde
que se encontrem asseguradas as condições de segurança.

Anotações:

[145] *Vide* modelo constante no Anexo XXV à **Portaria n.º 931/2006, de 8 de Setembro**,
com as alterações introduzidas pelas Portarias n.ᵒˢ 256/2007, de 12 de Março e 1165/2007,
de 13 de Setembro (p. 254).

[146] Coima de € 500 a € 5 000 (cfr. art. 98.º)).

[147] As regras aplicáveis ao licenciamento de carreiras e campos de tiro, tendo em vista
a concessão de alvarás para a sua exploração e gestão vêm consignadas no **Decreto Regulamentar n.º 19/2006, de 25 de Outubro** (p. 205).

[148] *Vide* **Despacho n.º 772/2007, de 16 de Janeiro**, publicado no Diário da República, II Série (p. 323).

ARTIGO 58.º
Concessão de alvarás

As pessoas singulares ou colectivas que pretendam instalar carreiras ou campos de tiro devem requerer ao director nacional da PSP a atribuição do respectivo alvará e licenciamento do local, observando-se, na parte aplicável, o disposto nos n.ºˢ 2 e seguintes do artigo 48.º[149]

ARTIGO 59.º
Cedência e cassação do alvará

São aplicáveis à cedência e à cassação dos alvarás para a exploração e gestão de carreiras e campos de tiro as disposições constantes dos artigos 49.º e 50.º

Anotações:

[149] *I.e.*: ser maior de 18 anos; encontrar-se em pleno uso de todos os direitos civis; ser idóneo; ser portador do certificado de aprovação para o exercício da actividade de armeiro; ser portador de certificado médico; ser possuidor de instalações comerciais ou industriais devidamente licenciadas e que observem as condições de segurança fixadas para actividade pretendida, requisitos exigidos por força do art. 4.º, n.º 2 al. a), do Decreto Regulamentar n.º 19/2006, de 25 de Outubro (p. 205).

CAPÍTULO VII
Importação, exportação, transferência e cartão europeu de arma de fogo[150]

SECÇÃO I
Importação e exportação de armas e munições

ARTIGO 60.º
Autorização prévia à importação e exportação[151]

1 – A importação e a exportação de armas de aquisição condicionada, partes essenciais de armas de fogo, munições, fulminantes, cartuchos ou invólucros com fulminantes, punhos para armas de fogo longas e coronhas retrácteis ou rebatíveis, estão sujeitas a prévia autorização do director nacional da PSP.

2 – A autorização pode ser concedida:

a) Ao titular do alvará de armeiro, de acordo com a actividade exercida;

Anotações:

[150] *Vide* **Portaria n.º 931/2006, de 8 de Setembro**, (p. 223).

[151] Antes de procederem à importação, os interessados devem solicitar prévia autorização, que será emitida pelo Departamento de Armas e Explosivos da Direcção Nacional da PSP (DAE/PSP), devendo as armas ser rigorosa e completamente identificadas e juntar ao processo cópia da factura pró-forma de aquisição. As armas serão remetidas ao DAE/PSP para peritagem, havendo lugar ao pagamento das competentes taxas. Aos titulares das Licenças B, B1, C, D, E e F, bem como aos isentos, apenas é permitido a importação de uma arma por ano. Não são permitidas importações de armas, para posterior emissão de Licença de Detenção de Arma no Domicilio, excepto aos emigrantes que pretendam a mudança definitiva da sua residência para Portugal, confirmada pelo Consulado, e que há data sejam proprietários das armas e estejam habilitados à sua posse pelo Estado de Emigração. Mais se esclarece que a importação das armas não significa a concessão da competente licença, ou seja, o requerente e para o efeito terá que reunir todos os requisitos exigidos pela presente lei. A importação de armas das classes B, B1, C, D e E, por quem não se encontrar autorizado, ou fora das condições legais, é considerado um ilícito criminal nos termos do artigo 86.º deste diploma legal.

b) Ao titular de licença B, ou isento nos termos da lei, para armas de fogo da classe B;

c) Ao titular de licença B1, C, D, E ou F, para armas da classe permitida pela respectiva licença.

3 – Em cada ano apenas é concedida autorização de importação de uma arma aos titulares das licenças B, B1, C, D, E e F, ou que delas estejam isentos.

4 – Os cidadãos nacionais regressados de países terceiros após ausência superior a um ano e os estrangeiros oriundos desses países que pretendam fixar residência em território nacional podem ser autorizados a importar as suas armas das classes B, B1, C, D, E, F ou G e respectivas munições, ficando contudo sujeitos à prova da respectiva licença de uso e porte ou detenção.[152-153]

5 – A autorização prevista no número anterior pode, em casos devidamente fundamentados, ser concedida, pelo director nacional da PSP, a nacionais regressados de países terceiros antes de decorrido um ano.

6 – O requerimento, acompanhado pelo certificado de utilizador final, individual ou colectivo, quando a arma se destine à exportação, indica o tipo, a marca, o modelo, o calibre, o número de série de fabrico, demais características da arma e a indicação de a arma ter sido sujeita ao controlo de conformidade.

Anotações:

[152] O regresso definitivo a território nacional deverá ser comprovado por declaração emitida pelo Consulado de Portugal no qual o emigrante se encontra registado, ou por outro meio de prova idóneo. Para além disso, o emigrante/requerente terá que fazer prova da posse das armas que pretende importar definitivamente e da habilitação legal para o seu uso e posse no país de emigração. Em caso de prova da habilitação legal para a posse das armas no país de emigração, mas em que se constata a inexistência de licença nacional habilitante, poderá ser emitida autorização de detenção no domicílio, caso as armas sejam classificadas numa classe legalmente admissível. Essas licenças de detenção domiciliária só poderão ser passadas após se verificar a emissão da respectiva autorização de transferência definitiva por parte daquele Departamento da PSP.

[153] Os termos *"importação e transferência"* aplicam-se, respectivamente, às armas de cidadãos nacionais provenientes de Estados que não são membros da União Europeia e para os que o são.

114 *Regime Jurídico das Armas e suas Munições – Anotações*

7 – Previamente à concessão da autorização de exportação, a PSP solicita ao Ministério dos Negócios Estrangeiros parecer relativo ao cumprimento pelo país de destino dos critérios previstos no Código de Conduta da União Europeia sobre exportação de armas.

8 – O parecer previsto no número anterior é vinculativo e enviado à PSP no prazo de 10 dias após o pedido.

9 – Só podem ser admitidas em território nacional as armas homologadas por despacho do director nacional da PSP, nos termos do artigo 11.º-A.

Artigo 61.º
Procedimento para a concessão da autorização prévia

1 – Do requerimento da autorização de importação devem constar o número e a data do alvará, a licença dos requerentes, a descrição dos artigos a importar, a sua proveniência, características e quantidades, o nome dos fabricantes e revendedores, bem como a indicação de as armas terem sido sujeitas ao controlo de conformidade.

2 – A autorização é válida pelo prazo de 180 dias, prorrogável por um único período de 30 dias.

3 – A autorização é provisória, convertendo-se em definitiva após peritagem a efectuar pela PSP.

4 – O disposto nos números anteriores é aplicável, com as devidas adaptações, à autorização de exportação sempre que o director nacional da PSP o considere necessário.

Artigo 62.º
**Autorização prévia para a importação
e exportação temporária**

1 – O director nacional da PSP pode emitir autorização prévia, nos seguintes casos:

   a) Para a importação e exportação temporária de armas e partes essenciais de armas de aquisição condicionada, destinadas à prática venatória e competições desportivas;
   b) Para a importação e exportação temporária de armas e partes essenciais de armas de aquisição condicionada, destinadas a

feiras da especialidade, feiras agrícolas ou de coleccionadores, exposições, mostruários e demonstrações;

c) Para a importação e exportação temporária de armas e partes essenciais de armas de aquisição condicionada, com vista à sua alteração ou reparação.

2 – O requerimento será formulado pelos proprietários, fabricantes, armeiros, agentes comerciais ou entidades que promovem as iniciativas referidas no n.º 1.

3 – Da autorização constam a classe, tipo, modelo, calibre e demais características das armas e suas quantidades, o prazo de permanência ou ausência do País, bem como, se for caso disso, as regras de segurança a observar.

4 – (*Revogado*).

ARTIGO 63.º

Peritagem

1 – A peritagem efectua-se num prazo máximo de cinco dias após a sua solicitação e destina-se a verificar se os artigos declarados para importação, e se for caso disso para exportação, estão em conformidade com o previsto na presente lei.

2 – A peritagem só pode ser efectuada após o importador ou exportador fornecer os dados que não tenha apresentado no momento do pedido de autorização prévia, relativos às armas de aquisição condicionada, às partes essenciais de armas de fogo, às munições, aos fulminantes, aos cartuchos ou invólucros com fulminantes.

3 – A abertura dos volumes com armas, partes essenciais, munições, invólucros com fulminantes ou só fulminantes só pode ser efectuada nas estâncias alfandegárias na presença de perito da PSP, mediante a apresentação da declaração aduaneira acompanhada de todos os documentos exigidos, prontos para a verificação.

4 – A peritagem a que se refere o número anterior é feita conjuntamente com a Direcção-Geral de Armamento e Equipamentos de Defesa sempre que se trate de armas, munições ou acessórios cuja característica dual, civil e militar, as torne enquadráveis nas seguintes normas do artigo 3.º:

116   *Regime Jurídico das Armas e suas Munições – Anotações*

a) Alíneas a) a c) e q) e r) do n.º 2;[154]

b) N.º 3;[155]

c) Alíneas a) a c) do n.º 5, apenas no que respeita a armas semiautomáticas e de repetição;[156]

d) Alínea a) do n.º 6, apenas quanto a armas semiautomáticas.[157]

5 – Quando, na sequência da peritagem referida no número anterior, as armas, munições e acessórios sejam classificados como arma com a configuração de armamento militar, o processo de atribuição das autorizações para importação, exportação, transferência, trânsito e transbordo é encerrado, as armas são devolvidas à origem e o respectivo processo de notificação internacional segue o disposto na legislação própria aplicável, no âmbito do Ministério da Defesa Nacional.

ARTIGO 64.º

Procedimentos aduaneiros

1 – A importação e a exportação de armas, partes essenciais de armas de fogo, munições, fulminantes, cartuchos ou invólucros com fulminantes, punhos para armas de fogo longas e coronhas retrácteis ou rebatíveis efectuam-se nas estâncias aduaneiras de Lisboa, Porto, Faro, Ponta Delgada e Funchal da Direcção-Geral das Alfândegas e dos Impostos Especiais sobre o Consumo (DGAIEC).

Anotações:

[154] **Classe A:** Os equipamentos, meios militares e material de guerra, ou classificados como tal por portaria do Ministério da Defesa Nacional (al. a)); as armas de fogo automáticas (al. b)); as armas químicas, biológicas, radioactivas ou susceptíveis de explosão nuclear (al. c.)); as munições com bala perfurante, explosiva, incendiária, tracejante ou desintegrável (al. q)); os silenciadores (al. r)).

[155] **Classe B:** as armas de fogo curtas de repetição ou semiautomáticas.

[156] **Classe C:** as armas de fogo longas semiautomáticas, de repetição ou de tiro a tiro, de cano de alma estriada (al. a)); as armas de fogo longas semiautomáticas, de repetição ou de tiro a tiro com dois ou mais canos, se um deles for de alma estriada (al. b)); as armas de fogo longas semiautomáticas ou de repetição, de cano de alma lisa, em que este não exceda 60 cm (al. c)).

[157] **Classe D:** As armas de fogo longas semiautomáticas ou de repetição, de cano de alma lisa com um comprimento superior a 60 cm.

Lei n.º 5/2006, de 23 de Fevereiro 117

2 – A declaração aduaneira de importação ou de exportação depende da apresentação da autorização de importação ou de exportação concedida pela PSP e processa-se com observância da regulamentação aduaneira aplicável, sem prejuízo do disposto na presente lei.

3 – A autorização de importação é arquivada na instância aduaneira de processamento da declaração aduaneira.

4 – A declaração aduaneira de importação ou de exportação é comunicada à PSP nos 15 dias seguintes à respectiva ultimação.

ARTIGO 65.º
Não regularização da situação aduaneira

1 – Na ausência de prévia autorização de importação ou de exportação, as armas, munições e partes essenciais de armas de fogo, fulminantes e invólucros com fulminantes ficam depositados em local a determinar pela PSP ou pelo chefe da estância aduaneira, se esta reunir condições de segurança adequadas, sendo o proprietário notificado de que as armas e munições ou outros artigos serão perdidos a favor do Estado se não for regularizada a sua situação no prazo de 180 dias.[158]

2 – Para efeitos de declaração de perda a favor do Estado ou de leilão, as estâncias aduaneiras lavram auto de entrega à PSP dos artigos originários de países terceiros indicando a classificação pautal e a taxa de recursos próprios comunitários e de outras imposições devidas na importação, nos termos da legislação comunitária e nacional.

3 – As importâncias a cobrar a título de recursos próprios comunitários e de outras imposições devidas na importação, ainda que os artigos tenham um destino que não seja a venda, são remetidas à DGAIEC.

Anotações:

[158] Na falta de prévia autorização e com a entrada da arma em território nacional sem o controle alfandegário, há lugar à sua apreensão e consequente instrução de processo-crime ou de contra-ordenação, aplicável nos termos dos artigos 86.º e 97.º, respectivamente, da presente lei. *I. e.*, aplica-se o artigo 86.º para as armas classe B, B1, C, D e E, e o artigo 97.º para as armas classe F e para algumas armas da classe G e A.

Artigo 66.º
Despacho de armas para diplomatas e acompanhantes de missões oficiais

1 – A entrada no território nacional e a saída deste de armas de fogo e munições das missões acreditadas junto do Estado Português, ou outras de carácter diplomático contempladas por acordos entre os Estados, são dispensadas de formalidades alfandegárias.

2 – A entrada e circulação em território nacional e a saída deste de armas de fogo e munições para uso, porte e transporte por elementos de forças e serviços de segurança de outros Estados, em missão oficial em Portugal ou em trânsito de ou para países terceiros, carecem de autorização do director nacional da PSP, estando dispensadas de formalidades alfandegárias.

SECÇÃO II
Transferência

Artigo 67.º
Transferência de Portugal para os Estados membros

1 – A expedição ou transferência de armas de aquisição condicionada, partes essenciais de armas de fogo, munições, fulminantes, cartuchos ou invólucros com fulminantes, punhos para armas de fogo longas e coronhas retrácteis ou rebatíveis de Portugal para os Estados membros da União Europeia depende de autorização, nos termos dos números seguintes.

2 – O requerimento a solicitar a autorização é dirigido ao director nacional da PSP e deve conter:

a) A identidade do comprador ou cessionário;

b) O nome e apelidos, a data e lugar de nascimento, a residência e o número do documento de identificação, bem como a data de emissão e indicação da autoridade que tiver emitido os documentos, tratando-se de pessoa singular;

c) A denominação e a sede social, bem como os elementos de identificação referidos na alínea anterior relativamente ao seu representante, tratando-se de pessoa colectiva;

Lei n.º 5/2006, de 23 de Fevereiro 119

d) O endereço do local para onde são enviadas ou transportadas as armas;

e) O número de armas que integram o envio ou o transporte;

f) O tipo, a marca, o modelo, o calibre, o número de série de fabrico e demais características da arma, bem como a indicação de as armas terem sido sujeitas ao controlo de conformidade;

g) O meio de transferência;

h) A data de saída e a data estimada da chegada das armas.

3 – O requerimento a que se refere o número anterior deve ser acompanhado do acordo prévio emitido pelo Estado membro do destino das armas, quando exigido.

4 – A PSP verifica as condições em que se realiza a transferência com o objectivo de determinar se garante as condições de segurança da mesma.

5 – Cumpridos os requisitos dos números anteriores, é emitida uma autorização de transferência, por despacho do director nacional da PSP, de onde constem todos os dados exigidos no n.º 2 do presente artigo.

6 – A autorização de transferência deve acompanhar a arma ou armas até ao ponto de destino e deve ser apresentada, sempre que solicitada, às autoridades dos Estados membros da União Europeia de trânsito ou de destino.

ARTIGO 68.º

Transferência dos Estados membros para Portugal

1 – A admissão ou entrada e a circulação de armas de aquisição condicionada, partes essenciais de armas de fogo, munições, fulminantes, cartuchos ou invólucros com fulminantes, punhos para armas de fogo longas e coronhas retrácteis ou rebatíveis procedentes de outros Estados membros da União Europeia dependem de autorização prévia, quando exigida, nos termos dos números seguintes.[159]

Anotações:

[159] As armas só podem ser transferidas após a emissão do Acordo Prévio de Transferência emitido pelo DAE/PSP. A arma ou armas a transferir deverão estar completamente

2 – A autorização é concedida por despacho do director nacional da PSP, observado o disposto na presente lei, mediante requerimento do interessado, instruído com os elementos referidos na alínea f) do n.º 2 do artigo anterior.

3 – As armas que entrem ou circulem em Portugal devem estar acompanhadas da autorização expedida pelas autoridades competentes do país de procedência.

4 – Cumpridos os requisitos dos números anteriores e após verificação por perito da PSP das características dos bens referidos no n.º 1, é emitida uma autorização de transferência definitiva, por despacho do director nacional da PSP, de onde constem os elementos referidos no n.º 2 do artigo anterior.

5 – Por razões de segurança interna, o Ministro da Administração Interna pode autorizar a transferência de armas para Portugal com isenção das formalidades previstas nos números anteriores, devendo comunicar a lista das armas objecto de isenção às autoridades dos restantes Estados membros da União Europeia.

6 – Só podem ser admitidas em território nacional as armas de fogo, reproduções de armas de fogo, armas de salva ou alarme, armas de *starter* e munições homologadas por despacho do director nacional da PSP, nos termos do artigo 11.º-A.

Anotações:

identificadas e, inclusivamente, deverá ser junto ao processo cópia da factura de aquisição, bem como fotografia ou catálogo do fabrico da arma. Para a emissão da autorização de transferência definitiva o requerente deverá fazer prova no processo do Acordo Prévio e Autorização de Transferência do Estado de expedição da arma. Não são permitidas transferências de armas para licenciamento de detenção de arma no domicílio, excepto no caso de emigrantes que pretendam regressar definitivamente a Portugal e aqui fixar a sua residência, confirmação esta a efectuar pelo Consulado. As armas terão que antecipadamente já estar na sua posse e autorizadas por esse Estado Membro. No Território Nacional, o requerente terá que estar habilitado à sua detenção. A transferência de armas sem a competente autorização ou fora das condições legais, determinará a sua apreensão e eventual responsabilidade criminal para os infractores nos termos do artigo 86.º da lei em análise.

Artigo 68.º-A
Transferência temporária

1 – O director nacional da PSP pode autorizar previamente a transferência temporária de:

a) Armas e partes essenciais de armas de aquisição condicionada, destinadas a práticas venatórias e competições desportivas;
b) Armas e partes essenciais de armas de aquisição condicionada, destinadas a feiras da especialidade, feiras agrícolas ou de coleccionadores, exposições, mostruários e demonstrações;
c) Armas e partes essenciais de armas de aquisição condicionada, com vista à sua alteração ou reparação.

2 – O requerimento será formulado pelos proprietários, fabricantes, armeiros, agentes comerciais e entidades que promovem as iniciativas referidas no n.º 1.

3 – Da autorização constam a classe, tipo, marca, modelo, calibre, número de série de fabrico e demais características da arma ou munições, e as suas quantidades, o prazo de permanência ou ausência do País, bem como as regras de segurança a observar.

4 – A autorização prevista na alínea a) do no n.º 1 é dispensada aos titulares do cartão europeu de arma de fogo, desde que nele estejam averbadas as armas a transferir.

Artigo 69.º
Comunicações

1 – A PSP envia toda a informação pertinente de que disponha sobre transferências definitivas de armas às correspondentes autoridades dos Estados membros da União Europeia para onde se realize a transferência.

2 – Sempre que o Estado Português esteja vinculado por acordo ou tratado internacional à notificação de países terceiros relativa à exportação de armas, a PSP faz as comunicações necessárias à entidade que nos termos das obrigações assumidas for competente para o efeito.

SECÇÃO III
Cartão europeu de arma de fogo

Artigo 70.º
Cartão europeu de arma de fogo

1 – O cartão europeu de arma de fogo é o documento que habilita o seu titular a deter uma ou mais armas de fogo em qualquer Estado membro da União Europeia desde que autorizado pelo Estado membro de destino.[160]

2 – O cartão europeu de arma de fogo é concedido pelo director nacional da PSP e é válido pelo período de cinco anos, prorrogável por iguais períodos, desde que se verifiquem os requisitos que levaram à sua emissão.

3 – Os pedidos de concessão do cartão europeu de arma de fogo são instruídos com os seguintes documentos:

a) Requerimento a solicitar a concessão de onde conste a identificação completa do requerente, nomeadamente estado civil, idade, profissão, naturalidade, nacionalidade e domicílio;

b) Duas fotografias do requerente a cores e em tamanho tipo passe;

c) Cópia da licença ou licenças de uso e porte de armas de fogo ou prova da sua isenção;

d) Cópia dos livretes de manifesto de armas que pretende averbar;

e) Cópia do bilhete de identidade ou passaporte.

4 – O director nacional da PSP pode determinar a todo o tempo a apreensão do cartão europeu de arma de fogo por motivos de segurança e ordem pública de especial relevo.

5 – São averbadas as armas de propriedade do requerente e aquelas de que é legítimo detentor e utilizador, bem como o seu extravio ou furto.

Anotações:

[160] *Vide* modelo constante no Anexo XXVIII à **Portaria n.º 931/2006, de 8 de Setembro**, com as alterações introduzidas pelas Portarias n.ºs 256/2007, de 12 de Março e 1165/2007, de 13 de Setembro (p. 257).

Lei n.º 5/2006, de 23 de Fevereiro

Artigo 71.º
Vistos

1 – A autorização referida no n.º 1 do artigo anterior reveste a forma de visto prévio e deve ser requerida à PSP quando Portugal for o Estado de destino.

2 – O visto prévio a que se refere o número anterior não é exigido para o exercício de prática venatória ou desportiva, desde que comprovado o motivo da deslocação, nomeadamente mediante a apresentação de um convite ou de outro documento que prove a prática das actividades de caça ou de tiro desportivo no Estado membro de destino.

CAPÍTULO VIII
Manifesto

SECÇÃO I
Marcação e registo

Artigo 72.º
Competência

Compete à PSP a organização e manutenção do cadastro e fiscalização das armas classificadas no artigo 3.º e suas munições.

Artigo 73.º
Manifesto

1 – O manifesto das armas das classes B, B1, C e D e das previstas na alínea c) do n.º 7 e na alínea b) do n.º 8 do artigo 3.º é obrigatório, resulta da sua importação, transferência, fabrico, apresentação voluntária ou aquisição e faz-se em função das respectivas características, classificando-as de acordo com o disposto no artigo 3.º[161]

Anotações:

[161] A detenção de arma não manifestada ou registada prefigura a prática de crime (detenção de arma fora das condições legais), nos termos do art. 86.º, n.º 1 e n.º 2.

2 – A cada arma manifestada corresponde um livrete de manifesto, a emitir pela PSP.

3 – Do livrete de manifesto consta o número e data de emissão, classe da arma, marca, calibre, número de fabrico, número de canos e identificação do seu proprietário.

4 – Em caso de extravio ou inutilização do livrete, é concedida uma segunda via depois de organizado o respectivo processo justificativo.

ARTIGO 74.º
Numeração e marcação

1 – As armas sujeitas a manifesto têm de estar marcadas com o nome ou marca de origem, número de série de fabrico, calibre e modelo, com excepção das que foram fabricadas antes de 1950, que apenas têm de estar marcadas com o nome ou marca de origem e número de série de fabrico.

2 – As armas que não estejam marcadas em conformidade com o disposto no número anterior são marcadas com um código numérico e com punção da PSP.

3 – A marcação deve ser efectuada de molde a não diminuir o valor patrimonial das armas.

4 – Cada embalagem de munições produzidas, comercializadas e utilizadas em Portugal tem de ser marcada, de forma a identificar o fabricante, o calibre, o tipo de munição e o número de identificação do lote, em conformidade com regras a estabelecer por portaria do Ministério da Administração Interna.

ARTIGO 75.º
Factos sujeitos a registo

1 – O extravio, furto, roubo e transmissão de armas ficam sujeitos a registo na PSP.

2 – As armas que se inutilizem por completo são entregues à PSP para efeitos de peritagem.

3 – Quando da peritagem resultar a reclassificação da arma como arma inutilizada, pode o respectivo proprietário requerer à PSP a sua devolução, quando titular de licença aplicável, ou a sua destruição.

CAPÍTULO IX
Disposições comuns

ARTIGO 76.º
Exercício da actividade de armeiro
e de gestão de carreiras e campos de tiro

1 – A constituição de pessoas colectivas sob a forma de sociedade anónima cujo objecto social consista, total ou parcialmente, no exercício da actividade de armeiro ou na exploração e gestão de carreiras e campos de tiro obriga a que todas as acções representativas do seu capital social sejam nominativas.

2 – Independentemente do tipo de pessoa colectiva cujo objecto social consista, total ou parcialmente, no exercício da actividade de armeiro ou de exploração e gestão de carreiras e campos de tiro, qualquer transmissão das suas participações sociais deve ser sempre autorizada pelo director nacional da PSP, sendo exigido ao novo titular a verificação dos requisitos legais para o exercício da actividade.

ARTIGO 77.º
Responsabilidade civil e seguro obrigatório[162]

1 – Os titulares de licenças e de alvarás previstos na presente lei ou aqueles a quem a respectiva lei orgânica ou estatuto profissional atribui ou dispensa da licença de uso e porte de arma são civilmente responsáveis, independentemente da sua culpa, por danos causados a terceiros em consequência da utilização das armas de fogo que detenham ou do exercício da sua actividade.

2 – A violação grosseira de norma de conduta referente à guarda e transporte das armas de fogo determina sempre a responsabilização

---

Anotações:

[162] O princípio geral da responsabilidade civil reitera que aquele que, com dolo ou mera culpa, violar ilicitamente o direito de outrem ou qualquer disposição legal destinada a proteger interesses alheios, fica obrigado a indemnizar o lesado pelos danos resultantes da violação (art. 483.º do Código Civil).

126 *Regime Jurídico das Armas e suas Munições – Anotações*

solidária do seu proprietário pelos danos causados a terceiros pelo uso, legítimo ou não, que às mesmas venha a ser dado.

3 – Com excepção dos titulares de licenças E ou de licença especial, quando a arma não for da sua propriedade, é obrigatória a celebração de contrato de seguro de responsabilidade civil com empresa seguradora mediante o qual seja transferida a sua responsabilidade até um capital mínimo a definir em portaria conjunta dos Ministros das Finanças e da Administração Interna.[163]

4 – A celebração de contrato de seguro de responsabilidade civil para a prática de actos venatórios não dispensa o contrato referido no número anterior, excepto se a apólice respectiva o contemplar.

5 – Se o segurado for titular de mais de uma licença só está obrigado a um único seguro de responsabilidade civil.

6 – Os titulares de licenças e de alvarás previstos na presente lei ou aqueles a quem a respectiva lei orgânica ou estatuto profissional atribui ou dispensa da licença de uso e porte de arma, deverão fazer prova, a qualquer momento e em sede de fiscalização, da existência de seguro válido.

Artigo 78.º
Armas declaradas perdidas a favor do Estado

1 – Sem prejuízo do disposto em legislação especial, todas as armas que, independentemente do motivo da entrega ou decisão, sejam declaradas perdidas a favor do Estado, ficam depositadas à guarda da PSP, que promoverá o seu destino.

2 – As armas referidas no número anterior, desde o momento do depósito à guarda da PSP até à decisão final, nomeadamente de destruição, venda, ou utilização pelas forças de segurança, devem ser acompanhadas de registo documental, consultável a todo o tempo pelo interessado, do qual devem constar os seguintes elementos:

a) Identificação da pessoa, ou entidade, que procedeu à entrega;

b) Motivo que determinou a entrega;

Anotações:

[163] *Vide* **Portaria n.º 1071/2006, de 2 de Outubro**, dos Ministérios da Administração Interna e das Finanças e da Administração Pública (p. 307).

Lei n.º 5/2006, de 23 de Fevereiro 127

c) Agente que recepcionou a entrega e respectiva esquadra;

d) Características da arma, com referência à marca, modelo, calibre, condições de funcionalidade, estado de conservação e demais características relevantes;

e) Fotografia da arma aquando do depósito, da qual deve ser facultada cópia à pessoa ou entidade que procedeu à entrega;

f) Decisão final quanto ao destino da arma.

Artigo 79.º
Leilões de armas

1 – A Direcção Nacional da PSP organiza, pelo menos uma vez por ano, uma venda em leilão das armas que tenham sido declaradas perdidas a favor do Estado, apreendidas ou achadas e que se encontrem em condições de serem colocadas no comércio.

2 – Podem licitar em leilões de armas:

a) Os legalmente isentos de licença de uso e porte de arma;

b) Os titulares de licença de uso e porte de arma adequada à classe da peça em leilão, desde que preencham as condições legalmente exigidas para detenção da arma em causa;

c) Armeiros detentores de alvarás dos tipos 2 e 3, consoante a classe das peças presentes a leilão;

d) Os titulares de licença de coleccionador e as associações de coleccionadores com museu, correndo o processo de emissão de autorização de compra posteriormente à licitação, se necessário.

3 – Sob requisição da Direcção Nacional da PSP ou das entidades públicas responsáveis por laboratórios de perícia científica e balística, podem ser retiradas de qualquer venda armas com interesse científico para o estudo e investigação, sendo-lhes afectas gratuitamente.

Artigo 79.º-A
Publicidade da venda em leilão

1 – Quando decidida a venda em leilão, como destino das armas, procede-se à respectiva publicitação, mediante editais, anúncios e divulgação através da Internet.

128 *Regime Jurídico das Armas e suas Munições – Anotações*

2 – Os editais são afixados, com a antecipação de 10 dias úteis, na porta de cada um dos comandos distritais da PSP.

3 – Os anúncios são publicados, com a antecipação referida no número anterior, num dos jornais mais lidos de expressão nacional.

4 – Em todos os meios de publicitação da venda incluem-se, para que permita a sua fácil compreensão, as seguintes indicações:

a) Número de armas por cada classe;
b) Local, data e hora da venda em leilão.

5 – Os bens destinados a leilão devem estar expostos para exame dos interessados, durante os cinco dias anteriores à data prevista para a sua venda em leilão, devendo para o efeito, os interessados solicitar informação a uma qualquer esquadra da PSP, sobre o local e hora onde podem examinar os bens.

6 – A publicitação através da Internet faz-se mediante a publicação, em destaque, no sítio oficial da PSP, do anúncio referido no n.º 3, durante os 15 dias que antecedem o leilão.

7 – A publicação de anúncios poderá não ter lugar quando o departamento responsável pela venda considere justificadamente os bens de reduzido valor, procedendo-se, porém, sempre, à afixação de editais e à publicitação através da Internet.

8 – No que não esteja expressamente previsto na presente lei, à venda das armas aplicar-se-á, com as necessárias adaptações, o disposto nos artigos 248.º e seguintes do Código de Procedimento e de Processo Tributário.

ARTIGO 80.º

Armas apreendidas

1 – Todas as armas apreendidas à ordem de processos criminais ficam na disponibilidade da autoridade judiciária até decisão definitiva que sobre a mesma recair.

2 – As armas são depositadas nas instalações da PSP, da Guarda Nacional Republicana, da Polícia Judiciária ou unidade militar que melhor garanta a sua segurança e disponibilidade em todas as fases do processo, sem prejuízo do disposto em legislação especial aplicável aos órgãos de polícia criminal.

Lei n.º 5/2006, de 23 de Fevereiro 129

3 – Somente serão depositadas armas em instalações da Guarda Nacional Republicana se na área do tribunal que ordenou a apreensão não operar a PSP.

4 – Excepcionalmente, atenta a natureza da arma e a sua perigosidade, pode o juiz ordenar o seu depósito em unidade militar, com condições de segurança para o efeito, após indicação do Ministério da Defesa Nacional.

5 – Compete à PSP, manter, organizar e disponibilizar um ficheiro informático nacional de armas apreendidas, proceder à sua análise estatística e técnica e difundir informação às entidades nacionais e estrangeiras.

6 – Todas as entidades que procedam à apreensão de armas de fogo, independentemente do motivo que determinou a apreensão, comunicam a sua apreensão à PSP, para efeitos de centralização e tratamento de informação, de acordo com as regras a estabelecer por despacho dos membros do Governo competentes.

7 – Todas as armas apreendidas devem ser peritadas, registadas as suas características e o seu estado de conservação, competindo à entidade à guarda de quem ficam, a sua conservação no estado em que se encontravam à data da sua apreensão.

8 – Do ficheiro informático referido no n.º 5 devem constar, entre outros, os seguintes elementos:

a) Entidade apreensora;
b) Despacho judicial que determinou, ou validou a apreensão, com menção do número do processo e respectivo tribunal.

ARTIGO 81.º

Publicidade

Não é permitida a publicidade a armas, suas características e aptidões, excepto em meios de divulgação da especialidade, feiras de armas, feiras de caça, provas desportivas de tiro e, relativamente a armas longas, feiras agrícolas, bem como a publicidade da venda em leilão nos termos do artigo 79.º-A.[164]

Anotações:

[164] Coima de € 1 000 a € 20 000 (cfr. art. 102.º).

Artigo 82.º

Entrega obrigatória de arma achada

1 – Quem achar arma de fogo está obrigado a entregar de imediato a mesma às autoridades policiais, mediante recibo de entrega.[165]

2 – Com a entrega deve ser lavrado termo de justificação da posse, contendo todas as circunstâncias de tempo e lugar em que o achado ocorreu.

3 – Todas as armas entregues devem ser objecto de análise e perícia balística, a efectuar pelo departamento competente da Polícia Judiciária.

4 – O achado, logo que disponibilizado pelas autoridades, se for susceptível de comércio ou manifesto, será objecto de venda em leilão, revertendo o produto da venda para o achador, podendo este, em alternativa, requerer o seu manifesto, se for titular da licença aplicável.

Artigo 83.º

Taxas devidas

1 – A apresentação de requerimentos, a concessão de licenças e de alvarás, e suas renovações, de autorizações, a realização de vistorias e exames, os manifestos e todos os actos sujeitos a despacho, previstos na presente lei, estão dependentes do pagamento por parte do interessado de uma taxa de valor a fixar por portaria do ministro que tutele a administração interna, sujeita a actualização anual, tendo em conta o índice médio de preços junto do consumidor oficialmente publicado e referente ao ano imediatamente anterior.[166]

2 – O disposto na presente lei não prejudica as isenções previstas na lei.

3 – O produto das taxas previstas no n.º 1 reverte a favor da PSP.

Anotações:

[165] Nos termos do artigo 209.º do Código Penal – *Apropriação ilegítima em caso de acessão ou de coisa achada* - o achador incorre no crime de detenção de arma proibida, nos termos no artigo 86.º do novo regime jurídico das armas e suas munições.

[166] *Vide* **Portaria n.º 934/2006, de 8 de Setembro** (p. 295).

4 – Para os efeitos do disposto no n.º 1, podem ser utilizados meios electrónicos de pagamento, nas condições e prazos constantes da legislação regulamentar da presente lei.

5 – A falta de pagamento voluntário das quantias devidas nos termos do n.º 1 determina a suspensão automática de toda e qualquer autorização prevista na presente lei.

ARTIGO 84.º

Delegação de competências

1 – As competências atribuídas na presente lei ao director nacional da PSP podem ser delegadas e subdelegadas nos termos da lei.

2 – Compete ao director nacional da PSP a emissão de normas técnicas destinadas a estabelecer procedimentos operativos no âmbito do regime jurídico das armas e munições.

ARTIGO 85.º

Isenção

O disposto na presente lei relativamente ao certificado de aprovação para o uso e porte de armas de fogo não é aplicável aos requerentes que, pela sua experiência profissional nas Forças Armadas e nas forças e serviços de segurança, tenham adquirido instrução própria no uso e manejo de armas de fogo que seja considerada adequada e bastante em certificado a emitir pelo comando ou direcção competente, nos termos da legislação regulamentar da presente lei.

CAPÍTULO X
Responsabilidade criminal
e contra-ordenacional[167]

SECÇÃO I
Responsabilidade criminal
e crimes de perigo comum

ARTIGO 86.º
Detenção de arma proibida e crime cometido com arma[168]

1 – Quem, sem se encontrar autorizado, fora das condições legais ou em contrário das prescrições da autoridade competente, detiver, transportar, importar, transferir, guardar, comprar, adquirir a qualquer título ou por qualquer meio ou obtiver por fabrico, transformação, importação, transferência ou exportação, usar ou trouxer consigo:

a) Equipamentos, meios militares e material de guerra,[169] arma

---

Anotações:

[167] Aconselhamos ao órgão de polícia criminal, neste caso a PSP, que sejam fixados de maneira uniforme o valor das custas nos processos de contra-ordenação, à semelhança das boas práticas já existentes em outros organismos dos Estado. Assim nos termos dos artigos 41.º e 94.º da Lei Quadro das Contra-Ordenações, como os processos de contra-ordenação têm custos inerentes, nomeadamente às notificações, franquias postais, custos com chamadas telefónicas, peritos, transporte de bens apreendidos, bem como outras eventuais diligências, as custas relativas a estas despesas deverão serão calculadas tendo em conta as disposições previstas no Decreto-Lei n.º 34/2008, de 26 de Fevereiro, que define o Sistema de Custas Processuais.

[168] *Vide* art. 95.º-A.

[169] O preceituado neste artigo não se aplica aos factos de natureza criminal que se encontram ancorados no Código de Justiça Militar (CJM), aprovado pela Lei n.º 100/2003, de 15 de Novembro e rectificada pela Declaração de Rectificação n.º 2/2004 de 3 de Janeiro, diploma a que já se fez alusão na nota n.º 33, pelo que importa aqui fazer o devido esclarecimento. *I.e.,* nos termos do art. 1.º do CJM, constitui crime estritamente militar o facto lesivo dos interesses militares da defesa nacional e dos demais que a Constituição comete às Forças Armadas e como tal qualificado pela lei. Nesta senda, o comércio

Lei n.º 5/2006, de 23 de Fevereiro 133

biológica,[170] arma química,[171] arma radioactiva ou susceptível de explosão nuclear,[172] arma de fogo automática,[173] explosivo civil,[174] engenho explosivo ou incendiário improvisado[175] é punido com pena de prisão de 2 a 8 anos;

b) Produtos ou substâncias que se destinem ou possam destinar, total ou parcialmente, a serem utilizados para o desenvolvi-

---

Anotações:

ilícito de material de guerra, o furto e roubo de material de guerra são punidos nos termos dos artigos 82.º, 83.º e 84.º, respectivamente, desse diploma, dado que o bem jurídico tutelado é a capacidade e defesa militares, enquanto que o actual Regime Jurídico das Armas e suas Munições versa sobre qualquer outro material não afecto às Forças Armadas e Guarda Nacional Republicana. Finalmente, cabe à Polícia Judiciária Militar a investigação dos crimes estritamente militares, conforme o reiterado no art. 4.º, n.º 1, da Lei n.º 97-A/2009, de 3 de Setembro, que alterou o Decreto-Lei n.º 200/2001, de 13 de Julho (Estatuto da PJ/Militar). Os demais órgãos de polícia criminal devem comunicar de imediato à Polícia Judiciária Militar os factos de que tenham conhecimento relativos à preparação e execução de crimes referidos nos números anteriores, apenas podendo praticar, até à sua intervenção, os actos cautelares e urgentes para obstar à sua consumação e assegurar os meios de prova (cfr. art. 4.º, n.º 3 desse Estatuto). Ainda assim, este último número não prejudica a competência conferida à Guarda Nacional Republicana pela Lei da Organização da Investigação Criminal ou pela respectiva Lei Orgânica para a investigação de crimes comuns cometidos no interior dos seus estabelecimentos, unidades e órgãos (cfr. art. 4.º, n.º 4).

[170] **Arma biológica** – o engenho susceptível de libertar ou de provocar contaminação por agentes microbiológicos ou outros agentes biológicos, bem como toxinas, seja qual for a sua origem ou modo de produção, de tipos e em quantidades que não sejam destinados a fins profilácticos de protecção ou outro de carácter pacífico e que se mostrem nocivos ou letais para a vida (*art. 2.º, n.º 1, al. l*)).

[171] **Arma química** – o engenho ou qualquer equipamento, munição ou dispositivo especificamente concebido para libertar produtos tóxicos e seus precursores que pela sua acção química sobre os processos vitais possa causar a morte ou lesões em seres vivos (*art. 2.º, n.º 1, al. ab*)).

[172] **Arma radioactiva ou susceptível de explosão nuclear** – o engenho ou produto susceptível de provocar uma explosão por fissão ou fusão nuclear ou libertação de partículas radioactivas ou ainda susceptível de, por outra forma, difundir tal tipo de partículas (*art. 2.º, n.º 1, al. ac*)).

[173] **Arma automática** – a arma de fogo que, mediante uma única acção sobre o gatilho ou disparador, faz uma série contínua de vários disparos (*art. 2.º, n.º 1, al. j*));

[174] **Explosivo civil** – todas as substâncias ou produtos explosivos cujo fabrico, comércio, transferência, importação e utilização estejam sujeitos a autorização concedida pela autoridade competente; (*art. 2.º, n.º 5, al. l*).

[175] **Engenho explosivo ou incendiário improvisado** – todos aqueles que utilizam substâncias ou produtos explosivos ou incendiários de fabrico artesanal não autorizado (*art. 2.º, n.º 5, al. n*)).

134   *Regime Jurídico das Armas e suas Munições – Anotações*

mento, produção, manuseamento, accionamento, manutenção, armazenamento ou proliferação de armas biológicas, armas químicas ou armas radioactivas ou susceptíveis de explosão nuclear, ou para o desenvolvimento, produção, manutenção ou armazenamento de engenhos susceptíveis de transportar essas armas, é punido com pena de prisão de 2 a 5 anos;

c) Arma das classes B,[176] B1,[177] C[178] e D,[179] espingarda ou carabina facilmente desmontável em componentes de reduzida dimensão com vista à sua dissimulação, espingarda não modificada de cano de alma lisa inferior a 46 cm, arma de fogo dissimulada sob a forma de outro objecto,[180] ou arma de fogo transformada[181] ou modificada,[182] é punido com pena de prisão de 1 a 5 anos ou com pena de multa até 600 dias;

Anotações:

[176] **Armas da classe B:** as armas de fogo curtas de repetição ou semiautomáticas (*art. 3.º, n.º 3*).

[177] **Armas da classe B1:** as pistolas semiautomáticas com os calibres denominados 6,35 mm Browning (.25 ACP ou .25 Auto) e os revólveres com os calibres denominados .32 S & W Long e .32 H & R Magnum (*art. 3.º, n.º 4, als. a) e b)*).

[178] **Armas da classe C:** As armas de fogo longas semiautomáticas, de repetição ou de tiro a tiro, de cano de alma estriada; as armas de fogo longas semiautomáticas, de repetição ou de tiro a tiro com dois ou mais canos, se um deles for de alma estriada; as armas de fogo longas semiautomáticas ou de repetição, de cano de alma lisa, em que este não exceda 60 cm; as armas de fogo curtas de tiro a tiro unicamente aptas a disparar munições de percussão central; as armas de fogo de calibre até 6 mm unicamente aptas a disparar munições de percussão anelar; as réplicas de armas de fogo, quando usadas para tiro desportivo; as armas de ar comprimido de aquisição condicionada (*art. 3.º, n.º 5, als. a), b), c), d), e), f) e g)*).

[179] **Armas da classe D:** as armas de fogo longas semiautomáticas ou de repetição, de cano de alma lisa com um comprimento superior a 60 cm; as armas de fogo longas semiautomáticas, de repetição ou de tiro a tiro de cano de alma estriada com um comprimento superior a 60 cm, unicamente aptas a disparar munições próprias do cano de alma lisa; as armas de fogo longas de tiro a tiro de cano de alma lisa (*art. 3.º, n.º 6, als. a), b) e c)*).

[180] É o caso da caneta-pistola.

[181] **Arma de fogo transformada** – o dispositivo que, mediante uma intervenção mecânica modificadora, obteve características que lhe permitem funcionar como arma de fogo. Ex.: uma arma de alarme ou de gás adaptada a calibre 6,35 mm (*art. 2.º, n.º 1, al. x)*).

[182] **Arma de fogo modificada** – a arma de fogo que, mediante uma intervenção não autorizada de qualquer tipo, sofreu alterações das suas partes essenciais, marcas e numerações de origem, ou aquela cuja coronha tenha sido reduzida de forma relevante na sua dimensão a um punho ou substituída por outra telescópica ou rebatível (*art. 2.º, n.º 1, al. v)*).

d) Arma da classe E,[183] arma branca dissimulada sob a forma de outro objecto,[184] faca de abertura automática,[185] estilete,[186] faca de borboleta,[187] faca de arremesso,[188] estrela de lançar,[189] *boxers*,[190] outras armas brancas ou engenhos ou instrumentos sem aplicação definida que possam ser usados como arma de agressão e o seu portador não justifique a sua posse, aerossóis de defesa não constantes da alínea a) do n.º 7 artigo 3.º,[191]

Anotações:

[183] **Armas da classe E** – Os aerossóis de defesa com gás, cujo princípio activo seja a capsaicina ou oleoresina de capsicum (gás pimenta) com uma concentração não superior a 5 %, e que não possam ser confundíveis com armas de outra classe ou que não estejam dissimulados de forma a ocultarem a sua configuração; as armas eléctricas até 200 000 V, com mecanismo de segurança e que não possam ser confundíveis com armas de outra classe ou que não estejam dissimuladas de forma a ocultarem a sua configuração; as armas de fogo e suas munições, de produção industrial, unicamente aptas a disparar projécteis não metálicos ou a impulsionar dispositivos, concebidas de origem para eliminar qualquer possibilidade de agressão letal e que tenham merecido homologação por parte da Direcção Nacional da PSP (*art. 3.º, n.º 7, als. a), b) e c)*).

[184] Uma espada dissimulada numa bengala, por exemplo.

[185] **Faca de abertura automática ou faca de ponta e mola** – a arma branca, ou instrumento com configuração de arma branca, composta por um cabo ou empunhadura que encerra uma lâmina, cuja disponibilidade pode ser obtida instantaneamente por acção de uma mola sob tensão ou outro sistema equivalente (*art. 2.º, n.º 1, al. ax*)).

[186] **Estilete** – a arma branca, ou instrumento com configuração de arma branca, composta por uma haste perfurante sem gumes e por um punho (*art. 2.º, n.º 1, al. as*)).

[187] **Faca de borboleta** – a arma branca, ou instrumento com configuração de arma branca, composta por uma lâmina articulada num cabo ou empunhadura dividido longitudinalmente em duas partes também articuladas entre si, de tal forma que a abertura da lâmina pode ser obtida instantaneamente por um movimento rápido de uma só mão (*art. 2.º, n.º 1, al. av*)).

[188] **Faca de arremesso** – a arma branca, ou instrumento com configuração de arma branca composta por uma lâmina integrando uma zona de corte e perfuração e outra destinada a ser empunhada ou a servir de contrapeso com vista a ser lançada manualmente (*art. 2.º, n.º 1, al. au*)).

[189] **Estrela de lançar** – a arma branca, ou instrumento com configuração de arma branca, em forma de estrela com pontas cortantes que se destina a ser arremessada manualmente (*art. 2.º, n.º 1, al. at*)).

[190] **Boxer** – o instrumento metálico ou de outro material duro destinado a ser empunhado e a ampliar o efeito resultante de uma agressão (*art. 2.º, n.º 1, al. ap*)).

[191] São os constantes no art. 3.º, n.º 7, al. a), os aerossóis de defesa com gás, cujo princípio activo seja a capsaicina ou oleoresina de capsicum (gás pimenta) com uma concentração não superior a 5 %, e que não possam ser confundíveis com armas de outra classe ou que não estejam dissimulados de forma a ocultarem a sua configuração (consignados como de Classe E);

armas lançadoras de gases,[192] bastão, bastão extensível,[193] bastão eléctrico,[194] armas eléctricas não constantes da alínea b) do n.º 7 do artigo 3.º,[195] quaisquer engenhos ou instrumentos construídos exclusivamente com o fim de serem utilizados como arma de agressão, silenciador,[196] partes essenciais da arma de fogo,[197] munições, bem como munições com os respectivos projécteis expansivos,[198] perfurantes,[199] explosivos[200] ou incendiários,[201] é punido com pena de prisão até 4 anos ou com pena de multa até 480 dias.

2 – A detenção de arma não registada ou manifestada, quando obrigatório, constitui, para efeitos do número anterior, detenção de arma fora das condições legais.

3 – As penas aplicáveis a crimes cometidos com arma são agravadas de um terço nos seus limites mínimo e máximo, excepto se o porte ou uso de arma for elemento do respectivo tipo de crime ou a lei já prever agravação mais elevada para o crime, em função do uso ou porte de arma.

Anotações:

[192] **Arma lançadora de gases** – o dispositivo portátil destinado a lançar gases por um cano (*art. 2.º, n.º 1, al. z*)).

[193] **Bastão extensível** – o instrumento portátil telescópico, rígido ou flexível, destinado a ser empunhado como meio de agressão ou defesa (*art. 2.º, n.º 1, al. an*)).

[194] **Bastão eléctrico** – a arma eléctrica com a forma de um bastão (*art. 2.º, n.º 1, al. am*)).

[195] **Armas eléctrica** – São as constantes no art. 3.º, n.º 7, al. b), as armas eléctricas até 200 000 v, com mecanismo de segurança e que não possam ser confundíveis com armas de outra classe ou que não estejam dissimuladas de forma a ocultar a sua configuração (Classe E).

[196] **Silenciador** – o acessório que se aplica sobre a boca do cano de uma arma destinado a eliminar ou reduzir o ruído resultante do disparo (*art. 2.º, n.º 2, al. z*)).

[197] **Partes essenciais da arma de fogo** – nos revólveres, o cano, o tambor e a carcaça, nas restantes armas de fogo, o cano, a culatra, a caixa da culatra ou corrediça, a báscula e a carcaça (*art. 2.º, n.º 2, al. u*)).

[198] **Munição com projéctil expansivo** – a munição cujo projéctil é fabricado com o objectivo de expandir no impacte com um corpo sólido (*art. 2.º, n.º 3, al. r*)).

[199] **Munição com projéctil perfurante** – a munição com projéctil destinado a perfurar alvos duros e resistentes (*art. 2.º, n.º 3, al. v*)).

[200] **Munição com projéctil explosivo** – a munição com projéctil contendo uma carga que explode no momento do impacto (*art. 2.º, n.º 3, al. s*)).

[201] **Munição com projéctil incendiário** – a munição com projéctil contendo um composto químico que se inflama em contacto com o ar ou no momento do impacte (*art. 2.º, n.º 3, al. t*)).

4 – Para os efeitos previstos no número anterior, considera-se que o crime é cometido com arma quando qualquer comparticipante traga, no momento do crime, arma aparente ou oculta prevista nas alíneas a) a d) do n.º 1, mesmo que se encontre autorizado ou dentro das condições legais ou prescrições da autoridade competente.

5 – Em caso algum pode ser excedido o limite máximo de 25 anos da pena de prisão.

Artigo 87.º[202]
Tráfico e mediação de armas

1 – Quem, sem se encontrar autorizado, fora das condições legais ou em contrário das prescrições da autoridade competente, vender, ceder a qualquer título ou por qualquer meio distribuir, mediar uma transacção ou, com intenção de transmitir a sua detenção, posse ou propriedade, adoptar algum dos comportamentos previstos no artigo anterior, envolvendo quaisquer equipamentos, meios militares e material de guerra, armas, engenhos, instrumentos, mecanismos, munições, substâncias ou produtos aí referidos, é punido com uma pena de 2 a 10 anos de prisão.

2 – A pena referida no n.º 1 é de 4 a 12 anos de prisão se:

a) O agente for funcionário incumbido da prevenção ou repressão de alguma das actividades ilícitas previstas nesta lei; ou

b) Aquela coisa ou coisas se destinarem, com o conhecimento do agente, a grupos, organizações ou associações criminosas; ou

c) O agente fizer daquelas condutas modo de vida.

3 – A pena pode ser especialmente atenuada ou não ter lugar a sua punição se o agente abandonar voluntariamente a sua actividade, afastar ou fizer diminuir consideravelmente o perigo por ela provocado, impedir que o resultado que a lei quer evitar se verifique ou auxiliar concretamente na recolha das provas decisivas para a identificação ou a captura de outros responsáveis.

Anotações:

[202] *Vide* art. 95.º-A.

Artigo 88.º[203]

Uso e porte de arma sob efeito de álcool e substâncias estupefacientes ou psicotrópicas

1 – Quem, pelo menos por negligência, deter,[204] transportar[205] fora das condições de segurança previstas no artigo 41.º, usar[206] ou portar[207] arma com uma taxa de álcool no sangue igual ou superior a 1,2 g/l é punido com pena de prisão até 1 ano ou com pena de multa até 360 dias.

2 – Na mesma pena incorre quem, pelo menos por negligência, detiver, transportar fora das condições de segurança previstas no artigo 41.º, usar ou portar arma não estando em condições de o fazer com segurança, por se encontrar sob a influência de substâncias estupefacientes ou psicotrópicas ou produtos com efeito análogo perturbadores da aptidão física, mental ou psicológica.

Artigo 89.º[208]

Detenção de armas e outros dispositivos, produtos ou substâncias em locais proibidos

Quem, sem estar especificamente autorizado por legítimo motivo de serviço ou pela autoridade legalmente competente, transportar, detiver, usar, distribuir ou for portador, em recintos desportivos[209] ou

---

Anotações:

[203] Nestas situações os órgãos de polícia criminal procedem sempre à apreensão da arma, munições e seus documentos, nos termos do art. 107.º, n.º 1, al. a).

[204] **Detenção de arma** – o facto de ter em seu poder ou na sua esfera de disponibilidade uma arma (art. 2.º, n.º 5, al. g)).

[205] **Transporte de arma** – o acto de transferência de uma arma descarregada e desmuniciada ou desmontada de um local para outro, de forma a não ser susceptível de uso imediato (art. 2.º, n.º 5, al. r).

[206] **Uso de arma** – o acto de empunhar, apontar ou disparar uma arma (art. 2.º, n.º 5, al. s)).

[207] **Porte de arma** – o acto de trazer consigo uma arma branca ou uma arma municiada ou carregada ou em condições de o ser para uso imediato (art. 2.º, n.º 5, al. p)).

[208] *Vide* art. 95.º-A.

[209] **Recinto desportivo** – o espaço criado exclusivamente para a prática de desporto, com carácter fixo e com estruturas de construção que lhe garantam essa afectação e funcionalidade, dotado de lugares permanentes e reservados a assistentes, após o último controlo de entrada (*art. 2.º, n.º 5, al. q*)).

religiosos, em zona de exclusão,[210] em estabelecimentos ou locais onde decorra manifestação cívica ou política, bem como em estabelecimentos ou locais de diversão, feiras e mercados, qualquer das armas previstas no n.º 1 do artigo 2.º, bem como quaisquer munições, engenhos, instrumentos, mecanismos, produtos ou substâncias referidos no artigo 86.º, é punido com pena de prisão até 5 anos ou com pena de multa até 600 dias, se pena mais grave lhe não couber por força de outra disposição legal.

SECÇÃO II
Penas acessórias e medidas de segurança

Artigo 90.º
Interdição de detenção, uso e porte de armas

1 – Pode incorrer na interdição temporária de detenção, uso e porte de arma ou armas quem for condenado pela prática de crime previsto na presente lei ou pela prática, a título doloso ou negligente, de crime em cuja preparação ou execução tenha sido relevante a utilização ou disponibilidade sobre a arma.

2 – O período de interdição tem o limite mínimo de um ano e o máximo igual ao limite superior da moldura penal do crime em causa, não contando para este efeito o tempo em que a ou as armas, licenças e outros documentos tenham estado apreendidos à ordem do processo ou em que o condenado tenha estado sujeito a medida de coacção ou de pena ou execução de medida de segurança.

3 – A interdição implica a proibição de detenção, uso e porte de armas, designadamente para efeitos pessoais, funcionais ou laborais, desportivos, venatórios ou outros, bem como de concessão ou renovação de licença, cartão europeu de arma de fogo ou de autorização

---

Anotações:

[210] **Zona de exclusão** – a zona de controlo da circulação pedestre ou viária, definida pela autoridade pública, com vigência temporal determinada, nela se podendo incluir os trajectos, estradas, estações ferroviárias, fluviais ou de camionagem com ligação ou a servirem o acesso a recintos desportivos, áreas e outros espaços públicos, dele envolventes ou não, onde se concentrem assistentes ou apoiantes desse evento (*art. 2.º, n.º 5, al. t*)).

140   *Regime Jurídico das Armas e suas Munições – Anotações*

de aquisição de arma de fogo durante o período de interdição, devendo o condenado fazer entrega da ou das armas, licenças e demais documentação no posto ou unidade policial da área da sua residência no prazo de 15 dias contados do trânsito em julgado.

4 – A interdição é decretada independentemente de o condenado gozar de isenção ou dispensa de licença ou licença especial.

5 – A decisão de interdição é comunicada à PSP e, sendo caso disso, à entidade pública ou privada relevante no procedimento de atribuição da arma de fogo ou de quem o condenado dependa.

6 – O condenado que deixar de entregar a ou as armas no prazo referido no n.º 3 incorre em de crime de desobediência qualificada.

ARTIGO 91.º

**Interdição de frequência, participação
ou entrada em determinados locais**

1 – Pode ser temporariamente interdita a frequência, participação ou entrada em estabelecimento de ensino, recinto desportivo, estabelecimentos ou locais de diversão, locais onde ocorra manifestação cultural, desportiva ou venatória, feira ou mercado, campo ou carreira de tiro, a quem for condenado:

a) Pela prática de crime previsto na presente lei praticado num dos locais referidos;

b) Pela prática de crime cometido num desses locais ou que se repercuta significativamente no mesmo e em cuja preparação ou execução tenha sido relevante uma arma.

2 – O período de interdição tem o período mínimo de um ano e máximo de cinco anos, não contando para o efeito o tempo em que o condenado esteja sujeito a medida de coacção ou em cumprimento de pena ou medida de segurança privativa da liberdade.

3 – A decisão de interdição é comunicada à PSP e à autoridade administrativa, federação desportiva, associação ou entidade pública ou privada que regule ou fiscalize o sector ou actividade ou organize o evento.

4 – O incumprimento faz incorrer o condenado em crime de desobediência qualificada.

Lei n.º 5/2006, de 23 de Fevereiro

5 – A decisão de interdição pode compreender a obrigação de apresentação do condenado no posto ou unidade policial da área da sua residência no dia ou dias de realização de feira, mercado ou evento desportivo, cultural ou venatório.

ARTIGO 92.º
Interdição de exercício de actividade

1 – Pode incorrer na interdição temporária de exercício de actividade o titular de alvará de armeiro ou de exploração de campo ou carreira de tiro que seja condenado, a título doloso e sob qualquer forma de participação, pela prática de crime cometido com grave desvio dos fins para que foi licenciado ou credenciado ou com grave violação dos deveres e regras que disciplinam o exercício da actividade.

2 – A interdição tem a duração mínima de 6 meses e máxima de 10 anos, não contando para este efeito o tempo em que o condenado tenha estado sujeito a medida de coacção ou em cumprimento de pena ou execução de medida de segurança privativas da liberdade.

3 – A interdição implica a proibição do exercício da actividade ou a prática de qualquer acto em que a mesma se traduza, bem como a concessão ou renovação de alvará, credenciação, licença ou autorização no período de interdição.

4 – O exercício da actividade ou a prática de actos em que a mesma se traduza durante o período de interdição faz incorrer em crime de desobediência qualificada.

5 – É aplicável o disposto no n.º 3 do artigo 90.º

ARTIGO 93.º
Medidas de segurança

1 – Pode ser aplicada a medida de segurança de cassação de licença de detenção, uso e porte de armas ou de alvará a quem:[211]

Anotações:

[211] Segundo reitera o Acórdão n.º 1010/96, publicado no Diário da República, 2.ª Série, de 13 de Dezembro, a propósito da medida de segurança de cassação, *"a apreensão das licenças e consequente apreensão das armas (...) não pode, por isso, deixar de ser considerada uma medida com efeito equiparável a uma punição."*

a) For condenado pela prática de crime previsto na presente lei, pela prática de qualquer um dos crimes referidos no n.º 2 do artigo 14.º ou por crime relacionado com armas de fogo ou cometido com violência contra pessoas ou bens;

b) For absolvido da prática dos crimes referidos na alínea anterior apenas por inimputabilidade, desde que a personalidade do agente e o facto praticado façam recear o cometimento de novos crimes que envolvam tais armas ou o agente se revele inapto para a detenção, uso e porte das mesmas.

2 – A medida tem a duração mínima de 2 e máxima de 10 anos.

3 – A cassação implica a caducidade do ou dos títulos, a proibição de concessão de nova licença ou alvará ou de autorização de aquisição de arma pelo período de duração da medida e ainda a proibição de detenção, uso e porte de arma ou armas, designadamente para efeitos pessoais, funcionais ou laborais, desportivos, venatórios ou outros durante o mesmo período, devendo o arguido ou quem por ele for responsável fazer entrega de armas, licenças e demais documentação no posto ou unidade policial da área da sua residência no prazo de 15 dias contados do trânsito em julgado.

4 – É aplicável o disposto nos n.ºs 4 a 6 do artigo 90.º

Artigo 94.º
Perda da arma

1 – Sem prejuízo de ser declarada perdida a favor do Estado nos termos gerais, qualquer arma entregue na PSP, por força da aplicação ao condenado de uma pena acessória ou medida de segurança, pode ser vendida a quem reúna condições para as possuir.

2 – A venda, requerida pelo condenado, é efectuada pela PSP ao comprador indicado por aquele ou, caso não haja indicação de comprador no prazo de 180 dias contados da apresentação do requerimento, é levada a leilão nos termos do disposto no artigo 79.º, revertendo o produto da venda para o condenado, deduzidas as despesas e taxas aplicáveis, a fixar por portaria do ministro que tutela a administração interna.

Artigo 95.º
Responsabilidade criminal das pessoas colectivas e equiparadas

As pessoas colectivas e entidades equiparadas são responsáveis, nos termos gerais, pelos crimes previstos no n.º 1 do artigo 86.º e no artigo 87.º

Artigo 95.º-A
Detenção e prisão preventiva

1 – Há lugar à detenção em flagrante delito pelos crimes previstos nos artigos 86.º, 87.º e 89.º da presente lei e pelos crimes cometidos com arma puníveis com pena de prisão.

2 – A detenção prevista no número anterior deve manter-se até o detido ser apresentado a audiência de julgamento sob a forma sumária ou a primeiro interrogatório judicial para eventual aplicação de medida de coacção ou de garantia patrimonial, sem prejuízo do disposto no n.º 3 do artigo 143.º, no n.º 1 do artigo 261.º, no n.º 3 do artigo 382.º e no n.º 2 do artigo 385.º do Código de Processo Penal.[212]

3 – Fora de flagrante delito, a detenção pelos crimes previstos no n.º 1 pode ser efectuada por mandado do juiz ou, nos casos em que for admissível prisão preventiva, do Ministério Público.

4 – As autoridades de polícia criminal[213] podem também ordenar a detenção fora de flagrante delito, por iniciativa própria, nos casos previstos na lei, e devem fazê-lo se houver perigo de continuação da actividade criminosa.[214]

Anotações:

[212] A manutenção da detenção para julgamento em forma de processo sumário ou primeiro interrogatório judicial é um instrumento imprescindível no combate à pequena e média criminalidade.

[213] **Autoridade de polícia criminal** – os directores, oficiais, inspectores e subinspectores de polícia e todos os funcionários policiais a quem as leis respectivas reconhecerem aquela qualificação (art. 1.º, al. d), do Código de Processo Penal); *vide* art. 26.º, da Lei de Segurança Interna – Lei n.º 53/2008, de 29 de Agosto.

[214] *Vide* art. 257.º, n.º 2, do Código de Processo Penal – Detenção fora de flagrante delito. O legislador, através da última parte do n.º 4 do art. 95.º-A, pretende a garantia da paz social, ao dotar a autoridade de polícia criminal de um poder/dever.

144   *Regime Jurídico das Armas e suas Munições – Anotações*

5 – É aplicável ao arguido a prisão preventiva quando houver fortes indícios da prática de crime doloso previsto no n.º 1, punível com pena de prisão de máximo superior a 3 anos, verificadas as demais condições de aplicação da medida.

ARTIGO 96.º

Punição das entidades colectivas e equiparadas[215]

(Revogado)

SECÇÃO III

Responsabilidade contra-ordenacional

ARTIGO 97.º

Detenção ilegal de arma

Quem, sem se encontrar autorizado, fora das condições legais ou em contrário das prescrições da autoridade competente, detiver, transportar, importar, guardar, comprar, adquirir a qualquer título ou por qualquer meio ou obtiver por fabrico, transformação, importação ou exportação, usar ou trouxer consigo reprodução de arma de fogo,[216]

Anotações:

[215] O art. 96.º foi revogado pela Lei n.º 59/2007, de 4 de Setembro.

[216] **Reprodução de arma de fogo** – o mecanismo portátil com a configuração de uma arma de fogo que, pela sua apresentação e características, possa ser confundida com as armas previstas nas classes A, B, B1, C e D, com exclusão das reproduções de arma de fogo para práticas recreativas, das armas de alarme ou de salva não transformáveis e das armas de *starter* (*art. 2.º, n.º 1, al. aac*)); entenda-se **reprodução de arma de fogo para práticas recreativas** – o mecanismo portátil com a configuração de arma de fogo das classes A, B, B1, C e D, pintado com cor fluorescente, amarela ou encarnada, indelével, claramente visível quando empunhado, em 5 cm a contar da boca do cano e na totalidade do punho, caso se trate de arma curta, ou em 10 cm a contar da boca do cano e na totalidade da coronha, caso se trate de arma longa, por forma a não ser susceptível de confusão com as armas das mesmas classes, apto unicamente a disparar esfera não metálica cuja energia à saída da boca do cano não seja superior a 1,3 J para calibres inferiores ou iguais a 6 mm e munições compactas, ou a 13 J para outros calibres e munições compostas por substâncias gelatinosas (*art. 2.º, n.º 1, al. ag*)); entenda-se **armas de *starter*** – o dispositivo tecnicamente não susceptível de ser transformado em arma de fogo, com a configuração de arma de fogo, destinado unicamente a produzir um efeito sonoro, para ser utilizado em actividades desportivas e treinos de caça (*art. 2.º, n.º 1, al. aae*)).

Lei n.º 5/2006, de 23 de Fevereiro

arma de alarme,[217] munições de salva ou alarme[218] ou armas das classes F[219] e G,[220] é punido com uma coima de € 600 a € 6000.

ARTIGO 98.º

Violação geral das normas de conduta e obrigações dos portadores de armas

Quem, sendo titular de licença, detiver, usar ou for portador, transportar arma fora das condições legais, afectar arma a actividade diversa da autorizada pelo director nacional da PSP ou em violação das normas de conduta previstas na presente lei é punido com uma coima de € 500 a € 5000.

ARTIGO 99.º

Violação específica de normas de conduta e outras obrigações

1 – Quem não observar o disposto:

a) No n.º 3 do artigo 31.º e nos artigos 34.º e 35.º, é punido com uma coima de € 250 a € 2500;

b) No artigo 19.º-A, é punido com uma coima de € 500 a € 5000;

Anotações:

[217] **Arma de alarme ou salva** – o dispositivo com a configuração de uma arma de fogo destinado unicamente a produzir um efeito sonoro semelhante ao produzido por aquela no momento do disparo (*art. 2.º, n.º 1, al. e*)).

[218] **Munição de salva ou alarme** – a munição sem projéctil e destinada unicamente a produzir um efeito sonoro no momento do disparo (*art. 2.º, n.º 3, al. ae*)).

[219] **Armas de classe F** – as matracas, sabres e outras armas brancas tradicionalmente destinadas às artes marciais ou a ornamentação; as réplicas de armas de fogo quando destinadas a ornamentação; as armas de fogo inutilizadas quando destinadas a ornamentação (art. 3.º, n.º 8, als. a), b) e c)).

[220] **Armas de classe G** – as armas veterinárias; as armas de sinalização; as armas lança-cabos; as armas de ar comprimido desportivas e de aquisição livre; as reproduções de armas de fogo para práticas recreativas; as armas de *starter;* as armas de alarme ou salva que não estejam incluídas na alínea *n*) do n.º 2 do art. 3.º; as munições para armas de alarme ou salva e para armas de *starter* (art. 3.º, n.º 9, als. a), b), c), d), e), f) g) e h)).

146   *Regime Jurídico das Armas e suas Munições – Anotações*

c) No n.º 6 do artigo 11.º, no n.º 3 do artigo 18.º e nos n.ºs 1 e 3 do artigo 38.º, é punido com uma coima de € 600 a € 6000;

d) Nos artigos 32.º, 33.º e 36.º, no n.º 1 do artigo 45.º e nos n.ᵒˢ 1 e 2 do artigo 53.º, é punido com uma coima de € 700 a € 7000.

2 – Quem proceder à alteração das características das reproduções de armas de fogo para práticas recreativas é punido com coima de € 500 a € 1000.

Artigo 99.º-A
Violação específica de norma de conduta atinente à renovação de licença de uso e porte de arma

1 – Quem, sendo detentor de arma, deixar caducar a sua licença de uso e porte de arma, tendo ou não posteriormente promovido a tramitação necessária à sua legalização prevista nos n.ᵒˢ 1 e 3 do artigo 29.º, é punido com coima de € 250 a € 2500.

2 – A detenção de arma, verificada a caducidade da licença de uso e porte de arma sem que tenha sido promovida a sua renovação, requerida nova licença aplicável no prazo previsto no n.º 1 do artigo 29.º ou solicitada a sua titularidade ao abrigo de outra licença aplicável conforme o disposto no n.º 3 do artigo 29.º, é considerada detenção de arma fora das condições legais, para efeitos do disposto no n.º 1 do artigo 86.º e do artigo 97.º

Artigo 100.º
Violação das normas para o exercício da actividade de armeiro[221]

1 – Quem, sendo titular de alvará para o exercício das actividades de armeiro, se encontrar a exercer a actividade em violação das normas e regras legais para o exercício da actividade é punido com uma coima de € 1000 a € 20 000.

Anotações:

[221] *Vide* Portaria n.º 933/2006, de 8 de Setembro (p. 281) – Regulamento de segurança das instalações de fabrico, reparação, comércio e guarda de armas.

2 – É punido com a coima referida no número anterior o armeiro que tenha estabelecimento de venda ao público e não observe as normas e deveres de conduta a que está obrigado bem como os seus funcionários.

ARTIGO 101.º

Exercício ilegal de actividades sujeitas a autorização

1 – Quem, sendo titular de alvará para a exploração de carreira ou campo de tiro, se encontrar a exercer a actividade em violação das normas e regras legais para o exercício da mesma é punido com uma coima de € 1000 a € 20 000.

2 – Quem, não estando autorizado pelo director nacional da PSP, organizar manifestação teatral, cultural ou outra onde sejam utilizadas ou disparadas armas de fogo, mostra ou feira de armas, leilão ou outro tipo de iniciativa aberta ao público é punido com uma coima de € 1000 a € 20 000.

3 – Quem, não sendo titular de alvará para a exploração de carreira ou campo de tiro, se encontrar a exercer esta actividade é punido com coima de € 20 000 a € 40 000.

4 – Quem exercer comércio electrónico de armas, munições e acessórios da classe A e partes essenciais dessas armas é punido com coima de € 2000 a € 20 000.

5 – Quem exercer comércio electrónico em violação do disposto no artigo 50.º-A é punido com coima de € 1000 a € 10 000.

6 – Quem frequentar ou utilizar carreira ou campo de tiro não licenciado, conhecendo ou devendo conhecer, essa falta de licenciamento, é punido com coima de € 500 a € 2000.

ARTIGO 102.º

Publicidade ilícita

Quem efectuar publicidade a armas de fogo e quem a publicar, editar ou transmitir fora das condições previstas na presente lei é punido com uma coima de € 1000 a € 20 000.

Artigo 103.º
Agravação

As coimas são agravadas nos seus limites mínimos e máximos para o triplo se o titular da licença ou alvará, o organizador ou promotor, for uma entidade colectiva ou equiparada, sendo responsáveis solidários pelo pagamento os seus sócios, gerentes, accionistas e administradores.

Artigo 104.º
Negligência e tentativa

1 – A negligência e a tentativa são puníveis.

2 – No caso de tentativa, as coimas previstas para a respectiva contra-ordenação são reduzidas para metade nos seus limites máximos e mínimos.

SECÇÃO IV
Regime subsidiário e competências

Artigo 105.º
Regime subsidiário

1 – Em matéria relativa à responsabilidade criminal ou contra-ordenacional é aplicável subsidiariamente o Código Penal, o Código de Processo Penal e o regime geral das contra-ordenações.

2 – O disposto no número anterior não prejudica a aplicação à matéria regulada na presente lei do regime relativo ao combate à criminalidade organizada e económico-financeira e demais legislação especial.

Artigo 106.º
Competências e produto das coimas

1 – A instrução dos processos de contra-ordenação compete à PSP.

2 – A aplicação das respectivas coimas compete ao director nacional, que pode delegar essa competência.

Lei n.º 5/2006, de 23 de Fevereiro

3 – O produto das coimas previstas nesta lei reverte na percentagem de 40% para o Estado, de 40% para a PSP e de 20% a repartir entre as demais entidades fiscalizadoras do cumprimento da presente lei.

SECÇÃO V
Apreensão de armas e cassação de licenças

ARTIGO 107.º
Apreensão de armas

1 – O agente ou autoridade policial procede à apreensão da ou das armas de fogo, munições e respectivas licenças e manifestos, emitindo documento de apreensão com a descrição da ou das armas, munições e documentação, quando:

a) Quem a deter, portar ou transportar se encontrar sob influência do álcool, de estupefacientes, substâncias psicotrópicas ou produtos de efeito análogo, verificada nos termos da presente lei ou recusar a submeter-se a provas para sua detecção;[222]

b) Houver indícios da prática pelo suspeito de crime de maus tratos a cônjuge, a quem com ele viva em condições análogas às dos cônjuges, a progenitor de descendente comum em 1.º grau, aos filhos, a pessoa menor ou particularmente indefesa em razão da idade, deficiência, doença ou gravidez e que esteja a seu cuidado, à sua guarda ou sob a sua responsabilidade de direcção ou educação e, perante a queixa, denúncia ou a constatação de flagrante, verificarem probabilidade na sua utilização;[223]

c) Se encontrarem fora das condições legais ou em violação das prescrições da autoridade competente.

Anotações:

[222] *Cfr.* art. 88.º.

[223] *Cfr.* art. 152.º do Código Penal – Violência Doméstica – com a alteração dada pela Lei n.º 59/2007, de 4 de Setembro.

150 *Regime Jurídico das Armas e suas Munições – Anotações*

2 – A apreensão inclui a arma de fogo detida ao abrigo de isenção ou dispensa de licença ou de licença especial, bem como a arma de fogo que seja propriedade de entidade pública ou privada.

3 – Para além da transmissão da notícia do crime ao Ministério Público ou à PSP, em caso de contra-ordenação, a apreensão nos termos do número anterior é comunicada à respectiva entidade pública ou privada titular da arma, para efeitos de acção disciplinar e ou de restituição da arma, nos termos gerais.

4 – Em caso de manifesto estado de embriaguez ou de intoxicação por substâncias estupefacientes ou psicotrópicas de pessoa que detenha, use, porte ou transporte consigo arma de fogo, a arma pode ser retida por qualquer caçador ou atirador desportivo ou ainda por qualquer pessoa que o possa fazer em condições de segurança até à comparência de agente ou autoridade policial.

ARTIGO 108.º
Cassação das licenças

1 – Sem prejuízo da cassação de licenças por autoridade judiciária, o director nacional da PSP pode determinar a cassação:

a) De qualquer licença de detenção, uso, ou porte de arma, quando o titular tenha sido condenado pela prática de crime doloso, cometido com uso de violência, em pena superior a 1 ano de prisão;

b) Das licenças C e D obtidas com base na titularidade de carta de caçador, quando o titular foi condenado pela prática de infracção no exercício de acto venatório, tendo-lhe sido interditado o direito de caçar ou cassada a respectiva autorização, ou cessado, por caducidade, a referida autorização;

c) De qualquer licença de detenção, uso, ou porte de arma, quando o titular for condenado por crime de maus tratos ao cônjuge ou a quem com ele viva em condições análogas, aos filhos ou a menores ao seu cuidado, ou quando pelo mesmo crime foi determinada a suspensão provisória do processo de inquérito;

d) De qualquer licença de detenção, uso, ou porte de arma, quando ao titular for aplicada medida de coacção de obrigação de não contactar com determinadas pessoas ou não frequentar certos lugares ou certos meios;

Lei n.º 5/2006, de 23 de Fevereiro 151

e) De qualquer licença de detenção, uso, ou porte de arma, quando ao titular for aplicada a medida de suspensão provisória do processo de inquérito mediante a imposição de idênticas injunções ou regras de conduta;

f) De qualquer licença de detenção, uso, ou porte de arma, ao titular que utilizou a arma para fins não autorizados ou diferentes daqueles a que a mesma se destina ou violou as normas de conduta do portador de arma;

g) Da licença de tiro desportivo, quando tenha cessado, por qualquer forma, a atinente licença federativa;

h) De qualquer licença de detenção, uso, ou porte de arma, quando o titular contribuiu com culpa para o furto ou extravio da arma;

i) De qualquer licença de detenção, uso, ou porte de arma, quando o titular contribuiu com culpa, na guarda, segurança ou transporte da arma, para a criação de perigo ou verificação de acidente.

2 – Nos casos previstos no n.º 1 do artigo anterior é lavrado termo de cassação provisória que seguirá juntamente com o expediente resultante da notícia do crime ou da contra-ordenação para os serviços do Ministério Público ou para a PSP, respectivamente.

3 – Nos casos previstos nas alíneas f), h) e i) do n.º 1 e nos casos em que o titular de licença de tiro desportivo tenha sido expulso da respectiva federação, a concessão de nova licença só é autorizada decorridos cinco anos após a cassação e implica sempre a verificação de todos os requisitos exigidos para a sua concessão.

4 – A Autoridade Florestal Nacional deve comunicar à Direcção Nacional da PSP, no prazo de 60 dias após a sua ocorrência, a cassação ou a caducidade da autorização para a prática de actos venatórios, bem como todas as interdições efectivas do direito de caçar de que tenha conhecimento.

5 – Para efeitos do disposto nas alíneas a), c), d) e e) do n.º 1, a cassação não ocorrerá se, observado o procedimento previsto no n.º 3 do artigo 14.º, instaurado pelo interessado até 30 dias após o trânsito em julgado da condenação, medida de coacção fixada ou da decisão da suspensão provisória do processo de inquérito, houver reconhecimento judicial da idoneidade do titular para a sua manutenção.

6 – Para efeitos do disposto nas alíneas f), h) e i) do n.º 1 e nos casos em que o titular de licença de tiro desportivo tenha sido expulso da respectiva federação, a PSP instaura um processo de inquérito com todos os elementos atinentes ao fundamento da cassação relativos à infracção e outros considerados necessários.

7 – A cassação da licença implica a sua entrega na PSP, acompanhada da arma ou armas que a mesma autoriza e respectivos documentos inerentes, no prazo de 15 dias após a notificação do despacho, sob pena de cometimento de crime de desobediência qualificada.

8 – Sem prejuízo do disposto no número anterior, no prazo de 180 dias após o depósito ou após a data em que a decisão se tornar definitiva, pode o interessado proceder à transmissão da arma, remetendo à PSP o respectivo comprovativo.

9 – Findo o prazo referido no número anterior, a arma é declarada perdida a favor do Estado.

SECÇÃO VI
Operações especiais de prevenção criminal

Artigo 109.º
Reforço da eficácia da prevenção criminal

1 – As forças de segurança devem planear e levar a efeito, periodicamente, operações especiais de prevenção criminal em áreas geográficas delimitadas com a finalidade de controlar, detectar, localizar, prevenir a introdução, assegurar a remoção ou verificar a regularidade da situação de armas, seus componentes ou munições ou substâncias ou produtos a que se refere a presente lei, reduzindo o risco de prática de infracções previstas no presente capítulo, bem como de outras infracções que a estas se encontrem habitualmente associados ou ainda quando haja suspeita de que algum desses crimes possa ter sido cometido como forma de levar a cabo ou encobrir outros.

2 – A delimitação das áreas geográficas para a realização das operações especiais de prevenção pode abranger:

Lei n.º 5/2006, de 23 de Fevereiro 153

a) Pontos de controlo de acesso a locais em que constitui crime a detenção de armas, dispositivos, produtos ou substâncias enumeradas na presente lei;

b) Gares de transportes colectivos rodoviários, ferroviários ou fluviais, bem como no interior desses transportes, e ainda em portos, aeroportos, vias públicas ou outros locais públicos, e respectivos acessos, frequentados por pessoas que em razão de acções de vigilância, patrulhamento ou informação policial seja de admitir que se dediquem à prática das infracções previstas no n.º 1.

3 – As operações especiais de prevenção podem compreender, em função da necessidade, a identificação das pessoas que se encontrem na área geográfica onde têm lugar, bem como a revista de pessoas, de viaturas ou de equipamentos e, quando haja indícios da prática dos crimes previstos no n.º 1, risco de resistência ou de desobediência à autoridade pública ou ainda a necessidade de condução ao posto policial, por não ser possível a identificação suficiente, a realização de buscas no local onde se encontrem.[224]

4 – Compete ainda à PSP a verificação dos bens previstos na presente lei e que se encontrem em trânsito nas zonas portuárias e aeroportuárias internacionais, com a possibilidade de abertura de volumes e contentores, para avaliação do seu destino e proveniência.

ARTIGO 110.º

Desencadeamento e acompanhamento

1 – As operações especiais de prevenção são sempre comunicadas ao Ministério Público, através do procurador-geral distrital com competência territorial na área geográfica visada.

2 – A comunicação é feita, com antecedência adequada e especificação da delimitação geográfica e temporal das medidas previstas,

---

Anotações:

[224] *Cfr.* art. 174.º (Pressupostos das revistas e buscas), art. 175.º (Formalidades da revista) e art. 176.º (Formalidades da busca), do Código de Processo Penal, com a nova redacção dada pela Lei n.º 48/2007, de 29 de Agosto.

pelo director nacional da PSP, pelo comandante-geral da GNR ou por ambos, caso se trate de operação conjunta.

3 – Sem prejuízo da autonomia técnica e táctica das forças de segurança, as operações podem ser acompanhadas, na modalidade tecnicamente disponível que se revele mais apropriada, por um magistrado, o qual será responsável pela prática dos actos de competência do Ministério Público que elas possam requerer.

4 – As operações podem prosseguir para além dos espaços geográfico e temporal determinados se os actos a levar a cabo forem decorrentes de outros iniciados no âmbito da delimitação inicial.

Artigo 111.º
Actos da exclusiva competência de juiz de instrução

1 – Quando no âmbito de uma operação especial de prevenção se torne necessário levar a cabo buscas domiciliárias ou outros actos da exclusiva competência de juiz de instrução, são adoptadas as medidas necessárias ao acompanhamento por parte deste magistrado, na modalidade tecnicamente disponível que se revele mais apropriada.

2 – Quando a operação deva ser desenvolvida em mais de uma comarca, intervém o juiz de instrução que, nos termos da lei, tenha competência no território da comarca em que a operação se inicie.

CAPÍTULO XI
Disposições transitórias e finais

SECÇÃO I
Regime transitório

Artigo 112.º
Armas manifestadas em países que estiveram sob a administração portuguesa

Os proprietários das armas manifestadas nos países que estiveram sob a administração portuguesa têm o prazo de 180 dias após a entrada em vigor da presente lei para substituir o documento de manifesto concedido pelas autoridades portuguesas de então pelo livrete de manifesto concedido pelo director nacional da PSP e livro de registo de munições [caducado].

Artigo 112.º-A
Reclassificação de armas

1 – As armas que, no âmbito da presente lei, venham a ser reclassificadas só podem ser detidas e utilizadas nos termos permitidos pela presente lei.

2 – Se o titular da arma reclassificada não a puder deter e utilizar no âmbito da presente lei, tem o prazo de seis meses para proceder à sua venda ou inutilização, sob pena de a mesma ser declarada perdida a favor do Estado.

Artigo 113.º
Transição para o novo regime legal

1 – As licenças e autorizações de uso e porte de arma concedidas ao abrigo de legislação anterior são convertidas, quando da sua renovação, para as licenças agora previstas, nos seguintes termos:

a) Licença de uso e porte de arma de defesa transita para licença de uso e porte de arma B1;

b) Licença de uso e porte de arma de caça transita para licença de uso e porte de arma C ou D, conforme os casos;

c) Licença de uso e porte de arma de recreio de cano liso transita para licença de uso e porte de arma D;

d) Autorização de uso e porte de arma de defesa «modelo V» e «modelo V-A» transita para licença especial, aplicando-se as mesmas regras que a esta relativamente à caducidade e validade, bem como no que se refere aos requisitos previstos para a sua concessão;

e) Para efeitos do disposto na alínea a) do n.º 3 do artigo 5.º, as referências existentes nas respectivas leis orgânicas ou estatutos profissionais a licença de uso e porte de arma de defesa entendem-se feitas para licença de uso e porte de arma de classe B.

156 *Regime Jurídico das Armas e suas Munições – Anotações*

2 – *Os armeiros devidamente licenciados que se encontrem no exercício da actividade dispõem de um prazo de seis meses contados da data da entrada em vigor da presente lei para requerer a concessão de um alvará para o exercício da actividade pretendida no novo quadro legal [caducado].*

3 – *Os proprietários dos estabelecimentos que efectuem vendas de armas das classes G e F dispõem de um prazo de seis meses a contar da data da entrada em vigor da presente lei para requerer a concessão de um alvará do tipo 3 para a continuação do exercício da actividade [caducado].*

Artigo 114.º
Detenção vitalícia de armas no domicílio[225]

1 – Os possuidores de armas detidas ao abrigo de licenças de detenção domiciliária emitidas nos termos do disposto no artigo 46.º do regulamento aprovado pelo Decreto-Lei n.º 37313, de 21 de Fevereiro de 1949, mantêm o direito a deter essas armas nos termos anteriormente estabelecidos.

2 – Os possuidores de armas de ornamentação abrangidas pelo disposto no artigo 5.º do regulamento aprovado pelo Decreto-Lei n.º 37313, de 21 de Fevereiro de 1949, mantêm o direito de deter essas armas nos termos anteriormente estabelecidos.

3 – Os possuidores de armas de fogo manifestadas ao abrigo do Decreto-Lei n.º 328/76, de 6 de Maio, e que nos termos da presente lei devam ser consideradas armas da classe A mantêm o direito de deter essas armas, desde que comprovem junto da Direcção Nacional da PSP que são legítimos detentores e que dispõem das condições de segurança previstas na presente lei.

4 – Os possuidores de armas de fogo manifestadas e registadas ao abrigo do regime anterior como armas de defesa e que por força da presente lei não sejam classificadas como armas da classe B1

Anotações:

[225] *Cfr.* artigo 18.º da presente lei. Esclarece-se ainda que às licenças de detenção de domicílio emitidas ao abrigo do disposto do Decreto-Lei n.º 37313/49, de 21 de Fevereiro, não é permitida a inscrição de novas armas, atento o seu carácter vitalício.

Lei n.º 5/2006, de 23 de Fevereiro

mantêm o direito de deter, usar e portar essas armas, desde que comprovem junto da Direcção Nacional da PSP que são legítimos detentores e que dispõem das condições de segurança previstas na presente lei.

5 – A eventual transmissão das armas a que se referem os n.ºs 1, 3 e 4 está sujeita à sua inutilização, passando a ser classificadas como armas da classe F, excepto se transmitidas a museus públicos ou, mediante autorização do director nacional da PSP, a associações de coleccionadores com museu, ou, se esse for o caso, à sua reclassificação como arma de outra classe legalmente permitida.

Artigo 115.º
Manifesto voluntário e detenção domiciliária provisória

1 – Todos os possuidores de armas de fogo não manifestadas ou registadas devem, no prazo de 120 dias contado da sua entrada em vigor, requerer a sua apresentação a exame e manifesto, não havendo nesse caso lugar a procedimento criminal.

2 – Após exame e manifesto, a requerimento do interessado, as referidas armas ficam, se susceptíveis de serem legalizadas ao abrigo deste diploma, em regime de detenção domiciliária provisória pelo período de 180 dias, devendo nesse prazo habilitar-se com a necessária licença, ficando perdidas a favor do Estado se não puderem ser legalizadas.

3 – O requerimento para a detenção domiciliária provisória deve ser instruído com certificado de registo criminal do requerente.

4 – Em caso de indeferimento ou decorrido o prazo referido no n.º 2 deste artigo sem que o apresentante mostre estar habilitado com a respectiva licença, são as armas guardadas em depósito na PSP, sendo aplicável o disposto no n.º 7 do artigo 18.º [caducado].

Artigo 116.º
Livro de registos de munições[226]

Mediante a exibição da licença de uso e porte de arma e o manifesto da arma, é emitido pelo director nacional da PSP, a requerimento do interessado, um livro de registo de munições.

Artigo 117.º
Regulamentação a aprovar

1 – São aprovadas por decreto regulamentar as normas referentes às seguintes matérias:

a) *Licenciamento e concessão de alvará para a exploração e gestão de carreiras e campos de tiro;*

b) *Condições técnicas de funcionamento e de segurança das carreiras e campos de tiro.*

2 – São aprovadas por portaria do Ministro que tutela a Administração Interna as normas referentes às seguintes matérias:

a) *Condições de segurança para o exercício da actividade de armeiro;*

b) *Regime da formação técnica e cívica para uso e porte de armas de fogo, incluindo os conteúdos programáticos e duração dos cursos;*

c) *Regime do exame de aptidão para obtenção do certificado de aprovação para o uso e porte de armas de fogo;*

d) *Modelo das licenças, alvarás, certificados e outros necessários à execução da presente lei;*

e) *As taxas a cobrar pela prestação dos serviços e demais actos previstos na presente lei [caducado].*

Anotações:

[226] *Cfr.* art. 33.º.

SECÇÃO II
Revogação e início de vigência

ARTIGO 118.º
Norma revogatória

São revogados os seguintes diplomas:

a) O Decreto-Lei n.º 37313, de 21 de Fevereiro de 1949;
b) O Decreto-Lei n.º 49439, de 15 de Dezembro de 1969;
c) O Decreto-Lei n.º 207-A/75, de 17 de Abril;
d) O Decreto-Lei n.º 328/76, de 6 de Maio;
e) O Decreto-Lei n.º 432/83, de 14 de Dezembro;
f) O Decreto-Lei n.º 399/93, de 3 de Dezembro;
g) A Lei n.º 8/97, de 12 de Abril;
h) A Lei n.º 22/97, de 27 de Junho;
i) A Lei n.º 93-A/97, de 22 de Agosto;
j) A Lei n.º 29/98, de 26 de Junho;
l) A Lei n.º 98/2001, de 25 de Agosto;
m) O Decreto-Lei n.º 258/2002, de 23 de Novembro;
n) O Decreto-Lei n.º 162/2003, de 24 de Julho;
o) O artigo 275.º do Código Penal, aprovado pelo Decreto-Lei n.º 48/95, de 15 de Março, alterado pela Lei n.º 98/2001, de 25 de Agosto.

ARTIGO 119.º
Legislação especial

Legislação própria, a elaborar no prazo de 180 dias, regula:

a) O uso e porte de armas em actividades de carácter desportivo, incluindo a definição dos tipos de armas utilizáveis, as modalidades e as regras de licenciamento, continuando a aplicar-se, até à entrada em vigor de novo regime, o actual quadro legal [caducado];
b) A actividade de coleccionador, designadamente no tocante ao licenciamento, à segurança e aos incentivos tendentes a promover a defesa património histórico [caducado];

c) Lei especial regulará os termos e condições em que as empresas com alvará de armeiro podem dispor de bancos de provas próprios ou comuns a várias dessas empresas.

ARTIGO 120.º

Início de vigência

A presente lei entra em vigor 180 dias após a sua publicação, com excepção do disposto nos artigos 109.º a 111.º, que vigoram a partir do dia seguinte ao da publicação da presente lei.

Aprovada em 21 de Dezembro de 2005.

O Presidente da Assembleia da República, *Jaime Gama.*

Promulgada em 2 de Fevereiro de 2006.

Publique-se.

O Presidente da República, JORGE SAMPAIO.

Referendada em 2 de Fevereiro de 2006.

O Primeiro-Ministro, *José Sócrates Carvalho Pinto de Sousa.*

LEGISLAÇÃO COMPLEMENTAR

ASSEMBLEIA DA REPÚBLICA

Lei n.º 41/2006
de 25 de Agosto

**Publicado no Diário da República n.º 164, Série I,
de 25 de Agosto de 2006
Estabelece os termos e as condições de instalação
em território nacional de bancos de provas
de armas de fogo e suas munições, desde que de uso civil**

A Assembleia da República decreta, nos termos da alínea c) do artigo 161.º da Constituição, o seguinte:

ARTIGO 1.º
Objecto

A presente lei estabelece os termos e as condições de instalação em território nacional de bancos de provas de armas de fogo e suas munições, desde que de uso civil.

ARTIGO 2.º
Definição

1 – Entende-se por banco de provas o estabelecimento técnico destinado a testar as armas de fogo, suas partes e munições, por forma a garantir a segurança do utilizador, previamente à sua introdução no mercado ou posteriormente, quando solicitado.

2 – Os bancos de provas podem igualmente proceder:

a) À inutilização de armas de fogo, seus componentes e munições, nos termos legalmente previstos;

b) A peritagens técnicas diversas.

3 – Excepcionalmente, pode o Ministro da Administração Interna autorizar nos bancos de provas a que se refere a presente lei a realização de testes de equipamentos, meios militares e material de guerra, destinados ou utilizados pelas forças de segurança, nos termos e condições a fixar em despacho.

Artigo 3.º
Entidades titulares

1 – Podem instalar bancos de provas as entidades titulares de alvará de armeiro do tipo 1, a que se refere a alínea a) do n.º 1 do artigo 48.º da Lei n.º 5/2006, de 23 de Fevereiro, bem como pessoas colectivas participadas por armeiros, desde que nelas conste como associado armeiro que seja titular daquele tipo de alvará.

2 – Podem também instalar bancos de provas outras pessoas singulares ou colectivas cujo objecto social se destine exclusivamente à actividade de certificação nos termos da presente lei e que obtenham alvará de armeiro do tipo 1, independentemente do exercício da actividade de fabrico e montagem de armas de fogo e suas munições.

Artigo 4.º
Testes

1 – Os testes a realizar em banco de provas consistem, designadamente, na avaliação:

a) Da resistência das partes essenciais das armas de fogo;
b) Do funcionamento e segurança das armas;
c) Do comportamento das munições;
d) Dos parâmetros dimensionais internacionalmente estabelecidos.

2 – Os critérios e parâmetros técnicos de descrição, avaliação e medição a adoptar nos testes referidos no número anterior obedecem às prescrições regulamentares em vigor no âmbito da convenção institutiva da Comissão Internacional Permanente para Testes de Armas de Fogo Portáteis (CIP).

Artigo 5.º
Certificados e marcas

1 – A aprovação das armas, seus componentes, e de munições em testes de banco de provas, bem como a sua inutilização, constam de um certificado de conformidade, datado e numerado, a emitir pela entidade titular do estabelecimento, dele constando obrigatoriamente:

a) A identificação do estabelecimento;
b) Dados referentes à entidade solicitante;
c) Dados relativos ao fabricante;
d) Marca, modelo, calibre e número da arma objecto de certificação, ou, se for o caso, de partes essenciais da arma;
e) Marca, calibre e lote, no caso de munições;
f) O resultado certificado pelo teste.

2 – Após aprovação em banco de provas são apostos em todas as armas testadas sinais de marca-punção identificativos do respectivo estabelecimento e dos testes efectuados, bem como nas seguintes partes, em caso de testagem avulsa:

a) Cano;
b) Caixa da culatra;
c) Corrediça;
d) Báscula;
e) Carcaça;
f) Tambor.

Artigo 6.º
Inutilização

1 – A inutilização de armas em banco de provas depende de autorização a conceder pela Direcção Nacional da Polícia de Segurança Pública (DN/PSP), nos termos e prazo previstos no artigo 109.º do Código do Procedimento Administrativo.

2 – A inutilização de armas e munições é sempre acompanhada da emissão de um certificado, onde constam a identificação da arma ou munições, datas de entrada e de saída do estabelecimento e o tipo de inutilização praticada.

ARTIGO 7.º

Reconhecimentos

1 – O reconhecimento de banco de provas a que se refere o n.º 2 do artigo 53.º da Lei n.º 5/2006, de 23 de Fevereiro, pode ter por objecto qualquer estabelecimento oficialmente reconhecido por um Estado membro, bem como por países terceiros, considerado o princípio da reciprocidade.

2 – Compete à DN/PSP o reconhecimento de certificados de inutilização emitidos por entidades credenciadas pelos Estados membros ou por países terceiros.

ARTIGO 8.º

Regulamentação

1 – Compete ao Governo, através dos Ministérios da Administração Interna e da Economia e da Inovação, regulamentar sobre:

a) As condições técnicas a que obedecem os bancos de provas;
b) A certificação dos testes ou processos a executar.

2 – Compete ao Governo, através do Ministério da Administração Interna, regulamentar sobre:

a) Os registos obrigatórios dos estabelecimentos;
b) Os modelos de certificado de conformidade e de inutilização.

3 – Os sinais de marca-punção referidos no n.º 2 do artigo 5.º da presente lei são homologados por despacho do Ministro da Administração Interna, na sequência da certificação dos testes ou processos que visam identificar.

ARTIGO 9.º

Regime subsidiário

À actividade a desenvolver pelos estabelecimentos a que se refere a presente lei aplicam-se subsidiariamente e com as necessárias adaptações as normas previstas no regime jurídico das armas e suas munições.

Artigo 10.º
Início de vigência

A presente lei entra em vigor na data em que a Lei n.º 5/2006, de 23 de Fevereiro, iniciar a sua vigência.

Aprovada em 6 de Julho de 2006.

O Presidente da Assembleia da República, *Jaime Gama.*

Promulgada em 8 de Agosto de 2006.

Publique-se.

O Presidente da República, ANÍBAL CAVACO SILVA.

Referendada em 12 de Agosto de 2006.

O Primeiro-Ministro, *José Sócrates Carvalho Pinto de Sousa.*

ASSEMBLEIA DA REPÚBLICA

Lei n.º 42/2006
de 25 de Agosto

**Publicado no Diário da República, n.º 164, Série I,
de 25 de Agosto 2006
Estabelece o regime especial de aquisição, detenção,
uso e porte de armas de fogo e suas munições
e acessórios destinadas a práticas desportivas
e de coleccionismo histórico-cultural**

A Assembleia da República decreta, nos termos da alínea c) do artigo 161.º da Constituição, o seguinte:

CAPÍTULO I
Disposições gerais e comuns

ARTIGO 1.º
Objecto

1 – A presente lei estabelece o regime especial de aquisição, detenção, uso e porte de armas de fogo e suas munições e acessórios destinadas a práticas desportivas e de coleccionismo histórico-cultural, bem como o tipo de organização a adoptar pelas respectivas federações desportivas e associações de coleccionadores.

2 – Em tudo o que a presente lei não disponha em especial, tem aplicação a Lei n.º 5/2006, de 23 de Fevereiro, e respectivos regulamentos.

3 – É aplicável, no âmbito da presente lei, com as adaptações que nela são previstas, o regime de responsabilidade criminal e contra-ordenacional constante do capítulo X da Lei n.º 5/2006, de 23 de Fevereiro.

Artigo 2.º
Competências

Sem prejuízo do disposto nos n.ºs 1 do artigo 10.º e 2 do artigo 24.º da presente lei, compete ao director nacional da Polícia de Segurança Pública (PSP) o licenciamento e a concessão das autorizações necessárias para a detenção, uso e porte de arma de fogo e suas munições e acessórios destinada ao exercício das actividades referidas no n.º 1 do artigo anterior.

Artigo 3.º
Tipos de licenças

Para a detenção, uso e porte de armas de fogo destinadas à prática de tiro desportivo e coleccionismo são concedidas pelo director nacional da PSP licenças dos seguintes tipos:

a) Licença de tiro desportivo;
b) Licença de coleccionador.

Artigo 4.º
Condições gerais para a atribuição de licenças

1 – As licenças previstas no artigo anterior são concedidas a cidadãos maiores de idade aprovados no competente exame médico de incidência primordialmente psíquica e que demonstrem ter idoneidade para o efeito, sendo esta aferida nos termos e nas condições previstas para a concessão de uma licença de uso e porte de arma da classe B 1.

2 – Sem prejuízo do disposto no número anterior quanto aos demais requisitos, a licença de coleccionador apenas é concedida a cidadãos maiores de 21 anos de idade.

3 – O requerimento para a concessão das licenças previstas no artigo anterior é instruído com a prova da prévia emissão de uma

licença federativa da responsabilidade da competente federação ou de parecer fundamentado da associação de coleccionadores em que o requerente se mostre inscrito, consoante os casos.

4 – Para a prática de modalidades ou disciplinas de tiro reconhecidas pelas respectivas federações internacionais é permitida, exclusivamente para fins desportivos, a concessão de licença a menores com idades mínimas de 14 anos para as armas longas de cano de alma lisa e de cano de alma estriada que utilizem munições de percussão anelar desde que se mostrem inscritos numa federação de tiro com reconhecimento por parte do Comité Olímpico de Portugal e reúnam as seguintes condições:

a) Frequentem com comprovado aproveitamento a escolaridade obrigatória;
b) Estejam autorizados por quem exercer o poder paternal à prática de tiro desportivo;
c) Não tenham sido alvo de medida tutelar educativa por facto tipificado na lei penal.

ARTIGO 5.º
Validade e renovação

1 – As licenças previstas no artigo 3.º têm uma validade de cinco anos.

2 – A renovação das licenças fica dependente da verificação dos requisitos aplicáveis à respectiva concessão.

ARTIGO 6.º
Cedência a título de empréstimo

1 – A cedência por empréstimo de armas de fogo para fins desportivos e de coleccionismo é permitida nos termos e nas condições genericamente previstas na lei que regula o novo regime jurídico das armas e suas munições[227] e de acordo com as regras especificamente previstas no presente artigo.

Anotações:

[227] *Vide* art. 38.º da Lei n.º 5/2006, de 23 de Fevereiro (p. 93).

172 *Regime Jurídico das Armas e suas Munições – Anotações*

2 – Podem ser objecto de cedência, por empréstimo, as armas das classes B, C e D desde que se destinem a ser utilizadas em treinos ou provas desportivas por parte de atiradores regularmente filiados em federações de tiro.

3 – Os titulares de licença de coleccionador e as associações de coleccionadores podem ceder por empréstimo armas de colecção que sejam de sua propriedade desde que destinadas a exposição em feiras de armas de colecção ou em museus, públicos ou privados.

4 – Os museus das associações de coleccionadores podem receber de empréstimo as armas das colecções dos titulares de licença de coleccionador, bem como as que estejam na posse de outras entidades públicas ou privadas, destinando-as, exclusivamente, a exposição ao público.

ARTIGO 7.º

Cassação

1 – À cassação das licenças constantes do artigo 3.º é aplicável o regime previsto para as licenças de uso e porte de arma das classes B1.

2 – A entidade responsável pelo atirador desportivo ou pelo coleccionador deve comunicar de imediato à Direcção Nacional da PSP (DN/PSP) quaisquer factos ou circunstâncias passíveis de implicar a instauração de processo tendente à cassação da respectiva licença.

ARTIGO 8.º

Habilitações técnicas

As aprovações, pareceres e certificações que, nos termos e para os efeitos da presente lei, sejam da competência das federações e associações nela previstas são sempre executadas por pessoal tecnicamente habilitado e como tal identificado de acordo com a concreta natureza das matérias tratadas.

CAPÍTULO II
Tiro desportivo

Artigo 9.º
Definições

1 – Considera-se «**tiro desportivo**»:

a) «**De precisão**» o que está sujeito a enquadramento competitivo internacional, sendo praticado com armas de fogo com cano de alma estriada ou armas de pólvora preta sobre alvos específicos, em que o atirador se encontra numa posição fixa e em locais aprovados pela competente federação;

b) «**Dinâmico**» o que está sujeito a enquadramento competitivo internacional, sendo praticado com armas de fogo curtas com cano de alma estriada sobre alvos específicos, em que o atirador se desloca para a execução do tiro;

c) «**De recreio**» o que está sujeito a enquadramento competitivo nacional e internacional, sendo praticado com armas com cano de alma lisa de calibre até 12 mm ou estriada de calibre até .22 de percussão anelar, dentro das limitações legais previstas na presente lei;

d) «**Com armas longas de cano de alma lisa**» o que está sujeito a enquadramento competitivo, nacional ou internacional, sendo praticado a partir de um ou mais postos de tiro ou em percurso de caça e executado sobre alvos específicos.

2 – Para efeitos da aplicação das alíneas a), b) e d) do número anterior, consideram-se alvos específicos os determinados pelas instâncias nacionais ou internacionais que tutelam as respectivas modalidades ou disciplinas.

Artigo 10.º
Federações de tiro desportivo

1 – As federações de tiro são as entidades que superintendem na prática do tiro desportivo, desde que reconhecidas nessa qualidade pela entidade pública que tutela o desporto nacional e pelo Comité

Olímpico de Portugal, no caso das modalidades ou disciplinas de tiro olímpico.

2 – As federações de tiro são reconhecidas como as entidades que regulam o tiro desportivo e que têm competência para se pronunciar sobre a capacidade dos atiradores para a utilização de armas para esse efeito, cabendo-lhes decidir sobre a atribuição das licenças federativas para a prática das modalidades ou disciplinas desenvolvidas sob a sua égide e emitir pareceres sobre a concessão das licenças de tiro desportivo.

Artigo 11.º

Competências

1 – No desenvolvimento das suas atribuições no âmbito da prática e desenvolvimento do tiro desportivo, compete ainda às federações de tiro:

a) Emitir pareceres, com carácter vinculativo, sobre as condições técnicas e de segurança das carreiras e campos de tiro onde se realizem provas desportivas e respectivas áreas envolventes;

b) Definir e regulamentar os parâmetros da atribuição de licenças federativas;

c) Definir, dentro dos limites legais, os tipos de armas, calibres e munições próprios para a prática das modalidades e respectivas disciplinas desenvolvidas sob a sua égide;

d) Exigir aos clubes apresentação anual, preferencialmente em formato electrónico, de mapas de consumo das munições adquiridas quando se trate de munições de aquisição condicionada por lei, bem como mantê-los devidamente actualizados;

e) Exigir a apresentação das licenças desportivas e dos livretes de manifesto das armas aos atiradores federados nos treinos e competições desenvolvidos sob a sua égide, com excepção dos elementos das Forças Armadas e forças e serviços de segurança ou equiparadas por lei quando usem armas de serviço;

f) Exigir anualmente, como condição de filiação ou renovação, um certificado, resultante de exame médico, que faça prova bastante da aptidão física e psíquica do praticante e que declare a inexistência de quaisquer contra-indicações;

g) Exigir a todos os agentes desportivos que possam estar presentes nas áreas reservadas à prática da modalidade a titularidade de um seguro desportivo válido e vigente;

h) Revogar as licenças por si concedidas e apreender os respectivos títulos.

2 – As federações podem inscrever-se em federações ou associações internacionais reconhecidas como responsáveis pela regulamentação e direcção a nível mundial de outras modalidades de tiro desportivo cuja adopção seja considerada de interesse para a prossecução dos seus objectivos.

Artigo 12.º

Obrigações

Para controlo de validade das licenças de tiro desportivo concedidas nos termos do disposto na alínea a) do artigo 3.º da presente lei devem as federações comunicar à DN/PSP, em qualquer suporte:

a) Um mapa com a totalidade dos seus filiados, semestral ou anualmente, conforme se trate de armas de cano de alma estriada ou de armas de cano de alma lisa, indicando para cada um o nome, o número e o tipo da licença desportiva e o clube a que pertence;

b) Anualmente, um mapa onde constem os atiradores que perderam as suas licenças federativas ou cujo tipo tenha sido alterado por credenciação posterior ou por incumprimento das normas estabelecidas para a sua concessão ou manutenção;

c) O surgimento, em treinos e em competições organizadas sob a sua égide, de armas em situação ilegal ou sem manifesto;

d) Todos os regulamentos federativos que se referem à concessão de licenças e às inerentes condições de credenciação e manutenção;

e) Informar imediatamente a DN/PSP, sem embargo do disposto na alínea b), da perda de licenças que decorram de sanções disciplinares ou outras, que determinem, cumulativamente, a perda do direito de uso das armas correspondentes.

Artigo 13.º
Tipos de licenças federativas

1 – Para a prática do tiro desportivo são concedidas, pelas respectivas federações, as seguintes licenças:

a) Licença federativa A: prática de disciplinas de tiro desportivo de precisão, em que se utilizam pistolas, revólveres ou carabinas de ar comprimido do calibre até 5,5 mm e pistolas, revólveres ou carabinas de calibre até .22 desde que a munição seja de percussão anelar;

b) Licença federativa B: prática das disciplinas de tiro desportivo de precisão, em que se utilizam pistolas ou revólveres que utilizem munições dos calibres .32 S&W Long Wadcutter e .38 Special Wadcutter, carabinas de calibre entre 6 mm e 8 mm e armas curtas e longas de pólvora preta;

c) Licença federativa C: prática de tiro desportivo de precisão ou dinâmico, em que se utilizam pistolas ou revólveres de calibre até 11,4 mm ou .45 e carabinas de calibre entre 6 mm e 8 mm;

d) Licença federativa D: prática do tiro desportivo de recreio, em que se utilizam carabinas, pistolas ou revólveres de ar comprimido dos calibres permitidos por lei, bem como carabinas, pistolas ou revólveres até ao calibre .22 desde que a munição seja de percussão anelar e ainda espingardas até ao calibre de 12 mm;

e) Licença federativa E: prática de tiro desportivo com espingarda dos calibres e cargas permitidos para a prática das disciplinas abrangidas por esta licença, com as especificações determinadas pela respectiva federação.

2 – As licenças federativas são válidas pelo período de um ano, sendo documentadas por cartão de modelo próprio da respectiva federação, pessoal e intransmissível, onde constem o número da licença de tiro desportivo, o nome do seu titular, o clube que representa e a época desportiva a que se refere, coincidente com o ano civil.

Artigo 14.º
Concessão e manutenção das licenças federativas

1 – A concessão das licenças federativas faz-se mediante o cumprimento das seguintes condições:

a) As licenças A, D e E são concedidas aos atiradores que se inscrevam pela primeira vez na federação que tutela a modalidade ou disciplina, sendo submetidos a um exame prévio de aptidão para a concessão da respectiva licença;

b) A licença B é concedida ao atirador que demonstre, cumulativamente:

    i) Ser titular de licença de tiro federativa A pelo período mínimo de dois anos;

    ii) Ter participado anualmente em duas ou mais provas do calendário oficial da respectiva federação e ter obtido as pontuações de acesso constantes do regulamento de licenças em vigor na mesma;

    iii) Não ter sido alvo de sanção federativa por violação das regras de segurança ou por práticas antidesportivas;

    iv) Quando pretenda praticar tiro com armas de pólvora preta e ter sido também aprovado em curso adequado, ministrado por formadores credenciados pela respectiva federação;

c) A licença C é concedida ao atirador que demonstre, cumulativamente:

    i) Ser titular de uma licença federativa B pelo período mínimo de dois anos;

    ii) Ter participado, anualmente, em duas ou mais provas do calendário oficial da respectiva federação e ter obtido as pontuações de acesso constantes do regulamento de licenças em vigor na mesma;

    iii) Não ter sido alvo de sanção federativa por violação das regras de segurança ou por práticas antidesportivas;

    iv) Quando pretenda praticar tiro na modalidade de tiro dinâmico, ter também frequentado com aproveitamento um curso adequado, ministrado por formador credenciado pela respectiva federação, e, posteriormente, obter aproveitamento em exame com plano curricular aprovado pela federação.

178 Regime Jurídico das Armas e suas Munições – Anotações

2 – A utilização das armas adquiridas ao abrigo das licenças de tiro desportivo apenas é permitida em locais apropriados à prática das modalidades ou disciplinas a que se referem e aprovados pela respectiva federação.

3 – Os membros das Forças Armadas e das forças e serviços de segurança ou equiparadas por lei podem aceder à licença federativa C mediante a aprovação em exame promovido pela respectiva federação, independentemente da titularidade prévia das outras licenças desportivas.

4 – Os titulares de licenças federativas têm de comprovar, anualmente, para efeitos da respectiva renovação, a participação em competições oficiais.

5 – A validade das licenças federativas é sempre condicionada pela emissão e vigência das licenças previstas na alínea a) do artigo 3.º da presente lei.

Artigo 15.º
Exames de aptidão para a concessão de licença federativa

1 – O exame prévio de aptidão para a habilitação a uma licença federativa de tiro desportivo é da responsabilidade das respectivas federações, devendo abranger as seguintes matérias e objectivos:

a) Regime jurídico das armas e suas munições;
b) Regulamentação da utilização das armas para fins desportivos;
c) Segurança no manuseamento;
d) Noções de balística e de balística de efeitos;
e) Execução técnica.

2 – O processo de avaliação é da responsabilidade das respectivas federações, dentro das suas competências, sendo composto pelas seguintes fases sucessivas e eliminatórias, quando aplicável:

a) Para a emissão das licenças federativas A e D:
   i) Teste escrito sobre a matéria teórica constante do n.º 1 do presente artigo;
   ii) Teste prático de manuseamento, tendo o candidato de executar correctamente as operações de segurança, de carregar e descarregar uma pistola e uma carabina de calibre .22 LR, apontar numa direcção segura, colocar a arma em

segurança, verificar a câmara e pousar a arma aberta e apontada igualmente numa direcção segura;

iii) Teste prático de execução técnica, verificando se o candidato é capaz de executar em segurança uma concentração de 10 tiros com 20 cm a 10 m, usando uma pistola de ar comprimido, ou de 10 cm de diâmetro, nas mesmas condições, usando uma carabina de ar comprimido;

b) Para a emissão de licença federativa E:

i) Teste escrito sobre a matéria teórica constante do n.º 1 do presente artigo;

ii) Teste prático incidindo sobre o transporte das armas;

iii) Teste prático sobre a segurança e manuseamento das armas, seu carregamento e descarregamento;

iv) Teste de execução prática de tiro.

3 – A instrução prévia dos candidatos e a sua apresentação nos locais determinados para os testes é da responsabilidade dos clubes a que pertencem.

4 – As datas e o local dos testes, bem como a lista nominal dos candidatos, são previamente comunicados à DN/PSP.

5 – A realização dos testes a que se refere o presente artigo é acompanhada por um elemento da PSP, a quem compete garantir o cumprimento da lei.

ARTIGO 16.º

Validade e revogação das licenças federativas

1 – As licenças federativas caducam quando:

a) Não sejam renovadas até à data do seu termo;

b) Não seja emitida ou cesse, por qualquer motivo, a licença referida na alínea a) do artigo 3.º da presente lei;

c) Ocorra a dissolução do clube em que o titular se mostre filiado sem que este se transfira para um outro dentro dos 30 dias subsequentes.

2 – As licenças federativas são revogadas nos casos seguintes:

a) Se o seu titular for alvo de sanção disciplinar federativa por violação das regras de segurança ou por práticas antidesportivas;

b) Se o seu titular, por vontade, irresponsabilidade ou manifesta incapacidade, provocar danos nas infra-estruturas ou outros bens sob tutela ou responsabilidade da respectiva federação ou dos clubes seus filiados ou nelas utilizar armas ou munições inadequadas;

c) Se o seu titular não tiver cumprido as determinações legais relativas à sua manutenção;

d) Se o seu titular cessar a actividade desportiva.

Artigo 17.º

Aquisição de armas e munições

1 – Cabe à respectiva federação, a requerimento dos clubes e suas associações, apresentar à DN/PSP os pedidos, em nome de pessoas singulares ou colectivas, para aquisição de armas de fogo com cano de alma estriada e suas munições.

2 – Dos pedidos relativos às armas a que se refere o número anterior constam os seguintes elementos:

a) Identificação do titular em nome de quem a arma vai ser adquirida;

b) Identificação do clube onde o adquirente se encontra inscrito, caso seja pessoa singular;

c) O tipo de arma pretendido, a marca, o modelo e o calibre, acompanhado de elementos figurativos, quando solicitados, bem como de parecer obrigatório sobre a sua aptidão desportiva;

d) Tipo de licença federativa possuída pelo adquirente, quando pessoa singular;

e) Comprovação da idoneidade do presidente e vogais da direcção dos clubes de tiro, quando as armas sejam adquiridas em nome destes.

3 – Dos pedidos relativos à aquisição de munições de calibre superior a .22 constam os seguintes elementos:

a) Quantitativo pretendido, com a indicação do calibre e do tipo de projéctil instalado;

b) Identificação dos atiradores a que se destinam;

c) Quantitativo destinado ao clube ou associação para a formação de atiradores.

4 – As ulteriores aquisições de munições ficam dependentes da apresentação dos mapas de consumo a que se refere a alínea d) do n.º 1 do artigo 11.º

5 – Compete à DN/PSP verificar o preenchimento do requisito referido na alínea e) do n.º 2 do presente artigo, acedendo aos pertinentes dados constantes do registo criminal, e proceder às demais diligências necessárias e adequadas.

6 – Em todos os casos referidos nos números anteriores é obrigatoriamente demonstrada perante a DN/PSP a existência de adequadas condições de segurança para a guarda das armas e munições cuja autorização de compra é requerida.

7 – A recusa de emissão das autorizações previstas no presente artigo é sempre fundamentada nos termos legalmente aplicáveis.

Artigo 18.º
Características das armas próprias para desporto

1 – Consideram-se armas aptas para a prática de tiro desportivo nas suas diferentes modalidades e disciplinas as seguintes:

a) Tiro desportivo de precisão:

    i) Ar comprimido: pistolas, revólveres ou carabinas de calibre até 5,5 mm com aparelho de pontaria regulável, utilizando ar ou gás como propulsor, com as velocidades iniciais oficialmente admitidas;

    ii) Tiro com bala, até calibre .22 de percussão anelar: pistolas, revólveres e carabinas que utilizem apenas munições com velocidades iniciais oficialmente admitidas, projéctil de chumbo macio, não expansivo, com sistema de pontaria regulável, de tiro simples ou repetição nas carabinas e de tiro simples, de repetição ou semiautomático nas pistolas ou revólveres, cujo comprimento total não pode ser inferior a 220 mm;

    iii) Tiro com bala em calibre .32 e .38: pistolas ou revólveres com comprimento total não inferior a 220 mm que utilizem, exclusivamente, munições dos calibres .32 S&W

Long Wadcutter a .38 Special Wadcutter, com sistema de pontaria regulável;

iv) Tiro com bala, em calibres entre 6 mm e 8 mm: carabinas que utilizem munições entre 6 mm e 8 mm, com projécteis totalmente encamisados full metal jacket (FMJ) não perfurantes, incendiários ou tracejantes, com sistema de pontaria regulável e de tiro simples ou de repetição;

b) Tiro desportivo de recreio: todas as armas de propulsão por ar comprimido ou gás, de bala de calibre até .22 de percussão anelar e de cano de alma lisa até ao calibre de 12 mm;

c) Tiro desportivo dinâmico: pistolas ou revólveres que utilizem munições do calibre mínimo 9 mm x 19 mm ou .38 e máximo 11,4 mm ou .45, com projécteis de chumbo ou totalmente encamisados (tipo FMJ) de perfil ogival ou tronco-cónico, com a ponta arredondada, com as velocidades à boca de cano determinadas pelos regulamentos internacionais da modalidade, com o comprimento mínimo dos canos de 105 mm nas pistolas e 4" (101,6 mm) nos revólveres;

d) Pistola *sport* 9 mm: pistolas do calibre de 9 mm que utilizem projécteis de chumbo ou totalmente encamisados (FMJ) de perfil ogival ou tronco-cónico, com a ponta arredondada, com uma distância entre miras superior a 153 mm, não sendo permitida a aplicação de extensores para o seu suporte;

e) Pólvora preta: originais ou réplicas de produção industrial de armas de pólvora preta de mecha, roda, pederneira ou percussão, aceites pelo organismo internacional regulador, com exclusão de protótipos, salvo quando certificados em banco de provas oficial;

f) Ordenança: carabinas e pistolas cujo uso para campanha ou guarnição tenha sido determinado pelas Forças Armadas Portuguesas anteriormente a 1960 com os calibres compreendidos entre 6 mm e 8 mm para as espingardas e entre 7,65 mm e 9 mm para as pistolas;

g) Tiro desportivo com espingardas: todas as armas longas com cano de alma lisa reconhecidas pela respectiva federação como próprias para o tiro desportivo desenvolvido sob a sua égide.

Lei n.º 42/2006, de 25 de Agosto   183

2 – Sem prejuízo do disposto no número anterior do presente artigo, são ainda consideradas aptas para o tiro desportivo todas as armas de uso civil que se encontrem homologadas pelas instâncias desportivas nacionais ou internacionais.

3 – Quando exigidos pelos respectivos regulamentos, as armas destinadas à prática do tiro de precisão e de tiro dinâmico devem possuir um peso de gatilho mínimo para efectuar o disparo.

4 – As armas para desporto previstas no presente artigo que não estejam sujeitas a manifesto podem ser inscritas no cartão europeu de armas de fogo para efeitos de trânsito intracomunitário, a requerimento do clube interessado e com parecer da respectiva federação.

Artigo 19.º
Limite máximo de armas por atirador

1 – Considerando o tipo de licença federativa possuída, bem como as modalidades e disciplinas praticadas, estabelecem-se os seguintes limites de detenção:

    a) Para os titulares de licença federativa B, quatro armas para tiro de precisão;
    b) Para os titulares de licença federativa C:
        i) No tiro desportivo dinâmico, quatro armas;
        ii) No tiro desportivo de precisão, seis armas;
    c) Para os titulares de licença federativa D, quatro armas.

2 – Para os efeitos previstos no presente artigo, os conjuntos ou sistemas de conversão de calibres são contabilizados como arma.

Artigo 20.º
Mestre atirador

1 – As federações que tutelem o tiro desportivo de precisão ou dinâmico podem atribuir a distinção de mestre atirador aos praticantes que tenham alcançado pontuações relevantes nas modalidades praticadas sob a sua égide.

2 – Aos mestres atiradores é permitida a aquisição de armas até ao dobro dos limites estabelecidos no artigo 19.º, desde que adequadas à prática da modalidade em que obtiveram a distinção.

3 – Aos mestres atiradores que cessem a sua actividade competitiva, desde que não tenham sido objecto de sanção disciplinar federativa, cassação administrativa, condenação judicial pela prática de crime ou ter-lhe sido aplicada medida de segurança que os impeça de deter armas de fogo na sua posse, é permitido manter as armas adquiridas nessa qualidade, ao abrigo das disposições legais relativas a detenção domiciliária ou mediante reclassificação para outra licença aplicável, sob informação da respectiva federação ou associação de coleccionadores, dentro das suas competências.

ARTIGO 21.º

**Atiradores veteranos, incapacitados
ou que cessem voluntariamente a sua actividade**

Aos atiradores que por idade ou por impossibilidade física devidamente comprovada não seja possível manter a actividade desportiva, bem como a todos os que cessem voluntariamente a sua actividade, pode ser aplicado o regime previsto no n.º 3 do artigo anterior.

ARTIGO 22.º

Recarga

1 – A recarga de munições é autorizada aos titulares das licenças federativas B, C e E e rege-se pelo disposto no presente artigo.

2 – A aquisição de pólvora e de fulminantes é feita mediante requerimento dirigido à DN/PSP e previamente informado pela respectiva federação, que deverá elaborar um registo individual de cada atirador.

3 – A venda por armeiro ou estanqueiro de pólvora e fulminantes para recarga só pode ocorrer mediante comprovação da posse das licenças referidas no n.º 1 e da autorização emitida pela DN/PSP, sendo registada em mapa próprio.

4 – As munições recarregadas destinam-se exclusivamente ao uso desportivo do atirador que as produziu, sendo apenas permitida para o efeito a utilização de pólvora e fulminantes de produção industrial.

Lei n.º 42/2006, de 25 de Agosto 185

5 – Sem embargo das quantidades de componentes de que o atirador disponha, é proibida a posse superior a 500 munições recarregadas em cada momento, devendo as mesmas ser registadas em mapa de consumo do atirador certificado pela sua federação.

6 – A guarda e conservação de componentes de recarga pelos clubes depende da prévia certificação das necessárias condições pela DN/PSP, que definirá igualmente as quantidades armazenáveis.

ARTIGO 23.º

Pólvora preta

1 – A aquisição e utilização dos componentes inflamáveis para armas de pólvora preta é permitida aos clubes e aos titulares de licenças federativas B e E, habilitados com o curso referido na subalínea iv) da alínea b) do n.º 1 do artigo 14.º, sendo aplicável o disposto nos n.ºs 2 a 4 do artigo anterior e ficando, ainda, sujeita às seguintes condições:

a) A quantidade máxima de pólvora adquirida anualmente por atiradores em nome individual não pode exceder os 3000 g por aquisições parcelares máximas de 1000 g;

b) Salvo no momento da aquisição, não é permitido o transporte de quantidades de pólvora preta superiores a 320 g, devendo sempre ser transportada em contentores individuais com a capacidade máxima de 16 g;

c) Salvo no momento da aquisição, não é permitido o transporte de quantidades superiores a 300 fulminantes, devendo ser utilizado um contentor adequado.

2 – Para a execução de competições internacionais a organização da prova providencia o fornecimento de pólvora e fulminantes aos participantes, mediante autorização expressa da DN/PSP, sob proposta devidamente fundamentada da respectiva federação.

CAPÍTULO III
Coleccionismo de armas de fogo e suas munições

ARTIGO 24.º
Associações de coleccionadores de armas

1 – As associações de coleccionadores são as entidades habilitadas à organização do estudo histórico, conservação, preservação e exposição museológica de armas e seus acessórios.

2 – As associações de coleccionadores são credenciadas por despacho do Ministro da Administração Interna.

ARTIGO 25.º
Competências

No desenvolvimento das suas atribuições, compete especialmente às associações de coleccionadores reconhecidas:

a) Emitir pareceres, com carácter vinculativo, sobre o interesse histórico, técnico ou artístico da temática das colecções dos seus filiados;

b) Organizar colóquios, seminários e conferências relativos às matérias em estudo, nomeadamente o conhecimento e preservação do património histórico nacional;

c) Organizar e assumir a direcção técnica de museus, bem como de amostras culturais e históricas;

d) Promover reconstituições históricas;

e) Assessorar, sempre que lhe seja solicitado pela DN/PSP, os trabalhos de peritagem e classificação de armas;

f) Verificar e certificar as condições de segurança em que se encontram as colecções dos seus filiados;

g) Assegurar, como condição de filiação, a idoneidade dos seus membros;

h) Pronunciar-se sobre o interesse histórico, técnico ou artístico, bem como a sua inserção temática, de qualquer arma cuja aquisição seja pretendida por um seu filiado;

i) Assegurar a realização de cursos e testes relativos aos conhecimentos para a detenção de licença de coleccionador;

Lei n.º 42/2006, de 25 de Agosto 187

j) Comunicar à DN/PSP o surgimento de armas em situação ilegal ou sem manifesto.

Artigo 26.º
Certificado de aptidão

1 – É da responsabilidade das associações devidamente credenciadas a avaliação dos candidatos à concessão de licença de coleccionador, cuja aprovação em exame próprio lhes confere um certificado de aptidão.

2 – O exame a que se refere o número anterior visa as seguintes matérias:

a) Regime jurídico das armas e munições;
b) Regulamentação relativa à detenção, uso e porte de arma;
c) Segurança do manuseamento de todos os tipos de armas de fogo de uso civil;
d) Conhecimentos relativos aos mecanismos de disparo e sua evolução histórica;
e) Conhecimentos relativos aos estudos da evolução da balística de efeitos.

3 – O processo de avaliação é composto pelas seguintes fases sucessivas e eliminatórias:

a) Teste escrito sobre a matéria teórica constante do número anterior do presente artigo;
b) Teste prático de manuseamento, tendo o candidato de executar correctamente as operações de segurança, de carregar e descarregar diversos tipos de armas de acordo com a temática escolhida, apontar numa direcção segura, colocar a arma em segurança, verificar a câmara e pousar a arma aberta e apontada igualmente numa direcção segura;
c) Teste prático de execução técnica.

4 – É aplicável aos testes referidos nas alíneas anteriores o disposto nos n.ºˢ 3 a 5 do artigo 15.º

5 – Ficam dispensados dos testes referidos no número anterior todos os interessados que já possuam ou estejam dispensados de possuir licença de uso e porte de arma das classes B e B 1.

Artigo 27.º
Colecções temáticas

1 – É admissível o coleccionismo temático de munições não obsoletas até dois exemplares por unidade tipo de colecção, bem como o coleccionismo de armas de alarme, réplicas de armas de fogo, armas de fogo inutilizadas e armas brancas.

2 – Para os efeitos previstos no número anterior, entende-se por «unidade tipo de colecção» tanto as munições individualmente consideradas como as embalagens originais contendo munições na sua configuração comercial mínima de venda.

Artigo 28.º
Condições de segurança

1 – A concessão de licença de coleccionador obriga o interessado a possuir condições de segurança para a guarda das suas armas de fogo.

2 – Caso o interessado não possua condições de segurança para a guarda domiciliária das suas armas, podem as mesmas ser arrecadadas ou expostas nas instalações do museu da associação onde se mostre filiado.

3 – Aplicam-se aos coleccionadores de armas de fogo, com as devidas adaptações, as regras de segurança regulamentadas para os estabelecimentos de comércio de armas e munições.

4 – Todos os disparos efectuados com armas de colecção devem ser registados em livro próprio, fornecido pela associação de coleccionadores, e anualmente visto e certificado pela DN/PSP.

5 – Os eventos competitivos entre coleccionadores sem enquadramento desportivo apenas são permitidos em encontros ou em festas comemorativas, devendo as mesmas decorrer sob a égide de uma associação de coleccionadores reconhecida e respeitadas as condições de segurança exigidas aos atiradores desportivos.

6 – Nas reconstituições históricas apenas é permitido o tiro de salva.

7 – Os titulares de uma licença de coleccionador podem requerer junto da DN/PSP uma licença de uso e porte de arma da classe B 1, exclusivamente para efeitos de defesa pessoal, quer no transporte

Lei n.º 42/2006, de 25 de Agosto 189

de armas de colecção quer no respectivo domicílio quando a colecção se encontre sediada na sua residência.

Artigo 29.º
Condições de segurança dos museus

1 – Os museus das associações de coleccionadores são autorizados por despacho do director nacional da PSP.

2 – Os museus das associações de coleccionadores são dotados de expositores invioláveis e mecanismos e sistemas de segurança que permitam uma vigilância permanente.

3 – Sempre que tecnicamente possível, devem ser retiradas uma ou mais partes essenciais ou outros mecanismos das armas de fogo em exposição ao público.

4 – As instalações devem ser ainda dotadas de grades nas janelas e porta de segurança no acesso ao exterior.

5 – Os museus podem conter uma secção de restauro, reparação e conservação das peças que fazem parte do seu espólio, bem como dos seus filiados.

6 – Os funcionários dos museus que possam ter contacto com armas devem possuir idoneidade suficiente para o efeito, aferindo-se esta nos termos do disposto para a obtenção de uma licença de uso e porte de arma do tipo B 1.

7 – São aplicáveis aos museus das associações de coleccionadores, quanto às instalações onde guardam as armas, na parte aplicável, as condições de segurança exigidas para os estabelecimentos de comércio de armas e munições.

Artigo 30.º
Aquisição de armas de fogo

1 – Os titulares de licença de coleccionador podem adquirir para a sua colecção, em função da temática prosseguida, armas das classes B, C, D, E, F e G.

2 – A emissão de autorização de compra, quando necessária, fica condicionada à verificação das condições referidas na secção I do capítulo III da Lei n.º 5/2006, de 23 de Fevereiro, bem como à prova do interesse histórico, técnico ou artístico da referida arma,

mediante declaração da associação de coleccionadores em que o mesmo se mostre filiado.

3 – As associações de coleccionadores com museu podem solicitar autorização de compra de quaisquer armas dos tipos referidos no n.º 1 do presente artigo desde que sejam as mesmas destinadas unicamente a exposição.

4 – Os titulares de licença de coleccionadores podem igualmente solicitar autorização de compra de armas unicamente destinadas a serem expostas em museu.

5 – Quando esteja em causa a compra e recuperação para o património histórico nacional de armas das classes B, C ou D, portuguesas ou produzidas sob encomenda portuguesa, adquiridas no comércio legal internacional, deve a DN/PSP assegurar em prazo útil o preenchimento das condições legais de importação ou transferência que, para o efeito e atentas as circunstâncias concretas, se mostrarem adequadas.

6 – Mediante autorização da DN/PSP, podem as associações de coleccionadores organizar feiras, mostras culturais e leilões de venda de armas com interesse histórico, sendo admitidos a participar e a licitar unicamente pessoas habilitadas com a licença de coleccionadores ou com outra que lhe permita a posse da arma pretendida.

7 – No caso referido no número anterior, a arma ou armas licitadas só serão entregues após o decurso do processo de emissão da competente autorização de compra.

ARTIGO 31.º
Armas que utilizem munições obsoletas

As armas que utilizem munições obsoletas, nomeadamente as constantes do anexo à Lei

n.º 5/2006, de 23 de Fevereiro, podem ser detidas, independentemente da titularidade de licença de coleccionador, nos seguintes casos:

a) No domicílio do possuidor;

b) Em espaços museológicos públicos ou privados;

c) Em manifestações de carácter artístico;

d) Em feiras, mostras culturais e leilões de venda de armas organizados nos termos do disposto no n.º 6 do artigo anterior.

Artigo 32.º
Pólvora preta

1 – À aquisição e utilização dos componentes inflamáveis para armas de pólvora preta é aplicável o disposto no artigo 23.º, com as seguintes especificações:

a) A habilitação necessária para o tiro com armas de pólvora preta é dada mediante aprovação em curso adequado ministrado por formadores credenciados pela respectiva associação de coleccionadores;

b) A quantidade máxima de pólvora a adquirir anualmente por cada um dos coleccionadores não pode exceder os 3000 g por aquisições parciais máximas de 1000 g;

c) Sem prejuízo das regras de acomodamento dos componentes e de aquisição inicial, não é permitido o transporte de quantidades de pólvora preta e de fulminantes superiores a, respectivamente, 500 g e 500 fulminantes.

2 – Para a execução de eventos, manifestações ou reconstituições históricas pode ser autorizada pela DN/PSP a aquisição pela associação de coleccionadores de quantidades de pólvora superiores às referidas na alínea b) do número anterior, bem como a sua cedência a participantes estrangeiros.

CAPÍTULO IV
Responsabilidade criminal e contra-ordenacional

Artigo 33.º
Aplicabilidade

São aplicáveis, no âmbito do presente capítulo, as normas previstas no capítulo X da Lei n.º 5/2006, de 23 de Fevereiro.

Artigo 34.º
Pena acessória de interdição
do exercício de actividade dirigente

1 – Podem incorrer na interdição temporária de desempenho de quaisquer cargos nas federações e associações previstas no presente diploma os dirigentes, responsáveis ou representantes daquelas que sejam condenados, a título doloso e sob qualquer forma de participação, pela prática de crime ou contra-ordenação cometido com grave desvio do âmbito, objecto e fins sociais próprios da actividade prosseguida pela respectiva entidade colectiva ou com grave violação dos deveres e regras que disciplinam o exercício da actividade.

2 – A interdição tem a duração mínima de seis meses e máxima de 10 anos, não contando para este efeito o tempo em que o condenado tenha estado sujeito a medida de coacção ou em cumprimento de pena ou execução de medida de segurança privativas da liberdade.

3 – O exercício da actividade interditada nos termos do presente artigo bem como a prática de qualquer acto em que a mesma se traduza são punidos como crime de desobediência qualificada.

4 – À interdição a que se refere o presente artigo é aplicável o disposto no n.º 3 do artigo 90.º da Lei n.º 5/2006, de 23 de Fevereiro.

Artigo 35.º
Responsabilidade contra-ordenacional específica

1 – O exercício de actividade sem que preexista o reconhecimento ou a credenciação a que se referem, respectivamente, os n.ºs 1 do artigo 10.º e 2 do artigo 24.º é punido com uma coima de € 1500 a € 15000.

2 – Quem não observar o disposto nas seguintes disposições da presente lei é punido:

a) No artigo 31.º, com uma coima de € 2000 a € 20000;

b) No n.º 1 do artigo 28.º, com uma coima de € 1500 a € 15000;

c) Nos artigos 13.º e 14.º, nos n.ºs 5 e 6 do artigo 28.º, nas alíneas a) a c) do n.º 1 do artigo 23.º e nas alíneas b) e c) do n.º 1 do artigo 32.º, com coima de € 700 a € 7000;

Lei n.º 42/2006, de 25 de Agosto 193

d) Nos n.ᵒˢ 2 a 4 do artigo 6.º, no artigo 8.º e na alínea j) do artigo 25.º, com uma coima de € 600 a € 6000;

e) No n.º 2 do artigo 7.º, nas alíneas d) a g) do n.º 1 do artigo 11.º, nas alíneas a), b), c) e e) do artigo 12.º e no n.º 4 do artigo 28.º, com uma coima de € 250 a € 2500.

3 – Para efeitos dos números anteriores, são conjunta e solidariamente responsáveis os elementos da direcção da federação ou associação ou, caso não existam corpos sociais, os signatários do documento constitutivo das referidas entidades que ainda mantenham a qualidade de associados.

CAPÍTULO V
Disposições finais e transitórias

Artigo 36.º
Autorizações especiais

1 – Sem prejuízo dos limites referidos no artigo 19.º da presente lei, é permitida a importação, exportação e transferência de armas, partes essenciais de armas de fogo, munições, cartuchos ou invólucros com fulminantes ou só fulminantes por parte de federações de tiro e associações de coleccionadores com museu, bem como aos titulares de licenças desportiva ou de coleccionador, desde que aptas, respectivamente, para a prática desportiva ou inseridas na temática de colecção, observando-se, com as necessárias adaptações, o regime previsto no capítulo VII da Lei n.º 5/2006, de 23 de Fevereiro, não sendo aplicável as limitações constantes do seu n.º 3 do artigo 60.º

2 – A realização de eventos competitivos sem enquadramento desportivo entre coleccionadores e a realização de iniciativas culturais ou reconstituições históricas de reconhecido interesse cuja natureza não se mostre ajustada ao disposto na presente lei são objecto de autorização própria, concedida pelo director nacional da PSP, mediante a análise das condições de segurança do evento, a apreciação da idoneidade dos participantes e a qualidade do respectivo promotor.

Artigo 37.º
Dever de informação

1 – As federações de tiro e as associações de coleccionadores comunicam obrigatoriamente à DN/PSP a identidade dos titulares dos respectivos corpos sociais e comprovam a sua idoneidade, bem como dos técnicos especialmente habilitados que disponham ao seu serviço.

2 – Compete às federações de tiro o cumprimento da obrigação prevista no número anterior nos casos das suas associações federadas e dos clubes nestas inscritos.

3 – Quando se proceda a eleições para os corpos sociais das entidades referidas no presente artigo, as federações de tiro e as associações de coleccionadores comunicam à DN/PSP a sua nova composição, dentro dos 60 dias subsequentes ao sufrágio.

Artigo 38.º
Listagens de clubes federados

As federações desportivas devem entregar na DN/PSP, no prazo de 180 dias a contar da entrada em vigor da presente lei, a listagem de todas as associações e clubes nelas federados, bem como a listagem dos seus atiradores e os tipos de licenças desportivas de que sejam possuidores, devidamente convertidas para as licenças federativas referidas na presente lei.

Artigo 39.º
Atribuição de licença de coleccionador

1 – As associações legalmente constituídas à data da publicação da presente lei e que requeiram a sua credenciação, nos termos do disposto no n.º 2 do artigo 24.º, indicam, no acto, a listagem dos seus associados, àquela data, interessados em possuir licença de coleccionador, sendo a mesma concedida com dispensa dos exames a que se refere o seu artigo 26.º, desde que verificados os demais requisitos legais.

2 – O titular de licença de coleccionador, no prazo de 180 dias contados da emissão da respectiva licença, deve apresentar na DN/PSP a relação das armas constantes da colecção, mantendo-as na sua posse, sem prejuízo do respectivo manifesto, quando obrigatório.

3 – As armas manifestadas em nome de pessoa diferente, falecida ou de paradeiro desconhecido são manifestadas em nome do requerente, fazendo este a prova, por qualquer meio, da sua aquisição.

Artigo 40.º
Delegação de competências

As competências atribuídas na presente lei ao director nacional da PSP podem ser delegadas nos termos da lei.

Artigo 41.º
Taxas devidas

1 – A apresentação de requerimentos, a concessão de licenças e suas renovações, de autorizações, a realização de vistorias e exames, os manifestos e todos os actos sujeitos a despacho, previstos nesta lei, estão dependentes do pagamento por parte do interessado de taxa a fixar por portaria do Ministro da Administração Interna.

2 – Os actos que visem o reconhecimento das federações desportivas e a credenciação das associações de coleccionadores ficam isentos do pagamento de quaisquer taxas.

Artigo 42.º
Mestres atiradores

Os mestres atiradores que tenham obtido a sua distinção em data anterior à da publicação da presente lei mantêm na sua posse as armas adquiridas ao abrigo do regime anterior, devendo proceder ao respectivo manifesto dentro dos 180 dias seguintes àquela data.

Artigo 43.º
Início de vigência

A presente lei entra em vigor na data em que a Lei n.º 5/2006, de 23 de Fevereiro, iniciar a sua vigência.

Aprovada em 6 de Julho de 2006.

O Presidente da Assembleia da República, *Jaime Gama.*

Promulgada em 8 de Agosto de 2006.

Publique-se.

O Presidente da República, ANÍBAL CAVACO SILVA.

Referendada em 12 de Agosto de 2006.

O Primeiro-Ministro, *José Sócrates Carvalho Pinto de Sousa.*

MINISTÉRIO DA ADMINISTRAÇÃO INTERNA

Decreto-Lei n.º 457/99
de 5 de Novembro

**Publicado no Diário da República n.º 258, Série I-A,
de 11 de Novembro de 1999**

RECURSO A ARMA DE FOGO
EM ACÇÃO POLICIAL

O circunstancialismo em que as forças de segurança podem, ou mesmo devem, utilizar a força tem vindo a constituir uma preocupação sentida nacional e internacionalmente.

A Constituição da República estabelece no n.º 2 do artigo 266.º que os órgãos e agentes administrativos devem actuar com respeito pelos princípios da igualdade, da proporcionalidade, da necessidade, da justiça, da imparcialidade e da boa fé.

Assim, é pacificamente aceite que também os agentes da função policial só podem empregar a força quando tal se afigure estritamente necessário e na medida exigida para o cumprimento do seu dever.

Se os princípios mencionados, designadamente os da necessidade e da proporcionalidade, são as balizas de qualquer intervenção pela força, são-no, ainda com maior premência de acatamento, quando está em causa a utilização de um dos instrumentos mais sensíveis da força, a arma de fogo.

Só que não basta a mera proclamação de grandes princípios para que as forças policiais se sintam em condições de, a todo o momento, poder optar por um de entre os vários tipos de intervenção possíveis.

O presente diploma tem subjacente a preocupação de explicitar e desenvolver condicionantes ao uso de armas de fogo inerentes aos direitos, liberdades e garantias constitucionalmente previstas e enfatizar especialmente a necessidade de salvaguardar a vida humana até ao extremo possível, através da concretização de exigências acrescidas e mais restritivas, de recurso a arma de fogo contra pessoas.

Salvaguarda-se, por outro lado, o próprio agente na acção policial, que, com um quadro mais claro de procedimentos, vê facilitada a adopção, em cada momento crítico, do comportamento adequado ao desempenho da sua missão.

Refira-se, ainda, que, quando qualquer agente policial se vê na contingência de utilizar uma arma de fogo para o cumprimento da missão que lhe está cometida, não deve haver distinção de proveniência, tanto mais que frequentemente se trata de actuação conjunta, por vezes até no mesmo local e à mesma hora.

O presente diploma, realizando essa uniformização que visa aumentar a eficácia da acção policial, vem induzir, consequentemente, um reforço da relação de confiança das polícias com os cidadãos.

A medida agora adoptada insere-se no Programa do XIII Governo Constitucional no que se refere à modernização dos serviços de protecção dos cidadãos e à implementação de soluções institucionais e procedimentos tendentes a assegurar um controlo mais eficaz do cumprimento da lei e da defesa dos direitos e interesses legítimos dos cidadãos.

Em conclusão, consubstancia-se no diploma em apreço a instituição de um regime uniforme e sistemático, regulador do uso de armas de fogo na acção policial, por parte de todas as entidades definidas no Código de Processo Penal como órgãos de polícia criminal.

Assim:

No uso da autorização legislativa concedida pelo artigo 2.º da Lei n.º 104/99, de 26 de Julho, e nos termos da alínea b) do n.º 1 do artigo 198.º da Constituição, o Governo decreta, para valer como lei geral da República, o seguinte:

Artigo 1.º

Objecto e âmbito de aplicação

1 – O presente diploma aplica-se às situações de recurso a arma de fogo em acção policial.

2 – Para os fins desta lei, entende-se por acção policial a que for desenvolvida pelas entidades e agentes previstos no número seguinte, no exercício das funções que legalmente lhes estiverem cometidas.

3 – São abrangidas todas as entidades e agentes policiais definidos pelo Código de Processo Penal como órgãos e autoridades de polícia criminal, desde que autorizados a utilizar arma de fogo de acordo com o respectivo estatuto legal.

4 – A utilização de arma de fogo em instrução ou demonstração não é objecto deste diploma.

Artigo 2.º

Princípios da necessidade e da proporcionalidade

1 – O recurso a arma de fogo só é permitido em caso de absoluta necessidade, como medida extrema, quando outros meios menos perigosos se mostrem ineficazes, e desde que proporcionado às circunstâncias.

2 – Em tal caso, o agente deve esforçar-se por reduzir ao mínimo as lesões e danos e respeitar e preservar a vida humana.

Artigo 3.º

Recurso a arma de fogo

1 – No respeito dos princípios constantes do artigo anterior e sem prejuízo do disposto no n.º 2 do presente artigo, é permitido o recurso a arma de fogo:

a) Para repelir agressão actual e ilícita dirigida contra o próprio agente da autoridade ou contra terceiros;

b) Para efectuar a captura ou impedir a fuga de pessoa suspeita de haver cometido crime punível com pena de prisão superior a três anos ou que faça uso ou disponha de armas de fogo, armas brancas ou engenhos ou substâncias explosivas, radioactivas ou próprias para a fabricação de gases tóxicos ou asfixiantes;

200   *Regime Jurídico das Armas e suas Munições – Anotações*

c) Para efectuar a prisão de pessoa evadida ou objecto de mandado de detenção ou para impedir a fuga de pessoa regularmente presa ou detida;

d) Para libertar reféns ou pessoas raptadas ou sequestradas;

e) Para suster ou impedir grave atentado contra instalações do Estado ou de utilidade pública ou social ou contra aeronave, navio, comboio, veículo de transporte colectivo de passageiros ou veículo de transporte de bens perigosos;

f) Para vencer a resistência violenta à execução de um serviço no exercício das suas funções e manter a autoridade depois de ter feito aos resistentes intimação inequívoca de obediência e após esgotados todos os outros meios possíveis para o conseguir;

g) Para abate de animais que façam perigar pessoas ou bens ou que, gravemente feridos, não possam com êxito ser imediatamente assistidos;

h) Como meio de alarme ou pedido de socorro, numa situação de emergência, quando outros meios não possam ser utilizados com a mesma finalidade;

i) Quando a manutenção da ordem pública assim o exija ou os superiores do agente, com a mesma finalidade, assim o determinem.

2 – O recurso a arma de fogo contra pessoas só é permitido desde que, cumulativamente, a respectiva finalidade não possa ser alcançada através do recurso a arma de fogo, nos termos do n.º 1 do presente artigo, e se verifique uma das circunstâncias a seguir taxativamente enumeradas:

a) Para repelir a agressão actual ilícita dirigida contra o agente ou terceiros, se houver perigo iminente de morte ou ofensa grave à integridade física;[228]

b) Para prevenir a prática de crime particularmente grave que ameace vidas humanas;

Anotações:

[228] *Vide* art. 32.º do Código Penal – Legítima defesa.

c) Para proceder à detenção de pessoa que represente essa ameaça e que resista à autoridade ou impedir a sua fuga.

3 – Sempre que não seja permitido o recurso a arma de fogo, ninguém pode ser objecto de intimidação através de tiro de arma de fogo.

4 – O recurso a arma de fogo só é permitido se for manifestamente improvável que, além do visado ou visados, alguma outra pessoa venha a ser atingida.

Artigo 4.º
Advertência

1 – O recurso a arma de fogo deve ser precedido de advertência claramente perceptível, sempre que a natureza do serviço e as circunstâncias o permitam.

2 – A advertência pode consistir em tiro para o ar, desde que seja de supor que ninguém venha a ser atingido, e que a intimação ou advertência prévia possa não ser clara e imediatamente perceptível.

3 – Contra um ajuntamento de pessoas a advertência deve ser repetida.

Artigo 5.º
Comandante da força

O recurso a arma de fogo é efectuado de acordo com as ordens ou instruções de quem comandar a respectiva força, salvo se o agente se encontrar isolado, ou perante circunstâncias absolutamente impeditivas de aguardar por aquelas ordens ou instruções.

Artigo 6.º
Obrigação de socorro

O agente que tenha recorrido a arma de fogo é obrigado a socorrer ou tomar medidas de socorro dos feridos logo que lhe seja possível.

Artigo 7.º
Dever de relato

1 – O recurso a arma de fogo é imediatamente comunicado aos superiores hierárquicos, comunicação sucedida, no mais curto prazo possível, de um relato escrito, se não tiver sido desde logo utilizada essa via.

2 – Logo que tenha conhecimento do recurso a arma de fogo e caso deste facto tenham resultado danos pessoais ou patrimoniais, o superior hierárquico informará o Ministério Público, que determinará se há alguma medida a tomar.

3 – Recebido o relato escrito da ocorrência de recurso a arma de fogo e caso deste facto tenham resultado danos pessoais ou patrimoniais, o superior hierárquico anotará a sua posição, comunicando imediatamente tudo ao Ministério Público, também por escrito.

4 – O agente ou a força policial envolvido deve preservar a área onde foram efectuados os disparos e os bens atingidos de maneira a evitar que os seus vestígios se apaguem ou alterem, bem como proceder a imediato exame dos vestígios dos disparos, no caso de ser de temer a sua alteração ou desaparecimento.

5 – No caso de o recurso a arma de fogo constituir elemento da prática de um crime, aplicam-se a qualquer agente de autoridade e aos órgãos de polícia criminal as regras do Código de Processo Penal respeitantes aos meios de obtenção de prova e às medidas cautelares e de polícia.

Artigo 8.º
Explosivos

As regras constantes do presente diploma aplicam-se, com as necessárias adaptações, à utilização de meios explosivos.

Artigo 9.º
Vigência

O presente diploma entra em vigor 30 dias após a data da sua publicação.

Visto e aprovado em Conselho de Ministros de 16 de Setembro de 1999. – *António Manuel de Oliveira Guterres – Jaime José Matos da Gama – Jorge Paulo Sacadura Almeida Coelho – José Eduardo Vera Cruz Jardim.*

Promulgado em 19 de Outubro de 1999.

Publique-se.

O Presidente da República, JORGE SAMPAIO.

Referendado em 21 de Outubro de 1999.

O Primeiro-Ministro, *António Manuel de Oliveira Guterres.*

MINISTÉRIO DA ADMINISTRAÇÃO INTERNA

Decreto Regulamentar n.º 19/2006
de 25 de Outubro

Publicado no Diário da República n.º 206, Série I, de 25 de Outubro de 2006

O regime jurídico das armas e suas munições, aprovado pela Lei n.º 5/2006, de 23 de Fevereiro, regula, no seu capítulo VI, as condições de funcionamento e de licenciamento dos locais e espaços destinados à prática de tiro.

Importa, agora, densificar, nos termos das alíneas a) e b) do n.º 1 do artigo 117.º da citada lei, as regras aplicáveis ao licenciamento e à concessão de alvarás para exploração e gestão de carreiras e campos de tiro, bem como definir os requisitos técnicos e de segurança que permitam o funcionamento, em condições de segurança, das áreas de prática de tiro.

Assim:

Nos termos previstos nas alíneas a) e b) do n.º 1 do artigo 117.º da Lei n.º 5/2006, de 23 de Fevereiro, e na alínea c) do artigo 199.º da Constituição, o Governo decreta o seguinte:

Artigo 1.º

Objecto

1 – O presente decreto regulamentar define as regras aplicáveis ao licenciamento de carreiras e campos de tiro, tendo em vista a concessão de alvarás para a sua exploração e gestão.

206 *Regime Jurídico das Armas e suas Munições – Anotações*

2 – É ainda aprovado o Regulamento Técnico e de Funcionamento e Segurança das Carreiras e Campos de Tiro (Regulamento), publicado em anexo ao presente decreto regulamentar e que dele faz parte integrante.

Artigo 2.º
Âmbito

1 – As regras previstas no presente decreto regulamentar aplicam-se a todas as carreiras e campos de tiro, com excepção das pertencentes às Forças Armadas e forças e serviços de segurança.

2 – Não estão sujeitos a licenciamento as carreiras e campos de tiro de iniciativa do Instituto do Desporto de Portugal.

3 – Compete à Polícia de Segurança Pública (PSP) verificar as condições de segurança nas carreiras e campos de tiro de iniciativa do Instituto do Desporto de Portugal.

Artigo 3.º
Alvarás e licenças

1 – O funcionamento de carreiras e campos de tiro depende de licenciamento e da emissão do respectivo alvará.

2 – A alteração do funcionamento de carreiras e campos de tiro que implique modificação dos elementos constantes dos documentos que instruíram o processo de licenciamento carece de licenciamento nos mesmos termos.

3 – É competente para a decisão de licenciamento o director nacional da PSP.

4 – O alvará concedido pela PSP não atesta o cumprimento da legislação em matéria de ordenamento do território, uso dos solos, ruído e licenciamento municipal.

5 – A concessão do alvará não prejudica a necessidade de obtenção das demais licenças ou autorizações legalmente exigidas de quaisquer instalações, construções ou estabelecimentos inseridos nas áreas de apoio.

Artigo 4.º
Procedimento

1 – O pedido de licenciamento é dirigido ao director nacional da PSP, podendo ser apresentado em qualquer dos seus comandos.

2 – Os processos são instruídos com os seguintes documentos:

a) Requerimento dirigido ao director nacional da PSP, dele devendo constar os dados de identificação dos proprietários do prédio onde se pretende instalar a carreira ou campo de tiro, bem como dos sócios e gerentes da pessoa colectiva ou da pessoa singular que pretende a concessão do alvará, para efeitos do n.º 2 do artigo 48.º da Lei n.º 5/2006, de 23 de Fevereiro;

b) Descrição das modalidades de tiro a praticar e os calibres das armas e munições a utilizar;

c) Memória descritiva do projecto de onde constem, a par das modalidades de tiro a praticar, as respectivas características técnicas, designadamente as que respeitam às condições de iluminação, insonorização e ventilação, nos termos previstos no Regulamento;

d) Plano topográfico do projecto ou das instalações preexistentes ao pedido, contendo a planta de localização da zona de implantação e da área envolvente;

e) Planta de instalação de onde constem as infra-estruturas construídas ou a construir;

f) Plantas, alçados e cortes em que se indiquem, designadamente:

  i) As várias dependências a construir ou a alterar e o fim a que se destinam;

  ii) A localização das máquinas ou aparelhos a instalar;

  iii) As redes de energia eléctrica, de água e saneamento, de ventilação e exaustão, quando obrigatórias;

  iv) Os meios de prevenção de incêndios e explosões;

g) Sistema adoptado para impermeabilização do solo relativamente a contaminações com metais provenientes dos disparos;

h) Apólice do seguro de responsabilidade civil legalmente exigido;

i) Plano de segurança que identifique a medidas concretas adoptadas e a adoptar face aos riscos inerentes ao exercício da actividade;

j) Indicação do responsável técnico ou de segurança.

3 – O interessado deve ainda fazer prova de que requereu ou obteve as licenças ou autorizações legalmente exigidas ou declarar que a carreira ou campo de tiro não se encontra sujeito a qualquer outro acto autorizativo prévio, caso em que pode a PSP solicitar parecer à câmara municipal e à comissão de coordenação regional respectiva relativamente a esta última questão.

4 – A prova a que se refere o número anterior é dispensada se a documentação em causa puder ser obtida directamente pelos serviços junto das entidades legalmente competentes.

5 – No caso de licenciamento de campos de tiro, e sempre que se mostre indispensável, pode a PSP solicitar parecer técnico junto das organizações representativas do sector.

6 – A decisão de licenciamento é precedida de vistoria do local e das instalações, a cargo da PSP.

7 – Obsta ao deferimento do pedido de licenciamento, designadamente, a falta de indicação do responsável técnico ou de segurança.

8 – O pedido de licenciamento pode ser deferido mediante determinadas condições de cujo cumprimento efectivo depende a concessão do alvará e o início do funcionamento da carreira ou campo de tiro.

9 – Nos casos previstos no número anterior, pode haver lugar à realização de nova vistoria.

ARTIGO 5.º

Concessão do alvará

1 – O licenciamento da exploração e gestão de carreiras e campos de tiro é titulado por alvará, concedido por um período de cinco anos, renovável.

2 – A renovação do alvará depende da verificação das condições exigidas para a sua concessão.

3 – A emissão do alvará é condição de eficácia da licença e depende do pagamento de uma taxa a fixar por portaria do ministro que tutela a administração interna.

Artigo 6.º
Parecer da PSP

A PSP emite parecer relativamente ao licenciamento de operações urbanísticas que envolvam obras de construção ou modificação de carreiras ou campos de tiro, quando solicitado, nos termos do disposto no artigo 19.º do Decreto-Lei n.º 555/99, de 16 de Dezembro, na redacção introduzida pelo Decreto-Lei n.º 177/2001, de 4 de Junho.

Artigo 7.º
Fiscalização

Sem prejuízo de competências das demais autoridades públicas para a notícia das infracções, compete à PSP a fiscalização do cumprimento das normas previstas no presente decreto regulamentar, bem como no Regulamento por ele aprovado.

Artigo 8.º
Regime transitório

1 – Os proprietários de carreiras e campos de tiro em funcionamento à data de entrada em vigor do presente decreto regulamentar requerem o respectivo licenciamento nos termos deste decreto regulamentar.

2 – Estas carreiras e campos de tiro podem manter-se em funcionamento até 1 de Junho de 2007, independentemente de licenciamento nos termos deste decreto regulamentar, mediante a adopção das medidas tendentes ao cumprimento das regras técnicas e de segurança.

3 – Uma vez apresentado o requerimento de licenciamento, a actividade é exercida sob autorização provisória da PSP, até à decisão final.

210 *Regime Jurídico das Armas e suas Munições – Anotações*

Visto e aprovado em Conselho de Ministros de 24 de Agosto de 2006. – *José Sócrates Carvalho Pinto de Sousa – António Luís Santos Costa.*

Promulgado em 4 de Outubro de 2006.

Publique-se.

O Presidente da República, ANÍBAL CAVACO SILVA.

Referendado em 6 de Outubro de 2006.

O Primeiro-Ministro, *José Sócrates Carvalho Pinto de Sousa.*

ANEXO

REGULAMENTO TÉCNICO E DE FUNCIONAMENTO E SEGURANÇA DAS CARREIRAS E CAMPOS DE TIRO

CAPÍTULO I
Parte geral

Artigo 1.º
Definições

Para efeitos da aplicação do presente decreto regulamentar, considera-se como:

a) «**Área de apoio**» toda a área adjacente ou envolvente das instalações funcionalmente destinadas à prática de tiro, designadamente as que se destinem a actividades de comércio, lazer e afins;

b) «**Área de segurança**» a área fechada e resguardada, localizada contiguamente à linha de retaguarda das carreiras de tiro, destinada à verificação e manuseamento de armas de fogo, designadamente em caso de avaria;

c) «**Área de tiro**» a área compreendida entre o posto de tiro e o alvo, incluindo as estruturas, aparelhos e máquinas situadas no local destinado à colocação dos alvos;

d) «**Campo de tiro**» a instalação exterior, funcional e exclusivamente destinada à prática de tiro com arma de fogo carregada com munição de projécteis múltiplos;

e) «**Carreira de tiro**» a instalação, interior ou exterior, funcional e exclusivamente destinada à prática de tiro com arma de fogo carregada com projéctil único;

f) «**Corredor de trânsito**» o caminho, fisicamente delimitado e separado da área de tiro por muro, construído em betão ou material equivalente, orientado no sentido compreendido entre os postos de tiro e os alvos, destinado ao deslocamento de pessoas para verificação da precisão de tiro;

g) «**Espaldão intermédio**» a estrutura colocada ao longo da área de tiro, visando interceptar e deter em segurança projécteis com trajectória transviada relativamente ao alvo;

h) «**Espaldão pára-balas**» a estrutura integral e contínua colocada por detrás dos alvos, cuja superfície exposta aos impactes seja ignífuga, destinada a deter e absorver os projécteis disparados a partir do posto de tiro;

i) «**Linha de retaguarda**» a área longitudinal existente imediatamente atrás dos postos de tiro, destinada ao recuo dos atiradores, finda a sessão de tiro, bem como à presença de formadores e assistentes;

j) «**Manobras de segurança**» o conjunto de procedimentos a adoptar pelos atiradores a fim de verificar o estado da arma;

l) «**Posto de tiro**» o espaço fisicamente delimitado no qual se posiciona o atirador para efectuar a sessão de tiro;

m) «**Zona de segurança**» a área de resguardo de segurança existente nos campos de tiro, correspondente à área contida num arco de 45° para ambos os lados dos primeiro e último postos de tiro, projectado a 300 m de qualquer um destes.

Artigo 2.º

Responsáveis pelas carreiras e campos de tiro

Independentemente de quem detenha a propriedade das carreiras e campos de tiro, cada uma destas instalações deve obrigatoriamente ter um responsável técnico que assegure o adequado funcionamento das mesmas, designadamente no que respeite à aplicação das normas técnicas de conduta e segurança previstas no presente Regulamento.

CAPÍTULO II
Características técnicas e de segurança

SECÇÃO I
Carreiras de tiro

Artigo 3.º
Tipos de carreiras de tiro

As carreiras de tiro são interiores ou exteriores, consoante possuam ou não paredes e tectos estruturalmente integrais e fixos.

Artigo 4.º
Postos de tiro

1 – Os postos de tiro devem dispor de um espaço com as dimensões de 1,5 m de largura por 1,5 m de comprimento, lateralmente divididos entre si por painéis, fixos ou amovíveis, com as dimensões de 2,2 m de altura por 1,5 m de largura, possuidores de propriedades balísticas e revestidos de madeira ou borracha apropriada à anulação de ricochetes.

2 – Nos postos de tiro, cada atirador dispõe à sua frente de uma mesa de apoio de dimensões apropriadas ao depósito, em segurança, da arma e munições que estiver a utilizar na sessão de tiro.

3 – Nas carreiras de tiro exteriores, a fim de evitar a saída de projécteis da área de tiro, os postos estão cobertos por um alpendre com altura mínima de 2,5 m, medidos entre a sua parte mais baixa e o chão, e com um comprimento suficiente para assegurar, conjugadamente com os espaldões, uma eficaz estanquidade da área de tiro.

4 – O alpendre é construído em estrutura de betão armado revestido com os materiais referidos no n.º 1 do presente artigo.

5 – Quando na construção das carreiras de tiro forem utilizados vidros, devem estes possuir propriedades balísticas.

6 – É obrigatória a existência de corredor de trânsito nas carreiras de tiro cuja contagem de impactes ou mudança de alvos seja manual.

Decreto Regulamentar n.º 19/2006, de 25 de Outubro 213

ARTIGO 5.º

Espaldões intermédios

1 – Os espaldões intermédios encontram-se distribuídos de forma a permitir que uma trajectória de projéctil tangente à parte inferior de um dos espaldões atinja invariavelmente o seguinte, com uma margem de segurança nunca inferior a 50 cm, devendo ser projectados de forma a evitar a saída lateral de munições.

2 – Os pilares e as vigas utilizados na construção da estrutura dos espaldões intermédios possuem forma rectangular e possuem ainda as seguintes características técnicas:

a) Altura apropriada a garantir que a trajectória provável mais desfavorável de qualquer projéctil, aferida na posição de tiro deitado, atinja invariavelmente um dos espaldões intermédios;
b) Largura correspondente à de toda a carreira de tiro;
c) Revestimentos como os previstos no n.º 1 do artigo anterior, sendo sempre aplicados no sentido provável dos impactes.

ARTIGO 6.º

Espaldões pára-balas

A edificação dos espaldões pára-balas garante:

a) A detenção dos projécteis disparados a partir dos postos de tiro, eliminando qualquer possibilidade de ricochete;
b) Que todas as suas partes estruturais expostas ao tiro sejam revestidas dos materiais previstos no n.º 1 do artigo 4.º deste Regulamento;
c) A impermeabilização do solo relativamente a contaminação com metais provenientes dos disparos.

ARTIGO 7.º

Paredes, tecto e portas de acesso

1 – As paredes e tecto das carreiras de tiro interiores devem ser de betão armado e revestidas com os materiais previstos no n.º 1 do artigo 4.º deste Regulamento, caso em que não é necessária a instalação de espaldões intermédios.

2 – Nas carreiras de tiro exteriores, as áreas de tiro estão longitudinalmente delimitadas por parede que assegure a estanquidade da mesma, sendo revestida dos materiais previstos no n.º 1 do artigo 4.º deste Regulamento.

3 – O acesso normal à carreira de tiro é feito através de porta situada na linha de retaguarda, existindo ainda, no mínimo, uma porta de emergência, ambas devidamente assinaladas.

214 Regime Jurídico das Armas e suas Munições – Anotações

4 – Todas as portas de acesso à carreira de tiro devem possuir propriedades balísticas, abrir de dentro para fora e possuir mecanismos antipânico e que evitem o seu encerramento violento.

Artigo 8.º
Instalações eléctricas, electrónicas e informáticas

A instalação eléctrica e de equipamentos eléctricos, electrónicos ou informáticos nas carreiras de tiro é projectada de forma a evitar a possibilidade de ser atingida por disparo acidental, devendo tais protecções e revestimentos obedecer às regras previstas no presente Regulamento.

Artigo 9.º
Iluminação

A iluminação artificial da área de tiro é indirecta, de forma a evitar o encandeamento dos atiradores.

Artigo 10.º
Ventilação e exaustão

Nas carreiras de tiro interiores é instalado um sistema de ventilação de ar e de exaustão de gases que assegure uma atmosfera respirável e segura para os seus frequentadores.

Artigo 11.º
Insonorização

Nas carreiras de tiro interiores é assegurada uma insonorização que evite reverberações no espaço externo adjacente.

Artigo 12.º
Piso

1 – O piso nos postos de tiro, bem como nas zonas de retaguarda, deve ser plano, horizontal e rugoso, de forma a evitar desequilíbrios.

2 – Nas carreiras de tiro exteriores, o piso deve ser plano e de superfície que garanta a inexistência de ricochetes.

SECÇÃO II
Campos de tiro

Artigo 13.º
Características

1 – Sem prejuízo das regras previstas no presente decreto regulamentar, as outras características técnicas dos campos de tiro podem ser propostas pelos respectivos proprietários ou organizações representativas da actividade, sendo homologadas por despacho do director nacional da PSP.

2 – É garantido um adequado isolamento do solo adstrito à área de tiro, de forma a evitar a sua contaminação com metais provenientes dos disparos.

Artigo 14.º
Zona de segurança

1 – A delimitação da zona de segurança pode ser diminuída em função das características do terreno, ascendente ou descendente, e da existência de espaldão natural ou artificial, desde que fique convenientemente garantida a queda dos projécteis e alvos volantes no seu interior.

2 – A zona de segurança deve estar desprovida de qualquer tipo de construção e estradas por onde possam transitar pessoas, animais ou veículos, não podendo ser cruzada por linhas aéreas, eléctricas ou telefónicas.

3 – Nas situações em que os terrenos abrangidos pela zona de segurança não sejam propriedade de quem explore o campo de tiro, a queda de projécteis ou alvos volantes deve ser precedida da obtenção de autorização escrita de quem seja legítimo possuidor dos terrenos.

Artigo 15.º
Vedação

1 – Quando os campos de tiro não possuam vedação permanente, é obrigatório durante a realização de sessões de tiro:

a) A vedação do limite exterior da zona de segurança até uma distância projectada de 100 m;

b) A colocação ao longo do perímetro da zona de segurança e a espaços de 50 m de cartazes indicativos da existência do campo de tiro, acompanhados de bandeiras vermelhas de sinalização;

c) A proibição da permanência no seu interior de quaisquer pessoas.

2 – A verificação das medidas de segurança previstas no presente artigo compete ao responsável do campo de tiro, cabendo à autoridade policial com jurisdição na área geográfica em causa a fiscalização do efectivo cumprimento das mesmas.

ARTIGO 16.º

Operadores e equipamentos

As máquinas lançadoras de alvos volantes e os seus operadores, quando situados dentro da área de tiro, devem estar protegidos de disparos directos.

ARTIGO 17.º

Acessos

Os acessos ao campo de tiro situam-se à retaguarda dos respectivos postos.

CAPÍTULO III
Normas técnicas de conduta e segurança

SECÇÃO I
Geral

ARTIGO 18.º

Âmbito e objecto

1 – As regras previstas no presente capítulo destinam-se aos atiradores dentro das carreiras e campos de tiro.

2 – No caso de competição regulada pelas federações de tiro, devidamente reconhecidas, aplicam-se as normas técnicas nacional ou internacionalmente emitidas.

3 – Os testes, provas e reconstituições históricas promovidos pelas associações de coleccionadores reconhecidas, bem como outros testes e provas promovidos por associações federadas, obedecem a normas técnicas específicas estabelecidas pelas entidades promotoras e homologadas pela Direcção Nacional da PSP.

SECÇÃO II
Conduta nas carreiras e campos de tiro

Artigo 19.º
Acesso, documentação e equipamento

1 – Sem prejuízo das situações de isenção, o acesso à carreira de tiro é vedado aos atiradores que não exibam o título de registo de propriedade e a licença de uso e porte, relativos às armas a utilizar na sessão de tiro, ou a autorização de frequência do curso de formação técnica e cívica ou de actualização, para portadores de armas de fogo.

2 – Quando for legalmente admissível a cedência de armas a título de empréstimo, o seu portador deve exibir documento comprovativo, cabendo ao responsável pela carreira de tiro registar os dados relativos à arma e seu proprietário, bem como do possuidor, fazendo a conferência documental.

3 – São de uso obrigatório para quem se encontre na área de tiro e linha de retaguarda óculos de protecção próprios para a prática de tiro e auriculares obliteradores de som.

Artigo 20.º
Circulação

1 – Nas carreiras de tiro, todos os atiradores circulam com as armas descarregadas.

2 – Durante a circulação na carreira de tiro as armas são portadas:

a) Em coldre, no caso das armas curtas;
b) Abertas ou com a culatra recuada, no caso das armas longas.

Artigo 21.º
Manuseamento de armas

1 – Nas carreiras de tiro, as armas apenas podem ser manuseadas:

a) Nos postos de tiro, para efeito da respectiva sessão;
b) Na área de segurança.

2 – O espaço destinado a área de segurança deve estar assinalado de forma permanente, clara e visível, com a expressão «Área de segurança».

Artigo 22.º
Sessões de tiro

1 – No posto de tiro, as armas empunhadas ou pousadas estão sempre apontadas na direcção dos alvos a atingir.

2 – O dedo é sempre mantido fora do gatilho e do respectivo guarda-mato, até que a arma se encontre devidamente enquadrada com o alvo e ocorra a decisão de disparar.

3 – Todos os presentes na carreira de tiro devem manter-se em silêncio durante as sessões de tiro, sem prejuízo da necessidade de os instrutores transmitirem indicações aos atiradores.

4 – Durante as sessões de tiro é proibido aos atiradores e instrutores beber, ingerir alimentos, fumar ou adoptar qualquer outro comportamento susceptível de perturbar a concentração pessoal ou de terceiro, ou adoptar conduta susceptível de criar perigo de acidente.

Artigo 23.º
Manobras de segurança

1 – São executadas manobras de segurança quando:

a) Não exista a certeza relativamente ao municiamento da arma;
b) Se proceda à entrega e à recepção de armas;
c) Se proceda à limpeza da arma;
d) Se inicie ou termine uma sessão de tiro;
e) Ocorra uma avaria na arma.

2 – As manobras de segurança são executadas pela seguinte sequência:

a) Manter o dedo fora do gatilho e do guarda-mato;
b) Manter sempre a arma virada para a área de tiro ou para outra área segura passível de absorver o impacte de disparo inopinado, livre de pessoas, animais, edificações, bens, objectos ou quaisquer obstáculos susceptíveis de criarem efeito de ricochete;
c) Colocar a arma em posição de segurança;
d) Retirar o carregador do seu alojamento ou as munições do tambor, do depósito ou da câmara da arma;
e) Fixar a corrediça ou culatra na posição mais recuada ou abrir o tambor;
f) Verificar que não está qualquer munição na câmara da arma, através de inspecção visual e se necessário física;
g) Libertar a corrediça ou culatra, permitindo que passem para a posição mais avançada;

Decreto Regulamentar n.º 19/2006, de 25 de Outubro 219

h) Premir o gatilho, apontando especificamente a arma para área segura passível de absorver o impacte de disparo inopinado, livre de pessoas e bens;

i) Colocar a arma no coldre ou manter a culatra na posição mais recuada ou a arma aberta, consoante os casos.

ARTIGO 24.º

Medidas excepcionais

1 – Sem prejuízo da responsabilidade relativa ao cumprimento das normas de conduta e segurança que impende sobre cada atirador, bem como sobre os formadores relativamente aos formandos em curso, pode o responsável pelo campo ou carreira de tiro, quando o perigo ou a gravidade das circunstâncias o aconselhem, ordenar a suspensão ou mesmo o fim da sessão de tiro, para um ou mais atiradores, assim como o seu abandono das instalações.

2 – A violação reiterada das normas de conduta a que se refere o presente Regulamento ou a prática de acto manifestamente danoso para as instalações ou perigoso para a segurança dos utentes pode determinar, para o seu autor, a interdição de frequência do campo ou carreira de tiro, devendo tal decisão, da responsabilidade do titular do alvará, ser comunicada à PSP.

CAPÍTULO IV
Disposições finais

ARTIGO 25.º

Registo e arquivo de documentos

1 – O responsável pela carreira de tiro elabora mensalmente um registo nominal dos atiradores que frequentam as instalações, as armas utilizadas e o número de disparos efectuados, bem como de todas as ocorrências que contrariem as normas previstas na lei e no presente Regulamento, devendo o mesmo ser remetido por suporte ou via electrónica à Direcção Nacional da PSP.

2 – Cabe ao responsável pela carreira de tiro, após cada sessão de tiro, preencher e carimbar o livro de registo de munições do respectivo atirador.

3 – A pessoa, singular ou colectiva, titular dos alvarás e restantes licenças deve possuir nas instalações das carreiras e campos de tiro um processo, devidamente organizado, de onde constem todos os documentos relevantes que sejam condição do exercício da respectiva actividade.

Artigo 26.º
Consumos proibidos

1 – Antes ou durante sessões de tiro é expressamente proibido o consumo de bebidas alcoólicas ou quaisquer outras substâncias psicotrópicas ou análogas que alterem as normais faculdades psicomotoras.

2 – Sem prejuízo das sanções legais aplicáveis, os atiradores que aparentem manifestos sinais de estarem sob a influência de qualquer das substâncias abrangidas pelo número anterior são imediatamente impedidos de permanecer na carreira ou campo de tiro.

3 – Tendo em vista o respeito pelo previsto no número anterior, as entidades responsáveis pelas carreiras e campos de tiro, ou os seus representantes, podem recorrer a instrumentos de medição qualitativa.

4 – A recusa à indicação de submissão a testes, nos termos do número anterior, importa, para o atirador, as consequências estabelecidas no n.º 2 do presente artigo.

Artigo 27.º
Depósitos de armas de fogo e munições

Às zonas destinadas ao depósito e guarda de armas de fogo ou munições existentes nas áreas de apoio das carreiras ou campos de tiro aplica-se o regime jurídico relativo à actividade de comércio de armas e munições.

Artigo 28.º
Materiais

A escolha dos materiais especificamente referidos no presente Regulamento é feita tendo em vista a protecção das pessoas em função do tipo de munições a utilizar nas sessões autorizadas para cada carreira de tiro, devendo obrigatoriamente e para tal efeito serem consideradas as especificações de fábrica.

Artigo 29.º
Espectadores

1 – A zona reservada aos espectadores deve situar-se à retaguarda dos postos de tiro ou, quando tal for absolutamente impossível, em área que não conflua com os ângulos de tiro aferidos a partir daqueles postos.

2 – Nas carreiras de tiro, quando as concretas condições físicas da instalação a tal aconselhem, pode a autoridade licenciadora obrigar que a zona destinada a espectadores seja resguardada com adequados dispositivos com propriedades balísticas.

Artigo 30.º
Publicitação das normas técnicas e de segurança

As normas técnicas e de segurança das carreiras e campos de tiro são devidamente publicitadas e afixadas em local visível na zona de entrada ou recepção, bem como nas zonas de tiro.

Artigo 31.º
Período de funcionamento

Não são permitidas sessões de tiro no período compreendido entre as 20 e as 9 horas do dia seguinte, excepto em carreiras de tiro interiores devidamente insonorizadas.

MINISTÉRIO DA ADMINISTRAÇÃO INTERNA

Portaria n.º 931/2006
de 8 de Setembro[229]

**Publicado no Diário da República n.º 174, Série I,
de 8 de Setembro de 2006**

O novo regime jurídico das armas e suas munições, aprovado pela Lei n.º 5/2006, de 23 de Fevereiro, estabelece que os modelos de licenças, alvarás, certificados e outras autorizações a emitir pela Polícia de Segurança Pública e necessários à execução daquela lei sejam aprovados por portaria do Ministro da Administração Interna.

Assim:

Manda o Governo, pelo Ministro de Estado e da Administração Interna, ao abrigo do disposto na alínea d) do n.º 2 do artigo 117.º da Lei n.º 5/2006, de 23 de Fevereiro, o seguinte:

1.º
Objecto

São aprovados os modelos oficiais de documentos a emitir pela Polícia de Segurança Pública (PSP) no domínio da sua actividade relacionada com a aplicação do regime jurídico das armas e suas munições, publicados nos anexos I a XXX à presente portaria, dela fazendo parte integrante.

Anotações:

[229] Esta Portaria sofreu alterações através dos diplomas legais seguintes: Declaração de Rectificação n.º 76-A/2006, de 7 de Novembro; Portaria n.º 256/2007, de 12 de Março e pela Portaria n.º 1165/2007, de 13 de Setembro.

2.º

Modelos de documentos

1 – A PSP emite os seguintes documentos:

a) Cartão de licença para uso e porte de arma das classes B, B1, C, D, licença especial, licença de coleccionador e licença de tiro desportivo, constante do anexo I;

b) Cartão de licença para uso e porte de arma das classes E e F, constante do anexo II;

c) Licença de detenção de arma no domicílio, constante do anexo III;

d) Alvarás para armeiros dos tipos 1, 2 e 3, constantes, respectivamente, dos anexos IV, V e VI;

e) Alvará de licença para instalação e gestão de carreira de tiro, constante do anexo VII;

f) Alvará de licença para instalação e gestão de campo de tiro, constante do anexo VIII;

g) Alvarás para as actividades de formação técnica e cívica para portadores de armas de fogo e de formação para o exercício da actividade de armeiro, constantes, respectivamente, dos anexos IX e X;

h) Cartão de livrete de manifesto de arma, constante do anexo XI;

i) Autorização prévia à importação e à exportação de armas, partes essenciais de armas de fogo, munições, cartuchos ou invólucros com fulminantes ou só fulminantes, constante do anexo XII;

j) Autorização prévia para a importação temporária de armas, constante no anexo XIII;

l) Autorização de aquisição de armas das classes B, B1, C e G de sinalização, constante do anexo XIV;

m) Autorização especial para venda, aquisição, cedência ou detenção de armas e acessórios da classe A, constante do anexo XV;

n) Autorizações prévias para a frequência de cursos de formação técnica e cívica quer para portadores de arma de fogo, quer para o exercício da actividade de armeiro, constantes, respectivamente, dos anexos XVI e XVII;

Portaria n.º 931/2006, de 8 de Setembro 225

o) Certificados de aprovação nos cursos de formação técnica e cívica quer para portadores de arma de fogo, quer para o exercício da actividade de armeiro, constantes, respectivamente, dos anexos XVIII e XIX;

p) Certificado de frequência de curso de actualização para portadores de armas de fogo, constante do anexo XX;

q) Livro de registo de munições, constante do anexo XXI;

r) Livro de registo de disparos efectuados com arma de colecção, constante do anexo XXII;

s) Autorização de aquisição de pólvora e fulminantes, de componentes inflamáveis para armas de pólvora preta, constante do anexo XXIII;

t) Autorização para fornecimento de pólvora e fulminantes aos participantes em competições desportivas internacionais e em reconstituições históricas, constante do anexo XXIV;

u) Licenças para carreiras e campos de tiro para uso restrito do proprietário, constante, respectivamente, dos anexos XXV e XXVI;

v) Certificado avulso de autorização ou reconhecimento, constante do anexo XXVII.

2 – A PSP emite, ainda, os seguintes modelos de documentos:

a) Cartão europeu de arma de fogo, constante do anexo XXVIII;

b) Acordo prévio para transferência de armas de fogo, suas partes essenciais e munições, constante do anexo XXIX;

c) Autorização de transferência de armas de fogo, suas partes essenciais e munições, constante do anexo XXX.

3 – A PSP, na sequência da importação, transferência e fabrico de armas sujeitas a manifesto, pode emitir um certificado provisório de livrete, constante do anexo XXXI à presente portaria, exclusivamente destinado a vigorar no tráfego comercial entre armeiros, dele constando todas as indicações obrigatórias referidas no n.º 3 do artigo 73.º da Lei n.º 5/2006.[230]

Anotações:

[230] O n.º 3 do n.º 2 foi aditado pela Portaria n.º 256/2007, de 12 de Março.

3.º
Requerimentos

1 – Os requerimentos para concessão de quaisquer autorizações, licenças ou alvarás, ou os que visem obter da PSP a prática de quaisquer actos decorrentes das competências estabelecidas pela Lei n.º 5/2006, de 23 de Fevereiro e sua legislação regulamentar, são formalizados através de modelos próprios da PSP.

2 – Os modelos referidos na alínea anterior estão gratuitamente disponíveis na página electrónica da PSP, podendo também ser fornecidos em suporte de papel mediante pagamento de preço por unidade, fixado por despacho do DN/PSP.

4.º
Norma transitória

1 – Os modelos de alvarás, licenças e outras autorizações que os interessados sejam já titulares, bem como os livretes de manifesto das armas de que sejam possuidores são substituídos pelos novos modelos previstos no regulamento aprovado pela presente portaria, aquando da respectiva renovação.

2 – Os possuidores de armas detidas ao abrigo de licenças de detenção domiciliária emitidas nos termos do disposto no artigo 46.º do regulamento aprovado pelo Decreto-Lei n.º 37313, de 21 de Fevereiro de 1949, solicitam à PSP, no prazo de dois anos após a entrada em vigor da presente portaria, a emissão de novos modelos dos respectivos livretes de manifesto.

Pelo Ministro de Estado e da Administração Interna, José Manuel Santos de Magalhães, Secretário de Estado Adjunto e da Administração Interna, em 24 de Agosto de 2006.

ANEXO I[231]

(frente)

(verso)

Cartão em policarbonato, formato ID1 (ISO/
IEC 7810:2003 *identification cards — phisical
characteristics*) com *design* gráfico de segurança

Anotações:

[231] O anexo I tem redacção da Portaria n.º 1165/2007, de 13 de Setembro.

ANEXO II[232]

(frente)

(verso)

Cartão em policarbonato, formato ID1 (ISO/
IEC 7810:2003 *identification cards — phisical
characteristics*) com *design* gráfico de segurança

Anotações:

[232] O anexo II tem redacção da Portaria n.º 1165/2007, de 13 de Setembro.

ANEXO III[233]

MINISTÉRIO DA ADMINISTRAÇÃO INTERNA
POLÍCIA DE SEGURANÇA PÚBLICA
DIRECÇÃO NACIONAL

LICENÇA DE DETENÇÃO NO DOMICÍLIO

N.º _____/_____
(válida por 10 anos)

Autorizo _____, residente em _____,
a conservar no seu domicílio, a título de detenção no domicílio, a arma abaixo descrita, devidamente registada:

Número da ficha ou livrete _____
Classe __
Calibre _____
Marca _____
Número de arma _____
Tipo de arma _____
Número de canos _____
Interior do cano _____

Esta autorização é passada ao abrigo do disposto no n.º1 do Art.º 18º da Lei n.º 5/2006 de 23 de Fevereiro de 2006, e em caso algum esta arma poderá sair do local indicado nesta autorização, nem poderá o interessado possuir munições que se lhes destinem.

ESTA LICENÇA É VÁLIDA ATÉ __/__/____

Lisboa, __ de _____ de ___

O Director Nacional,

Papel de segurança com gramagem de 120g m² e design gráfico de segurança

Anotações:

[233] O anexo III tem redacção da Portaria n.º 1165/2007, de 13 de Setembro.

ANEXO IV

MINISTÉRIO DA ADMINISTRAÇÃO INTERNA
POLÍCIA DE SEGURANÇA PÚBLICA
DIRECÇÃO NACIONAL

**ALVARÁ DE ARMEIRO
TIPO 1**

N.º ____/____

_____, Director Nacional da Policia de Segurança Pública, faz saber que, nos termos do Artº n.º 7º da Lei n.º 5/2006, de 23 de Fevereiro, concede a _____ com sede em _____, alvará para o fabrico e montagem de armas de fogo e suas munições, a exercer em _____ com os armazéns mencionados nos anexos _____.

ESTE ALVARÁ É VÁLIDO ATÉ __/__/____

Lisboa, __ de _____ de ____

O Director Nacional

Papel de segurança com gramagem de 120g m² e design gráfico de segurança

---

O anexo IV tem redacção da Portaria n.º 1165/2007, de 13 de Setembro.

MINISTÉRIO DA ADMINISTRAÇÃO INTERNA
POLÍCIA DE SEGURANÇA PÚBLICA
DIRECÇÃO NACIONAL

ANEXO AO ALVARÁ DE ARMEIRO N.º _____
TIPO 1

ARMAZÉM N.º _____

Armazém sito em _____

Armas por classe / Munições por calibre	Capacidade de armazenagem

Lisboa, __ de _____ de ____

O Director Nacional

ANEXO V[234]

MINISTÉRIO DA ADMINISTRAÇÃO INTERNA
POLÍCIA DE SEGURANÇA PÚBLICA
DIRECÇÃO NACIONAL

ALVARÁ DE ARMEIRO

TIPO 2

N.º ____/____

_____,
Director Nacional da Polícia de Segurança Pública, faz saber que, nos termos do Art° n.º 47° da Lei n.º 5/2006, de 23 de Fevereiro, concede a _____
_____, com sede em _____
_____, alvará
para compra, venda e reparação de armas das classes B, B1, C, D, E, F, G e suas munições, a exercer em _____
_____, com capacidade de armazenagem no estabelecimento:

Armas por classe / Munições por calibre	Capacidade de armazenagem

Possui armazéns mencionados nos _____
_____

ESTE ALVARÁ É VÁLIDO ATÉ __/__/____

Lisboa, __ de _____ de ____

O Director Nacional

Papel de segurança com gramagem de 120g m² e design gráfico de segurança

---

Anotações:

[234] O anexo V tem redacção da Portaria n.º 1165/2007, de 13 de Setembro.

MINISTÉRIO DA ADMINISTRAÇÃO INTERNA
POLÍCIA DE SEGURANÇA PÚBLICA
DIRECÇÃO NACIONAL

ANEXO AO ALVARÁ DE ARMEIRO N.º _____
TIPO 2

ARMAZÉM N.º _____

Armazém sito em _____

Armas por classe / Munições por calibre	Capacidade de armazenagem

Lisboa, __ de _____ de ____

O Director Nacional

ANEXO VI[235]

POLÍCIA DE SEGURANÇA PÚBLICA
DIRECÇÃO NACIONAL

ALVARÁ DE ARMEIRO

TIPO 3

N.º ____/__

Director Nacional da Polícia de Segurança Pública, faz saber que, nos termos do Art.º n.º 47.º da Lei n.º 5/2006, de 23 de Fevereiro, concede a _____, com sede em _____, alvará para compra, venda e reparação de armas das classes E, F, G e suas munições, a exercer em _____, com capacidade de armazenagem no estabelecimento:

Armas por classe / Munições por calibre	Capacidade de armazenagem

Possui armazéns mencionados nos anexos _____

ESTE ALVARÁ É VÁLIDO ATÉ __/__/____

Lisboa, __ de _____ de ____

O Director Nacional

Papel de segurança com gramagem de 120g m² e design gráfico de segurança

---

Anotações:

[235] O anexo VI tem redacção da Portaria n.º 1165/2007, de 13 de Setembro.

MINISTÉRIO DA ADMINISTRAÇÃO INTERNA
POLÍCIA DE SEGURANÇA PÚBLICA
DIRECÇÃO NACIONAL

ANEXO AO ALVARÁ DE ARMEIRO N.º _____
TIPO 3

ARMAZÉM N.º _____

Armazém sito em _____

Armas por classe / Munições por calibre	Capacidade de armazenagem

Lisboa, __ de _____ de _____

O Director Nacional

ANEXO VII[236]

MINISTÉRIO DA ADMINISTRAÇÃO INTERNA
POLÍCIA DE SEGURANÇA PÚBLICA
DIRECÇÃO NACIONAL

ALVARÁ

INSTALAÇÃO E GESTÃO DE CARREIRA DE TIRO

N.º ____/____

Director Nacional da Polícia de Segurança Pública, faz saber que, nos termos do n.º 1 do Art.º 57º da Lei n.º 5/2006, de 23 de Fevereiro, concede a _____, com sede em _____, alvará para instalação e gestão de carreira de tiro, sito em _____, para as seguintes modalidades de tiro: _____.

ESTE ALVARÁ É VÁLIDO ATÉ __/__/____

Lisboa, __ de _____ de ____

O Director Nacional

Papel de segurança com gramagem de 120g m² e design gráfico de segurança

Anotações:

[236] O anexo VII tem redacção da Portaria n.º 1165/2007, de 13 de Setembro.

ANEXO VIII[237]

POLÍCIA DE SEGURANÇA PÚBLICA
DIRECÇÃO NACIONAL

ALVARÁ

INSTALAÇÃO E GESTÃO DE CAMPO DE TIRO

N.º ____/____

_____ ,
Director Nacional da Polícia de Segurança Pública, faz saber que, nos termos do n.º1 do Art.º 57º da Lei n.º5/2006, de 23 de Fevereiro, concede a _____ , com sede em _____ , alvará para a instalação e gestão de campo de tiro, sito em _____ , para as seguintes modalidades de tiro: _____ .

ESTE ALVARÁ É VÁLIDO ATÉ __/__/____

Lisboa, __ de _____ de ____

O Director Nacional

Papel de segurança com gramagem de 120g m² e design gráfico de segurança

---

Anotações:

[237] O anexo VIII tem redacção da Portaria n.º 1165/2007, de 13 de Setembro.

ANEXO IX[238]

MINISTÉRIO DA ADMINISTRAÇÃO INTERNA
POLÍCIA DE SEGURANÇA PÚBLICA
DIRECÇÃO NACIONAL

ALVARÁ

ACTIVIDADE DE FORMAÇÃO TÉCNICA E CÍVICA PARA USO E PORTE DE ARMAS DE FOGO

N.º ____/____

_____,
Director Nacional da Polícia de Segurança Pública, faz saber que, nos termos do n.º 1 do Art.º 21º da Lei n.º 5/2006, de 23 de Fevereiro, concede a _____, com sede em _____, alvará para a actividade de formação técnica e cívica para portadores de armas de fogo, a exercer em:

Formação teórica: _____

Formação prática: _____

ESTE ALVARÁ É VÁLIDO ATÉ __/__/____

Lisboa, __ de _____ de ____

O Director Nacional

Papel de segurança com gramagem de 120g m² e design gráfico de segurança

---

Anotações:

[238] O anexo IX tem redacção da Portaria n.º 1165/2007, de 13 de Setembro.

ANEXO X[239]

MINISTÉRIO DA ADMINISTRAÇÃO INTERNA
POLÍCIA DE SEGURANÇA PÚBLICA
DIRECÇÃO NACIONAL

ALVARÁ

ACTIVIDADE DE FORMAÇÃO TÉCNICA E CÍVICA PARA O EXERCÍCIO DA ACTIVIDADE DE ARMEIRO

N.º _____/_____

_____,
Director Nacional da Polícia de Segurança Pública, faz saber que, nos termos do n.º 1 do Art.º 21º da Lei n.º 5/2006, de 23 de Fevereiro, concede a _____
_____, com sede em
_____, alvará
para a actividade de formação técnica e cívica para a actividade de armeiro, a exercer em:

Formação teórica: _____

Formação prática: _____

ESTE ALVARÁ É VÁLIDO ATÉ __/__/____

Lisboa, __ de _____ de ____

O Director Nacional

Papel de segurança com gramagem de 120g m² e design gráfico de segurança

Anotações:

[239] O anexo X tem redacção da Portaria n.º 1165/2007, de 13 de Setembro.

ANEXO XI[240]

(frente)

(verso)

Cartão em policarbonato, formato ID1 (ISO/
IEC 7810:2003 *identification cards — phisical
characteristics*) com *design* gráfico de segurança

Anotações:

[240] O anexo XI tem redacção da Portaria n.º 1165/2007, de 13 de Setembro.

ANEXO XII[241]

MINISTÉRIO DA ADMINISTRAÇÃO INTERNA
POLÍCIA DE SEGURANÇA PÚBLICA
DIRECÇÃO NACIONAL

**AUTORIZAÇÃO PRÉVIA
IMPORTAÇÃO/EXPORTAÇÃO**

ARMAS, PARTES ESSENCIAIS DE ARMAS, MUNIÇÕES, CARTUCHOS, INVÓLUCROS FULMINANTES OU SÓ FULMINANTES

N.º ____/____

Autorizo, _____
_____, Residente/sede em _____
_____, titular da licença/alvará n.º _____ a
importar/exportar de/para _____
_____ os seguintes artigos:

Tipo	Marca	Modelo	Nº Arma	Calibre	Quant.
					_/_

Esta autorização é concedida ao abrigo do disposto no n.º 1 do Artº 60º da Lei n.º 5/2006, de 23 de Fevereiro.

AUTORIZAÇÃO VÁLIDA ATÉ __/__/____

Lisboa, __ de _____ de ____

O Director Nacional,

Anotações:

[241] O Anexo XII tem redacção da Declaração de Rectificação n.º 76-A/2006, de 7 de Novembro e das Portarias n.º 256/2007, de 12 de Março e 1165/2007, de 13 de Setembro.

ANEXO XIII[242]

Anotações:

[242] O anexo XIII tem redacção da Portaria n.º 1165/2007, de 13 de Setembro.

ANEXO XIV[243]

MINISTÉRIO DA ADMINISTRAÇÃO INTERNA
POLÍCIA DE SEGURANÇA PÚBLICA
DIRECÇÃO NACIONAL

AUTORIZAÇÃO PARA AQUISIÇÃO DE ARMAS

N.º ____/____
(válida por 60 dias)

Nome Completo _____

N.º Identificação civil _____ data de emissão __/__/____
por _____ validade __/__/____
Data de nascimento __/__/____ Profissão _____

Rua/Lugar _____

N.º/Lote _____ Andar _____
Código Postal ____-___ _____
Telefone _____ Telemóvel _____
Endereço electrónico _____
Distrito _____ Concelho _____
Freguesia _____
_____ Localidade _____
Licença/Alvará n.º _____ Tipo _____

Está autorizado a adquirir:

Classe	Marca	Modelo	Calibre	Fim a que se destina

Esta autorização é concedida ao abrigo do disposto no art. 30º da Lei n.º5/2006, de 23 de Fevereiro

AUTORIZAÇÃO VÁLIDA ATÉ __/__/__

Lisboa, __ de _____ de ____

O Director Nacional,

Anotações:

[243] O anexo XIV tem redacção da Portaria n.º 1165/2007, de 13 de Setembro.

ANEXO XV[244]

MINISTÉRIO DA ADMINISTRAÇÃO INTERNA
POLÍCIA DE SEGURANÇA PÚBLICA
DIRECÇÃO NACIONAL

AUTORIZAÇÃO ESPECIAL

VENDA, AQUISIÇÃO, CEDÊNCIA E DETENÇÃO DE ARMAS E ACESSÓRIOS DA CLASSE A

N.º ____ /____

Nome Completo _____

N.º identificação civil/colectiva _____ data de emissão _____
Entidade emissora _____ validade _____
Data de nascimento _____ profissão/actividade _____
Rua/Lugar _____
N.º/Lote _____ Andar _____
Código Postal _____
Telefone _____ Telemóvel _____
Endereço electrónico _____
Distrito _____
Freguesia _____ Localidade _____

Está autorizado a vender / adquirir / ceder / deter:
_____
_____

Fim a que se destina a arma:
_____
_____

OBS:
_____
_____

Esta autorização é concedida ao abrigo do disposto no n.º 2 do art. 4.º da Lei n.º 5/2006, de 23 de Fevereiro

AUTORIZAÇÃO VÁLIDA ATÉ __/__/__

Lisboa, ___ de _____ de ___

O Director Nacional,

Papel de segurança com gramagem de 120g m² e design gráfico de segurança

---

Anotações:

[244] O anexo XV tem redacção da Portaria n.º 1165/2007, de 13 de Setembro.

ANEXO XVI[245]

MINISTÉRIO DA ADMINISTRAÇÃO INTERNA
POLÍCIA DE SEGURANÇA PÚBLICA
DIRECÇÃO NACIONAL

AUTORIZAÇÃO

FREQUÊNCIA DO CURSO DE FORMAÇÃO PARA PORTADORES DE ARMAS DE FOGO

N.º _____/____

Autorizo, nos termos do Art.º 24º da Lei n.5/2006, de 23 de Fevereiro,
Nome Completo _____
N.º identificação civil _____ data de emissão _____
Entidade emissora _____ validade _____
Data de nascimento _____ Profissão _____
Rua/Lugar _____
N.º/Lote _____ Andar _____
Código Postal _____
Telefone _____ Telemóvel _____
Endereço electrónico _____
Distrito _____ Concelho _____
Freguesia _____ Localidade _____
a frequentar o curso de formação para portadores de arma de fogo da classe __,
ministrado por entidade credenciada.

VÁLIDA ATÉ __/__/____

Lisboa, __ de _____ de ____

O Director Nacional,

Anotações:

[245] O anexo XVI tem redacção da Portaria n.º 1165/2007, de 13 de Setembro.

ANEXO XVII[246]

POLÍCIA DE SEGURANÇA PÚBLICA
DIRECÇÃO NACIONAL

AUTORIZAÇÃO

FREQUÊNCIA DO CURSO DE FORMAÇÃO PARA O EXERCÍCIO DA ACTIVIDADE DE ARMEIRO

Nº. ____/____

Autorizo, nos termos do Artº 24º da Lei n.º 5/2006, de 23 de Fevereiro,

Nome Completo _____
N.º identificação civil _____ data de emissão _____
Entidade emissora _____ validade _____
Data de Nascimento _____ Profissão _____
Rua/Lugar _____
N.º/Lote _____ Andar _____
Código Postal _____
Telefone _____ Telemóvel _____
Endereço electrónico _____
Distrito _____ Concelho _____
Freguesia _____ Localidade _____

a frequentar o curso de formação técnica e cívica para o exercício da actividade de armeiro para o alvará tipo __, ministrado por entidade credenciada.

VÁLIDA ATÉ __/__/__

Lisboa, __ de _____ de ___

O Director Nacional,

Anotações:

[246] O anexo XVII tem redacção da Portaria n.º 1165/2007, de 13 de Setembro.

ANEXO XVIII[247]

POLÍCIA DE SEGURANÇA PÚBLICA
DIRECÇÃO NACIONAL

CERTIFICADO

PORTADOR DE ARMA DE FOGO

Certifico que:

_____, titular do documento de identificação n.º, _____ frequentou de __/__/__ a __/__/__ na _____ o curso de formação técnica e cívica de portadores de armas de fogo, tendo obtido a classificação de apto, para arma da classe ___.

Certificado emitido ao abrigo do disposto no n.º 2 do artigo 21.º da Lei n.º 5/2006, de 23 de Fevereiro

Lisboa, __ de _____ de ____

O Director Nacional,

Papel de segurança com gramagem de 120g m² e design gráfico de segurança

---

Anotações:

[247] O anexo XVIII tem redacção da Portaria n.º 1165/2007, de 13 de Setembro.

ANEXO XIX[248]

MINISTÉRIO DA ADMINISTRAÇÃO INTERNA
POLÍCIA DE SEGURANÇA PÚBLICA
DIRECÇÃO NACIONAL

CERTIFICADO

EXERCÍCIO DA ACTIVIDADE DE ARMEIRO

Certifico que:

_____, titular do documento de identificação n.º _____,
frequentou   de   __/__/____   a   __/__/____   na
o curso de formação técnica e cívica para o exercício da actividade de armeiro, tendo obtido a classificação de apto, para obtenção de alvará tipo __.

Certificado emitido ao abrigo do disposto no n.º 2 do artigo 21.º da Lei n.º 5/2006, de 23 de Fevereiro

Lisboa, __ de _____ de _____

O Director Nacional,

Papel de segurança com gramagem de 120g m² e design gráfico de segurança

Anotações:

[248] O anexo XIX tem redacção da Portaria n.º 1165/2007, de 13 de Setembro.

ANEXO XX[249]

MINISTÉRIO DA ADMINISTRAÇÃO INTERNA
POLÍCIA DE SEGURANÇA PÚBLICA
DIRECÇÃO NACIONAL

CERTIFICADO

FREQUÊNCIA DE CURSO DE ACTUALIZAÇÃO PARA PORTADOR DE ARMAS DE FOGO

Certifico que _____
_____, titular da licença n.º _____ frequentou de
__/__/____ a __/__/____ na _____
_____ o curso de actualização para
portadores de armas de fogo, para a arma de classe __ .

Lisboa, __ de _____ de _____

O Director Nacional,

Anotações:

[249] O anexo XX tem redacção da Portaria n.º 1165/2007, de 13 de Setembro.

ANEXO XXI[250]

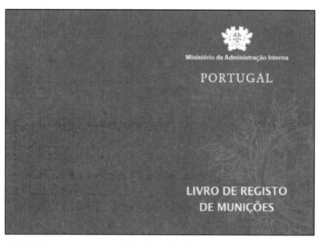

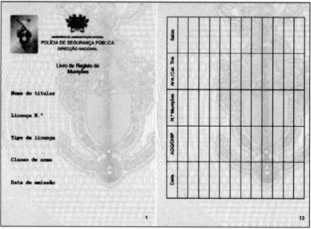

Anotações:

[250] O anexo XXI tem redacção da Portaria n.º 1165/2007, de 13 de Setembro.

ANEXO XXII[251]

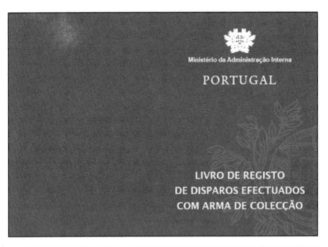

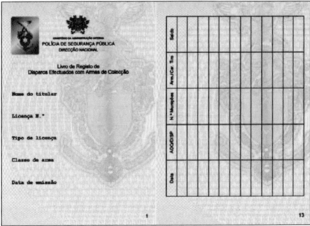

Anotações:

[251] O anexo XXII tem redacção da Portaria n.º 1165/2007, de 13 de Setembro.

ANEXO XXIII[252]

POLÍCIA DE SEGURANÇA PÚBLICA
DIRECÇÃO NACIONAL

AUTORIZAÇÃO DE AQUISIÇÃO

PÓLVORA, FULMINANTES E COMPONENTES INFLAMÁVEIS PARA ARMAS DE PÓLVORA PRETA

N.º _____/_____

(válido por 90 dias)

Autorizo, _____
_____, Residente/sede _____
_____, a adquirir em estabelecimento legalmente habilitado nos termos da Lei:

[ ] – Pólvora _____ gramas
[ ] – Fulminantes _____
[ ] – Componentes inflamáveis _____

Fim a que se destina:
_____
_____

Esta autorização é concedida ao abrigo do disposto nos artigos 22.º e 23.º da Lei n.º 42/2006, de 25 de Agosto.

AUTORIZAÇÃO VÁLIDA ATÉ __/__/____

Lisboa, __ de _____ de ____

O Director Nacional,

Anotações:

[252] O anexo XXIII tem redacção da Portaria n.º 1165/2007, de 13 de Setembro.

ANEXO XXIV[253]

POLÍCIA DE SEGURANÇA PÚBLICA
DIRECÇÃO NACIONAL

AUTORIZAÇÃO DE FORNECIMENTO

PÓLVORA E FULMINANTES AOS PARTICIPANTES EM COMPETIÇÕES DESPORTIVAS INTERNACIONAIS

N.º _____/_____

(válido por 90 dias)

Autorizo, _____
_____, com sede em _____
_____, a fornecer ao(s) participante(s) na(o) _____
_____ nos termos da Lei

[ ] - Pólvora _____ gramas

[ ] - Fulminantes _____

Esta autorização é concedida ao abrigo do disposto no n.º 2 do art. 23.º da Lei n.º 42/2006, de 25 de Agosto.

AUTORIZAÇÃO VÁLIDA ATÉ __/__/____

Lisboa, __ de _____ de ____

O Director Nacional,

Anotações:

[253] O anexo XXIV tem redacção da Portaria n.º 1165/2007, de 13 de Setembro.

ANEXO XXV[254]

POLÍCIA DE SEGURANÇA PÚBLICA
DIRECÇÃO NACIONAL

LICENÇA PARA O EXERCÍCIO DE TIRO EM PROPRIEDADE RÚSTICA

N.º ____/____

Director Nacional da Polícia de Segurança Pública Nos termos das disposições conjugadas do n.º 1 do Art.º 56º e n.º 2 do Art.º 57º da Lei n.º 5/2006, de 23 de Fevereiro, concede a _____ com n.º de identificação civil _____ emitido em __/__/__ por _____, residente em _____ licença para a prática recreativa de tiro com armas de fogo da classe D, pelo período de cinco anos, no prédio rústico a que corresponde o artigo matricial nº _____, da freguesia de _____, sito em _____.

ESTA LICENÇA É VÁLIDA ATÉ __/__/__

Lisboa, __ de _____ de ____

O Director Nacional,

Papel de segurança com gramagem de 120g/m² e design gráfico de segurança

---

Anotações:

[254] O anexo XXV tem redacção da Portaria n.º 1165/2007, de 13 de Setembro.

ANEXO XXVI[255]

MINISTÉRIO DA ADMINISTRAÇÃO INTERNA
POLÍCIA DE SEGURANÇA PÚBLICA
DIRECÇÃO NACIONAL

LICENÇA PARA O EXERCÍCIO DE TIRO EM PROPRIEDADE RÚSTICA

N.º _____/_____

Director Nacional da Polícia de Segurança Pública Nos termos das disposições conjugadas do n.º 1 do Artº 56º e n.º 2 do Artº 57º da Lei n.º 5/2006, de 23 de Fevereiro, concede a _____ com n.º de identificação civil _____ emitido em __/__/__ por _____, residente em _____ licença para a prática recreativa de tiro com armas de fogo das classes B, B1 e C, pelo período de cinco anos, no prédio rústico a que corresponde o artigo matricial nº _____, da freguesia de _____, sito _____.

ESTA LICENÇA É VÁLIDA ATÉ __/__/__

Lisboa, __ de _____ de ____

O Director Nacional

Papel de segurança com gramagem de 120g m² e design gráfico de segurança

Anotações:

[255] O anexo XXVI tem redacção da Portaria n.º 1165/2007, de 13 de Setembro.

ANEXO XXVII[256]

POLÍCIA DE SEGURANÇA PÚBLICA
DIRECÇÃO NACIONAL

CERTIFICADO

N.º ____/____

Director Nacional da Polícia de Segurança Pública, certifica pelo presente, nos termos e para os efeitos previstos no(a) _____, que autoriza/reconhece:

Lisboa, __ de _____ de ____

O Director Nacional

Papel de segurança com gramagem de 120g m² e design gráfico de segurança

Anotações:

[256] O anexo XXVII tem redacção da Portaria n.º 1165/2007, de 13 de Setembro.

ANEXO XXVIII

Frente

ESTADO MEMBRO

CARTÃO EUROPEU DE ARMAS DE FOGO
TARJETA EUROPEA DE ARMAS DE FUEGO
EVROPSKY PRŮKAZ STŘELNÝCH ZBRANÍ
EUROPÆISK VÅBENPAS
EUROPÄISCHER FEUERWAFFENPASS
EUROOPA TULIRELVAPASS
ΕΥΡΩΠΑΪΚΟ ΔΕΛΤΙΟ ΠΥΡΟΒΟΛΩΝ ΟΠΛΩΝ
EUROPEAN FIREARMS PASS
CARTE EUROPÉENNE D'ARMES À FEU
CARTA EUROPEA D'ARMA DA FUOCO
EIROPAS ŠAUJAMIEROČU KARTE
EUROPOS ŠAUNAMŲJŲ GINKLŲ LEIDIMAS
EURÓPAI LŐFEGYVEROKMÁNY
KARTA EWROPEA TA' L-ARMI TAN-NAR
EUROPESE VUURWAPENPAS
EUROPEJSKA KARTA BRONI PALNEJ
EURÓPSKY ZBROJNÝ PAS
EVROPSKO DOVOLJENJE ZA STRELNO OROŽJE
EUROOPAN AMPUMA-ASEPASSI
EUROPEISKT SKJUTVAPENPASS

REPÚBLICA PORTUGUESA

258   *Regime Jurídico das Armas e suas Munições – Anotações*

1   Menções relativas ao titular:

1.1. Apelido e nome

1.2. Data e local de nascimento:

1.3. Nacionalidade:

1.4. Endereço:

1.5. Assinatura do titular:

FOTO

	Categoria da directiva	Inscrição em	Carimbo da autoridade	Observações

2   Menções relativas ao cartão:

2.1. Nº do cartão:

2.2. Válido até:

2.3. Carimbo da autoridade: Data:

2.4. Validade prorrogada até:

2.5. Carimbo da autoridade: Data:

2

arma	data da autorização	(válida até)	carimbo da autoridade
3.			
3.			
3.			
3.			
3.			

4

3   Identificação das armas de fogo

	Tipo	Marca/ Modelo	Calibre	Nº de fabrico
3.1.				
3.2.				
3.3.				
3.4.				
3.5.				
3.6.				
3.7.				
3.8.				
3.9.				
3.10.				

4   Referências das autorizações relativas às armas

arma	data da autorização	(válida até)	carimbo da autoridade
3.			
3.			
3.			
3.			
3.			

3

5. Autorizações dos Estados-Membros visitados

Arma	Validade da autorização	Carimbo da autoridade e data
3.		
3.		
3.		
3.		
3.		
3.		
3.		
3.		
3.		
3.		
3.		
3.		
3.		
3.		

5

Verso

Informações relativas às deslocações intracomunitárias

- O titular de desejar efectuar uma viagem para outro Estado Membro com uma ou mais armas das categorias B, C ou D mencionadas no presente cartão está sujeito a uma ou mais das correspondentes autorizações prévias do Estado-Membro visitado. Esta autorização ou autorizações podem ser referidas na parte 5 do presente cartão.
- A formalidade de autorização prévia adiante referida não é, em princípio, necessária para efectuar uma viagem com uma arma de categoria C ou D destinada à prática da caça ou com uma arma de categoria B, C ou D destinada à prática do tiro desportivo, na condição de possuir o cartão de arma e que possa comprovar o motivo da viagem. Todavia, em conformidade com o n.º 3 do artigo 8.º da Directiva 91/477/CEE do Conselho resulta das informações prestadas pelos Estados-Membros que proíbem ou sujeitam a autorização nos respectivos territórios a detenção de uma arma das categorias B, C ou D, que

6.1 É proibida uma viagem a .... com a arma/as armas ....

6.2 Está sujeita a autorização uma viagem a .... com a arma/as armas ....

6

ANEXO XXIX[257]

ACORDO PRÉVIO PARA TRANSFERÊNCIA DE ARMAS DE FOGO (Artigo 11 § 4 da Directiva 91/477) N.º 1234 / 123	
1. Estado membro de expedição	**2. Estado membro de destino**
3. Expedidor [ ] particular [X] armeiro Apelido e nome Local e data de nascimento Passaporte/B.I n° emitido em pelo Firma social N.º de Identificação: Autorização/Declaração: Endereço N.º Tel.: N.º Fax:	**4. Destinatário** [ ] particular [X] armeiro Apelido e nome Local e data de nascimento Passaporte/B.I n° emitido em pelo Firma social N.º de Identificação: Endereço N.º Tel.: Endereço da entrega

5. Armas: Anexo: [ ] Sim [X] Não

N.º	Cat. Dir.	Tipo	Marca / Modelo	Calibre	Outras Características	CIP	N.º Identificação 1./

6. Requerente Apelido e nome Estado Civil Endereço Civil Data Assinatura	**7. Despacho do Estado membro** Acordo prévio [ ] Indeferido [X] Deferido válido até Data O Director Nacional

---

Anotações:

[257] O anexo XXIX tem redacção da Portaria n.º 1165/2007, de 13 de Setembro.

ANEXO XXX[258]

| AUTORIZAÇÃO DE TRANSFERÊNCIA DE ARMAS DE FOGO | |
(Artigo 11 § 4 da Directiva 91/477)	
1. Estado membro de expedição	2. Estado membro de destino
3. Expedidor [ ] particular [X] armeiro Apelido e nome Local e data de nascimento Passaporte/B.I nº emitido em pelo Firma social N.º de Identificação: Autorização/Declaração: Endereço N.º Tel.: N.º Fax:	4. Destinatário [ ] particular [X] armeiro Apelido e nome Local e data de nascimento Passaporte/B.I nº emitido em pelo Firma social N.º de Identificação: Endereço N.º Tel.:

5. Armas:			Anexo: [ ] Sim [X] Não			
N.º	Cat. Dir.	Tipo	Marca / Modelo	Calibre	Outras Características	CIP	N.º Identificação 1-/

| 6. Despacho do Estado membro de destino | |
| Acordo prévio | |

[ ] Não é necessário para a arma/armas n.º
    Referências da comunicação:
 	
[X] Acordo (cópia junta) para a arma/armas nº
    Válido até	

7. Requerente [ ] Particular [X] Armeiro Apelido e nome Local de data de nascimento Endereço N.º de Identificação: Autorização / Declaração:	8. Despacho do Estado membro Autorização dada (O Director Nacional) Data
EXPEDIÇÃO	
9. Modalidades de expedição Expedidor Data de expedição Data prevista de chegada Estados membros atravessados	10. Visto do Estado membro de saída

Anotações:

[258] O anexo XXX tem redacção da Portaria n.º 1165/2007, de 13 de Setembro.

ANEXO XXXI[259]

Anotações:

[259] O Anexo XXXI foi aditado pela Portaria n.º 256/2007, de 12 de Março e sofreu alterações pela Portaria n.º 1165/2007, de 13 de Setembro.

MINISTÉRIO DA ADMINISTRAÇÃO INTERNA

Portaria n.º 932/2006
de 8 de Setembro

**Publicado no Diário da República n.º 174, Série I,
de 8 de Setembro de 2006**

O regime jurídico das armas e munições, aprovado pela Lei n.º 5/2006, de 23 de Fevereiro, veio consagrar nos seus artigos 21.º a 26.º a necessidade de cursos de formação e de actualização para a atribuição e renovação de licenças, de uso e porte de arma das classes B1, C e D, cuja realização compete à Polícia de Segurança Pública ou a entidades credenciadas para o efeito.

No mesmo sentido, veio a referida lei sujeitar o exercício da actividade de armeiro à habilitação com curso específico de formação técnica e cívica.

Igualmente veio dispor sobre a necessidade de frequência e requisitos dos referidos cursos, sobre os exames de aptidão e sobre a atribuição de certificado de aprovação.

Importa proceder à regulamentação destas matérias e, bem assim, da estrutura, conteúdo e duração dos mencionados cursos e exames, bem como definir as condições de credenciação dos formadores.

Assim:

Manda o Governo, através do Ministro de Estado e da Administração Interna, ao abrigo do disposto nas alíneas *b)* e *c)* do n.º 2 do artigo 117.º da Lei n.º 5/2006, o seguinte:

1.º
Objecto

É aprovado, pela presente portaria, o Regulamento relativo ao regime dos cursos de formação técnica e cívica e sua actualização, dos exames de aptidão e da certificação de aprovação, bem como da credenciação de entidades formadoras, para o uso e porte de armas de fogo, adiante designado por Regulamento e que constitui anexo à presente portaria, dela fazendo parte integrante.

2.º
Âmbito

1 – O Regulamento aprovado pela presente portaria estabelece o regime de funcionamento dos cursos de:

a) Formação técnica e cívica a ministrar aos requerentes de uma licença de uso e porte de arma das classes B1, C e D;

b) Formação técnica e cívica que habilitam ao exercício da actividade de armeiros;

c) Actualização técnica e cívica, para renovação das licenças de uso e porte de arma referida na alínea a).

2 – Estabelece ainda o regime dos exames de aptidão para a obtenção do certificado de aprovação para o uso e porte de armas de fogo.

3 – Sem prejuízo das competências próprias da Polícia de Segurança Pública (PSP), previstas na Lei n.º 5/2006, de 23 de Fevereiro, o Regulamento fixa ainda os critérios para credenciação de entidades particulares que pretendam ministrar os referidos cursos.

3.º
Certificação de competências

1 – Os armeiros que se encontrem devidamente licenciados à data de entrada em vigor da Lei n.º 5/2006, de 23 de Fevereiro, podem requerer à Direcção Nacional da Polícia de Segurança Pública (DN/PSP), no prazo de seis meses contados da sua entrada em vigor, a atribuição do correspondente certificado de equivalência a que se reporta o artigo 23.º do Regulamento anexo à presente portaria.

Portaria n.º 932/2006, de 8 de Setembro

2 – Os procedimentos e requisitos do mecanismo de certificação a que se refere o número anterior são definidos por despacho do director nacional da Polícia de Segurança Pública, por forma a assegurar o cumprimento, com as devidas adaptações, dos objectivos do regime jurídico relativo à formação definido pela presente portaria.

4.º
Receitas

As taxas a cobrar em função dos actos previstos no Regulamento aprovado pela presente portaria constituem receitas próprias da Polícia de Segurança Pública.

Pelo Ministro de Estado e da Administração Interna, *José Manuel Santos de Magalhães*, Secretário de Estado Adjunto e da Administração Interna, em 24 de Agosto de 2006.

ANEXO

REGULAMENTO DA CREDENCIAÇÃO DE ENTIDADES FORMADORAS E DOS CURSOS DE FORMAÇÃO TÉCNICA E CÍVICA PARA PORTADORES DE ARMAS DE FOGO E PARA O EXERCÍCIO DA ACTIVIDADE DE ARMEIRO

CAPÍTULO I
Disposições gerais

Artigo 1.º
Tipologia e finalidade dos cursos

1 – O curso de formação técnica e cívica para portadores de armas de fogo destina-se a ministrar a todos os candidatos à obtenção de uma licença de uso e porte de arma B1, C ou D, os conhecimentos necessários relativos à segurança, perigosidade e comportamento cívico adequados à detenção, uso e porte de uma arma de fogo.

2 – O curso de actualização técnica e cívica tem como objectivo verificar se os titulares de licença de uso e porte de arma B1, C e D continuam a reunir as condições para a titularidade das respectivas licenças, tendo em vista a sua renovação.

3 – O curso de formação técnica e cívica para o exercício da actividade de armeiro destina-se a ministrar aos candidatos à obtenção de um alvará do tipo 1, 2 ou 3, os conhecimentos necessários ao exercício daquela actividade, designadamente os relacionados com o enquadramento regulamentar da mesma.

ARTIGO 2.º
Credenciação de entidades formadoras

1 – Podem candidatar-se a ministrar os cursos referidos no artigo anterior quaisquer pessoas singulares ou pessoas colectivas cujo objecto social compreenda essa actividade, sendo ainda permitida a credenciação, no caso dos cursos referidos no n.º 3, às entidades representativas do sector.

2 – A credenciação das entidades formadoras é da competência da Direcção Nacional da Polícia de Segurança Pública (DN/PSP).

CAPÍTULO II
Das entidades formadoras

ARTIGO 3.º
Alvará de credenciação de entidade formadora

1 – A credenciação de entidades formadoras consta de alvará com o prazo de validade de cinco anos.

2 – Os pedidos de concessão de credenciação e emissão do respectivo alvará são formulados através de requerimento de modelo próprio a aprovar pela PSP, do qual constem os dados identificativos do requerente e a sua profissão, estado civil, nacionalidade e domicílio ou sede.

3 – O requerente inclui igualmente os elementos identificativos referidos no número anterior relativamente aos formadores.

4 – No caso de pessoas colectivas o requerimento é acompanhado da identificação completa dos sócios e gerentes, dos cinco maiores accionistas e administradores ou elementos da direcção, bem como do pacto social ou estatutos.

5 – Todas as pessoas referidas no presente artigo devem reunir e cumprir os requisitos referidos nas alíneas *a)* e *c)* do n.º 1 e nos n.ºs 2 e 3 do artigo 14.º da Lei n.º 5/2006, de 23 de Fevereiro.

Portaria n.º 932/2006, de 8 de Setembro

6 – Qualquer alteração na titularidade ou detenção do capital social, gerentes, administradores, dos membros da direcção ou dos formadores credenciados, é comunicada à DN/PSP no prazo de 30 dias, e os novos titulares ou formadores ficam obrigados a demonstrar que reúnem os requisitos referidos no número anterior, para que a actividade possa continuar a ser exercida.

7 – As entidades devem ainda demonstrar terem condições de segurança para a guarda das armas e suas munições, sendo-lhes aplicáveis as regras de segurança dos estabelecimentos de comércio de armas e munições.

8 – No acto de apresentação do pedido de credenciação, deve a entidade interessada fazer prova da realização de seguro de responsabilidade civil, nos termos e para os efeitos previstos nos n.ºs 1 a 3 do artigo 77.º da Lei n.º 5/2006, de 23 de Fevereiro.

Artigo 4.º
Responsável técnico

1 – Cada entidade formadora credenciada deve ter um responsável técnico pelos cursos.

2 – O responsável técnico é o representante da entidade formadora titular do alvará junto das autoridades competentes, cabendo-lhe, em geral, assegurar o bom funcionamento dos cursos e o cumprimento das regras aplicáveis às entidades formadoras credenciadas, previstas no presente Regulamento.

Artigo 5.º
Aprovação de conteúdos e homologação de cursos ministrados

1 – As entidades formadoras apresentam os conteúdos e programas dos cursos à DN/PSP, que os aprovará no prazo de 30 dias.

2 – Os conteúdos e programas, uma vez aprovados, terão validade pelo período de cinco anos.

3 – Os cursos ministrados por entidades credenciadas estão dependentes de homologação pela DN/PSP.

Artigo 6.º
Local de realização dos cursos

1 – Os cursos realizam-se em local funcionalmente apropriado.

2 – As sessões práticas que envolvam a utilização de munições realizam-se exclusivamente em carreiras ou campos de tiro da PSP, ou certificados por esta entidade, nos termos da legislação em vigor.

3 – Poderão ser utilizados campos ou carreiras de tiro propriedade das forças de segurança, desde que seja celebrado acordo nesse sentido, salvaguar-

268 *Regime Jurídico das Armas e suas Munições – Anotações*

dando as necessidades de fiscalização, caso em que é dispensada a certificação referida no número anterior.

ARTIGO 7.º

Credenciação de formadores[260]

1 – Apenas podem exercer a actividade de formação os formadores devidamente credenciados.

2 – A credenciação dos formadores é da responsabilidade da DN/PSP, sendo válida pelo período de cinco anos.

3 – A credenciação dos formadores pode ser requerida directamente ou através das entidades formadoras titulares de alvará.

4 – Os pedidos de concessão de credenciação de formador são formulados através de requerimento do qual conste o nome completo deste, o número do bilhete de identidade, data e local de emissão, data de nascimento, profissão, estado civil, naturalidade, nacionalidade e domicílio, sendo-lhes aplicável o disposto no n.º 5 do artigo 3.º

5 – A credenciação dos formadores baseia-se na análise curricular sobre a experiência e habilitação específica do requerente para a área de formação a que se propõe, através da apresentação e análise de documentos emitidos por entidades de reconhecida idoneidade, podendo ainda ser exigida a aprovação em exame específico, realizado pela PSP.

ARTIGO 8.º

Suspensão e cassação

1 – O director nacional da PSP pode, através de acto devidamente fundamentado, suspender ou determinar a cassação de alvarás, licenças e credenciações, nomeadamente nas seguintes situações:

a) No caso de pessoas singulares deixarem de reunir os requisitos exigidos;
b) No caso de pessoas colectivas, quando qualquer dos sócios e gerentes ou os cinco maiores accionistas e administradores ou os membros da direcção deixarem de reunir os requisitos exigidos;
c) Quando as entidades formadoras não disponham de formadores credenciados;

Anotações:

[260] *Vide* Despacho n.º 25881/2006, de 21 de Dezembro, da Direcção Nacional da PSP (p. 319).

d) Por manifesto ou reiterado desrespeito das regras de segurança e funcionamento das carreiras ou campos de tiro;

e) Por violações repetidas das normas previstas na presente portaria ou na Lei n.º 5/2006, de 23 de Fevereiro;

f) Por razões justificadas de ordem e segurança públicas.

2 – A suspensão dos alvarás tem natureza cautelar e visa permitir o suprimento de eventuais situações passíveis de pôr em causa o interesse público ou que possam determinar a própria cassação do alvará.

CAPÍTULO III
Da realização dos cursos de formação

SECÇÃO I
Curso de formação técnica e cívica para concessão de licença de uso e porte de arma de fogo do tipo B1

Artigo 9.º
Admissão de candidatos e comunicações obrigatórias

1 – A frequência de um curso de formação obriga à criação e instrução de um processo individual por candidato, que acompanha todos os actos do curso, dele devendo constar todos os documentos necessários para a apreciação dos requisitos legais exigidos para o efeito.

2 – Os dados constantes do processo individual são enviados à DN/PSP, de preferência por via electrónica, para efeitos de apreciação do pedido de frequência do curso, devendo esta, no prazo de 30 dias, decidir sobre a admissibilidade do candidato.

3 – O processo individual, uma vez efectuado o exame, é entregue ao interessado.

4 – As entidades formadoras credenciadas, antes de iniciarem um curso, comunicam à DN/PSP:

a) A data do seu início e fim;

b) O local de realização;

c) A identificação do responsável técnico;

d) Os formadores das diversas áreas e disciplinas;

e) A lista dos formandos;

f) O horário;

g) As armas de fogo a usar.

Artigo 10.º
Estrutura curricular

Os cursos de formação técnica e cívica, independentemente de quem os ministre, são estruturados de acordo com as seguintes áreas e tempos lectivos:

a) Área de formação jurídica, com vista a dotar o candidato de noções elementares sobre o regime jurídico das armas e suas munições, bem como as normas de conduta dos portadores de armas, com um mínimo de três horas;

b) Área de formação teórica de tiro, com vista a dotar o candidato dos conhecimentos necessários sobre os mecanismos de funcionamento e conceitos básicos sobre armas de fogo e os perigos decorrentes, bem como procedimentos correctos de tiro, com um mínimo de duas horas;

c) Área de formação de manuseamento de armas de fogo, com vista a dotar o candidato dos conhecimentos necessários para o manuseamento, segurança, a guarda e porte da arma de fogo, por forma a prevenir situações de perigo, com um mínimo de duas horas;

d) Área de formação de tiro com armas de fogo, com vista a dotar o candidato de noções elementares sobre os efeitos e perigos do disparo, com um mínimo de uma hora de formação prática por formando;

e) Área de formação de ensino complementar, com vista a dotar o candidato com os conhecimentos necessários para intervir em caso de acidente com arma de fogo, com especial incidência nos cuidados essenciais a prestar em caso de ocorrência de ferimentos com arma de fogo, com um mínimo de duas horas de formação teórico-prática.

Artigo 11.º
Duração dos cursos de formação

1 – Os cursos de formação a que se refere a presente secção têm a duração mínima de dez horas.

2 – São proibidas cargas horárias superiores a seis horas diárias, bem como sessões de formação que ultrapassem as duas horas consecutivas, devendo, neste caso, ser respeitado intervalo mínimo de dez minutos.

SECÇÃO II
Curso de formação técnica e cívica para concessão de licença de uso e porte de arma de fogo dos tipos C e D

ARTIGO 12.º
Estrutura curricular e duração

1 – Aos cursos de formação técnica e cívica para concessão de licenças de uso e porte de arma de fogo dos tipos C e D aplica-se, com as necessárias adaptações, o disposto nos artigos 9.º e 10.º do presente Regulamento.

2 – Estes cursos de formação têm a duração mínima de cinco horas, não podendo as sessões ultrapassar duas horas consecutivas.

CAPÍTULO IV
Do exame de aptidão para obtenção do certificado de aprovação para o uso e porte de armas de fogo

ARTIGO 13.º
Exames

1 – Concluídos os cursos de formação, têm lugar exames de aptidão, os quais constam de uma prova teórica e de outra prática.

2 – No caso de os cursos terem sido levados a cabo por entidades credenciadas, estas podem propor à DN/PSP a data e local para a sua realização.

3 – Fixada a data e local pela PSP, o director nacional designa os três membros do júri, podendo este integrar um elemento em representação do Ministério da Agricultura, do Desenvolvimento Rural e das Pescas, nos casos de licenças para uso e porte de armas das classes C e D.

ARTIGO 14.º
Prova teórica

1 – A prova teórica do exame para obtenção do certificado de aprovação de uso e porte de armas consta de um teste elaborado pela PSP, contendo 20 perguntas de escolha múltipla, visando matérias de conhecimento técnico e normas e procedimentos de segurança no manuseamento de armas de fogo, matérias estas referentes às armas do tipo a que a mesma se destina.

2 – As perguntas serão distribuídas equitativamente, pelos temas mencionados no número anterior, mediante os seguintes critérios:

a) A cada resposta certa sobre a matéria de normas e procedimentos de segurança é atribuída a classificação de 7,5%;

b) A cada resposta certa sobre a matéria de conhecimento técnico é atribuída a classificação de 2,5%;

c) Cada questão contém várias hipóteses de resposta, sendo apenas uma a correcta;

d) O candidato deve assinalar a hipótese que considera correcta, com um sinal «X», no local apropriado da prova;

e) São consideradas erradas as respostas não respondidas e aquelas em que sejam assinaladas mais do que uma hipótese de resposta;

f) Uma resposta assinalada pode ser anulada uma única vez, devendo o candidato envolver a primeira marcação com um círculo e marcar um novo sinal «X», apondo ainda uma rubrica ao lado da resposta alterada;

g) A duração da prova teórica é de sessenta minutos;

h) É considerado apto na prova teórica o candidato que obtenha a classificação mínima de 60% do valor da prova.

3 – A prova teórica pode ser efectuada oralmente perante o júri, quando o candidato não possa ler ou escrever.

4 – A prova teórica pode ser realizada por meios electrónicos, nos termos determinados por despacho do director nacional da PSP.

Artigo 15.º

Prova prática

1 – São admitidos à prova prática os candidatos que obtenham a classificação de Apto na prova teórica.

2 – A prova prática do exame para obtenção do certificado de aprovação de uso e porte de arma visa as matérias de manuseamento e regras de segurança de armas de fogo e correspondente reconhecimento de munições e é adaptada às características próprias do tipo de arma para a qual se destina.

3 – Esta prova consiste:

a) No reconhecimento de armas e identificação das correspondentes munições, a que correspondem 15% do valor geral da prova;

b) Em teste de manejo e utilização das mesmas armas, nomeadamente em operações de abertura, fecho, carregamento e descarregamento, a que correspondem 15% do valor geral da prova;

c) Em teste de aplicação prática das normas de segurança, nomeadamente no porte, carregamento, descarregamento e uso do sistema de segurança durante a utilização, a que correspondem 30% do valor geral da prova;

Portaria n.º 932/2006, de 8 de Setembro 273

d) Em teste de tiro, que consiste em três sessões, de cinco disparos cada, a serem realizados sobre alvos colocados a distâncias não conhecidas previamente, a que correspondem 40% do valor geral da prova.

4 – As normas de execução técnica dos exames e apuramento dos respectivos resultados são fixadas por despacho do director nacional da PSP.

5 – É considerado apto na prova prática do exame para atribuição do certificado de aprovação de uso e porte de arma o candidato que obtenha a classificação mínima de 60% do valor total da prova.

CAPÍTULO V
Curso de actualização para titulares de licença de uso e porte de arma de fogo

Artigo 16.º
Admissão, frequência e aptidão dos formandos

1 – Apenas são admitidos à frequência de cursos de actualização, os cidadãos que sejam titulares da competente licença de uso e porte de arma de fogo.

2 – Quando os cursos de actualização sejam ministrados por entidades credenciadas, deverão estas comunicar à PSP a identidade dos formandos e informar fundamentadamente sobre as suas aptidões para a obtenção de renovação da licença.

Artigo 17.º
Duração e matérias

1 – Os cursos de actualização têm a duração mínima de quatro horas, abrangendo as seguintes áreas e tempos lectivos:

a) Área de formação jurídica, com a carga horária de duas horas;
b) Área de formação de manuseamento, segurança de guarda e porte de arma de fogo, com a carga horária de uma hora;
c) Área de formação de tiro com arma de fogo, com a carga horária de uma hora por formando.

2 – Para a sessão de tiro prático, o formando utiliza arma própria, salvo quando tal não possa ocorrer por razões fundamentadas.

CAPÍTULO VI
Curso de formação técnica e cívica para o exercício da actividade de armeiro

ARTIGO 18.º
Duração

1 – Os cursos de formação técnica e cívica para o exercício da actividade de armeiro e que habilitam à obtenção dos respectivos alvarás possuem a seguinte duração:

a) Doze horas, para os alvarás dos tipos 1 e 2;
b) Três horas, para alvará do tipo 3.

2 – Para os efeitos previstos na presente secção, aos alvarás do tipo 1 que, nos termos da legislação aplicável, sejam concedidos a título excepcional, aplicam-se as regras relativas à concessão de alvará do tipo 2.

3 – Aos cursos a que se refere o número anterior aplica-se, com as devidas adaptações, o disposto no artigo 10.º do presente Regulamento.

ARTIGO 19.º
Estrutura curricular

Os cursos, independentemente de quem os ministre, são estruturados de acordo com as seguintes áreas, disciplinas e tempos lectivos:

a) Área de formação jurídica, com vista a dotar o candidato de noções elementares sobre o regime jurídico aplicável, abrangendo as seguintes disciplinas:
  i) Conhecimento do regime jurídico das armas e suas munições, especialmente as classes das armas e tipos de licenças, as normas de conduta dos portadores de armas, as normas relativas à actividade de armeiro, regras de segurança dos estabelecimentos de comércio de armas e munições e actividade de transferência, importação e exportação de armas, munições e seus acessórios, com um mínimo de seis horas de formação teórica para a obtenção de alvará do tipo 1, três horas para a obtenção de alvará do tipo 2 e duas horas para a obtenção de alvará do tipo 3;
  ii) Conhecimento da legislação penal relativa a armas de fogo e sua utilização, com um mínimo de três horas de formação teórica para a obtenção de alvará do tipo 1, duas horas para a obtenção de alvará do tipo 2 e uma hora para a obtenção de alvará do tipo 3;

Portaria n.º 932/2006, de 8 de Setembro 275

b) Área de formação teórica de tiro, com vista a dotar o candidato dos conhecimentos necessários sobre os diversos tipos e mecanismos de funcionamento das armas de fogo, com um mínimo de três horas de formação teórica, para a obtenção de alvarás dos tipos 1 e 2;

c) Área de formação de manuseamento de armas de fogo, com vista a dotar o candidato dos conhecimentos necessários para o manuseamento e guarda da arma de fogo por forma a prevenir e afastar situações de perigo, e unicamente para a obtenção de alvará do tipo 2, abrangendo as seguintes disciplinas:

 i) Montagem/desmontagem/limpeza e carregamento/descarregamento de armas de fogo, com um mínimo de três horas de formação teórico-prática;

 ii) Procedimentos de segurança de guarda e porte de armas de fogo, com um mínimo de uma hora de formação teórico-prática.

Artigo 20.º
Prova teórica

1 – A prova teórica do exame para obtenção do certificado consta de um teste, contendo 20 perguntas de escolha múltipla, visando matérias de todas as áreas de conhecimento aplicáveis ao caso.

2 – As perguntas são distribuídas equitativamente, pelos temas mencionados no número anterior, mediante os seguintes critérios:

a) A cada resposta certa é atribuída a classificação de 5%;

b) Cada questão contém várias hipóteses de resposta, sendo apenas uma a correcta;

c) O candidato deve assinalar a hipótese que considera correcta, com um sinal «X» no local apropriado da folha de prova;

d) São consideradas erradas as respostas não respondidas e aquelas em que sejam assinaladas mais de uma hipótese de resposta;

e) Uma resposta assinalada pode ser anulada uma única vez, devendo o candidato envolver a primeira marcação com um círculo e marcar um novo sinal «X», apondo ainda uma rubrica ao lado da resposta alterada;

f) A duração da prova teórica é de trinta minutos;

g) É considerado apto na prova teórica o candidato que obtenha a classificação mínima de 60% do valor da prova.

3 – A prova teórica pode ser realizada por meios electrónicos, nos termos determinados por despacho do director nacional da PSP.

Artigo 21.º
Prova prática

1 – Só é admitido à prova prática o candidato que obtenha a classificação de Apto na prova teórica.

2 – A prova prática do exame para obtenção do certificado visa as matérias de manuseamento e regras de segurança de armas de fogo e correspondente reconhecimento de munições e consiste em:

a) Teste de reconhecimento de três armas e identificação das correspondentes munições, a que correspondem 15% do valor geral da prova;

b) Teste de manejo e utilização das mesmas armas, nomeadamente em operações de abertura, fecho, carregamento e descarregamento, a que correspondem 15% do valor geral da prova;

c) Teste de aplicação prática das normas de segurança, nomeadamente no porte, carregamento, descarregamento e uso do sistema de segurança durante a utilização, a que correspondem 30% do valor geral da prova;

d) Teste de tiro, que consiste em três sessões, de cinco disparos cada, a serem realizados sobre alvos colocados a distâncias não conhecidas previamente, a que correspondem 40% do valor geral da prova.

3 – As normas de execução técnica dos exames e apuramento dos respectivos resultados são fixadas por despacho do director nacional da PSP.

4 – É considerado apto na prova prática o candidato que obtenha a classificação mínima de 80% do valor total da prova.

5 – Ficam dispensados da realização de exames práticos os candidatos à obtenção do certificado para o exercício de actividade de armeiro com alvará do tipo 1.

6 – Para a obtenção do certificado para o exercício de actividade de armeiro com alvará do tipo 3, os exames incidem, unicamente, sobre as armas susceptíveis de serem comercializadas com esse título, sendo para tal efeito devidamente adaptados os testes referidos nas diferentes alíneas do n.º 2.

CAPÍTULO VII
Títulos de aprovação

Artigo 22.º
Certificados de aprovação

1 – Intitula-se certificado de aprovação o documento emitido pela DN/PSP, comprovativo da aptidão técnica e cívica do respectivo titular, tendo em vista a obtenção dos tipos de licença ou de alvará pretendidos.

Portaria n.º 932/2006, de 8 de Setembro

2 – O certificado a que se refere o número anterior tem a validade de cinco anos e é atribuído ao requerente que, uma vez frequentado o curso adequado e sujeito a exame final, tenha cumulativamente obtido a classificação de Apto nas provas teórica e prática.

Artigo 23.º
Certificado de equivalência para armeiros

1 – Os armeiros que já se encontrem devidamente licenciados requerem à DN/PSP, no prazo de seis meses após o início da vigência da Lei n.º 5/2006, de 23 de Fevereiro, a emissão de certificado do exercício dessa actividade, o qual, se deferido, equivale, para todos os efeitos, à frequência dos cursos referidos na presente secção.

2 – A DN/PSP pode, em acto fundamentado, indeferir o requerimento, o que obriga à frequência dos cursos.

Artigo 24.º
Certificação de equivalência

1 – Os requerentes de uma licença de uso e porte de arma B1 que, pela sua experiência profissional, no mínimo de cinco anos, no seio das Forças Armadas ou das forças e serviços de segurança, tenham obtido instrução própria no uso e manejo de armas de fogo que seja considerada adequada e bastante pelo seu comando ou direcção competente apresentam na DN/PSP, para além da documentação exigida para o tipo de licença pretendida, certificado daquela entidade, onde conste:

a) Posto ou categoria;
b) Tempo de serviço;
c) Menção sobre registo disciplinar;
d) Declaração sobre a adequação da instrução relativa ao manejo de armas de fogo;
e) Declaração sobre a existência de formação específica relativa ao regime jurídico das armas e munições.

2 – O requerente que não tenha obtido formação específica relativa ao regime jurídico das armas e munições deve apresentar documento comprovativo da obtenção de aproveitamento na área de formação jurídica de curso ministrado pela PSP ou por entidade credenciada.

3 – Na sequência do procedimento referido nos números anteriores a DN/PSP pode emitir certificado de equivalência ao certificado de aprovação em curso de formação técnica e cívica para portadores de arma de fogo.

CAPÍTULO VIII
Disposições finais e transitórias

Artigo 25.º
Utilização de armas e munições

1 – As entidades formadoras devidamente credenciadas podem adquirir, mediante prévia autorização e para fins de exclusiva afectação aos cursos de formação, as armas consideradas necessárias ao funcionamento dos cursos que ministram, podendo igualmente estabelecer com a PSP acordos de cedência temporária das armas de que esta disponha.

2 – As armas adquiridas nos termos do número anterior não podem ser objecto de qualquer tipo de transferência da sua propriedade ou posse para outras pessoas ou entidades, excepto para armeiros e outras entidades credenciadas para ministrar os cursos previstos no presente Regulamento.

3 – Ocorrendo suspensão ou cassação do alvará deverão as armas cedidas ser entregues na PSP, no prazo de setenta e duas horas, não havendo lugar à restituição do valor caucionado.

4 – Para efeitos do n.º 1, a compra de munições é efectuada em armeiros mediante a apresentação de autorização própria, emitida pela DN/PSP.

5 – A entidade formadora é responsável pela guarda das armas e munições que adquira, nos termos e para os efeitos previstos na Lei n.º 5/2006, de 23 de Fevereiro, e sua legislação regulamentar.

Artigo 26.º
Cedência de armas pela PSP

1 – Quando as armas a utilizar nos cursos previstos no presente Regulamento forem cedidas pela PSP, a cessionária presta caução pelo prazo de cinco anos, sendo esse valor fixado por despacho do director nacional da PSP, tendo em conta as armas cedidas.

2 – Por cada arma cedida será cobrado um valor pela sua utilização, a fixar pelo director nacional da PSP, tendo em conta o tipo de arma e a duração da cedência.

3 – É da responsabilidade da entidade formadora a guarda e conservação das armas cedidas pela PSP, devendo restituí-las em bom estado de funcionamento.

4 – Ocorrendo dano irreparável em armas cedidas pela PSP, estas são substituídas mediante a prestação de nova caução.

5 – Ocorrendo suspensão ou cassação do alvará, a PSP procede à imediata recolha quer das munições na posse da entidade formadora quer das armas que a esta tenha cedido, não havendo lugar à restituição do valor caucionado.

Artigo 27.º
Credenciação provisória e parcerias

1 – As pessoas colectivas que pretendam candidatar-se a uma credenciação para ministrarem os cursos previstos no presente Regulamento e que não possuam tal finalidade expressamente contemplada no seu objecto social podem apresentar a sua candidatura, desde que instruída com acta da respectiva assembleia geral, pela qual tenha sido validamente aprovada alteração ao pacto social, por forma a nele ser incluída a actividade em causa.

2 – Aceite a credenciação é emitido alvará provisório pelo prazo de seis meses, convertendo-se em definitivo após a regularização da alteração.

3 – É admitida a celebração de contratos de parceria entre pessoa colectiva cujo objecto social autorize o exercício da actividade de formação técnica e cívica para portadores de armas de fogo e para o exercício da actividade de armeiro e outras que o não contemple, devendo o alvará ser emitido em nome da primeira, sem prejuízo da sujeição de ambas ao disposto no artigo 3.º do presente Regulamento.

Artigo 28.º
Informação didáctica

1 – Compete à PSP, de acordo com as características próprias de cada uma das licenças, divulgar informação didáctica referente às seguintes matérias:

a) Técnicas e normas de procedimentos de segurança;
b) Manuseamento de armas de fogo, reconhecimento de munições e distâncias e tipos de tiro passíveis de ocorrer.

2 – A informação referida no número anterior deve incluir exemplos práticos relativos às matérias em causa.

Artigo 29.º
Acompanhamento e fiscalização

1 – A PSP pode, em qualquer momento e circunstância:

a) Comparecer no local e à hora em que decorrem os cursos, em sessões de formação teóricas ou práticas, para acompanhar e fiscalizar o cumprimento do disposto na presente portaria;
b) Aceder em qualquer momento ao local ou instalações onde estejam armazenadas as armas próprias e as cedidas pela PSP, bem como as munições;
c) Aceder, na sede ou quaisquer outras instalações da entidade titular de alvará, a quaisquer documentos que se relacionem com o conteúdo da actividade autorizada.

280   *Regime Jurídico das Armas e suas Munições – Anotações*

2 – Impende sobre as entidades titulares de alvarás previstos no presente Regulamento o especial dever de colaboração com as autoridades, designadamente no que respeita à salvaguarda do interesse da segurança pública.

Artigo 30.º
**Regime transitório para a concessão
e renovação de licenças C e D**

1 – A não frequência prévia de curso de actualização por parte de titulares de licenças C e D não obsta à renovação provisória das respectivas licenças de uso e porte de arma, desde que a frequência do referido curso, nos termos previstos no artigo 22.º da Lei n.º 5/2006, de 23 de Fevereiro, ocorra dentro dos cinco anos subsequentes ao início de vigência da citada lei.

2 – Uma vez certificada a frequência do curso de actualização por parte dos titulares das licenças C e D, a renovação converte-se em definitiva.

3 – O regime referido nos números anteriores aplica-se ainda às situações em que os pedidos de concessão de licenças C e D se destinem ao exercício venatório e desde que os candidatos tenham obtido, em data anterior à do início de vigência da presente portaria, aproveitamento nos exames que, nos termos da legislação da caça, habilitem ao respectivo exercício.

4 – Aos cidadãos que, em data anterior à do início de vigência da presente portaria, sejam simultaneamente titulares de licenças C e D aplica-se o seguinte regime de renovações:

a) Se a caducidade da licença C anteceder a da licença D, a renovação da primeira opera automaticamente a da segunda;

b) Se a caducidade da licença D anteceder a da licença C, é a primeira excepcionalmente prorrogada até à data em que deva ter lugar a renovação da licença C, operando-se então a renovação de ambas.

5 – A aplicação do regime previsto no número anterior não prejudica o pagamento das taxas que sejam devidas pela renovação de cada uma das licenças.

MINISTÉRIO DA ADMINISTRAÇÃO INTERNA

Portaria n.º 933/2006
de 8 de Setembro[261]

**Publicado no Diário da República n.º 174, Série I,
de 8 de Setembro de 2006**

O regime jurídico das armas e munições, aprovado pela Lei n.º 5/2006, de 23 de Fevereiro, faz depender a emissão de um alvará para o exercício da actividade de armeiro das condições de segurança regulamentadas por portaria, a aprovar pelo Ministro da Administração Interna.

Importa ainda acautelar, através de regulamentação apropriada, os riscos de intrusão, furto ou roubo nos casos em que existam a concentração e a guarda de armas

Assim:

Manda o Governo, pelo Ministro de Estado e da Administração Interna, ao abrigo do disposto na alínea a) do n.º 2 do artigo 117.º da Lei n.º 5/2006, de 23 de Fevereiro, o seguinte:

1.º

Objecto

É aprovado o Regulamento de Segurança das Instalações de Fabrico, Reparação, Comércio e Guarda de Armas, adiante designa-

---

Anotações:

[261] Alterada pela Portaria n.º 256/2007, de 12 de Março.

do por Regulamento, e que vai publicado em anexo à presente portaria, dela fazendo parte integrante.[262]

2.º
Âmbito

O Regulamento a que se refere o número anterior estabelece as
condições de segurança obrigatórias a observar:

a) Nas instalações onde decorrem os processos de fabrico, reparação e comércio de armas;
b) Na guarda de armas e munições por parte das entidades
credenciadas para ministrarem cursos de formação técnica e
cívica, federações de tiro desportivo e suas associações
federadas, titulares de licença de coleccionador de armas de
fogo ou de munições e quaisquer outras entidades legalmente
autorizadas a deterem armas de fogo e munições, tendo em
vista a sua protecção contra intrusão, furto ou roubo.

3.º
Obtenção de alvará

A obtenção de alvará para o exercício da actividade de armeiro
depende da prévia verificação das condições de segurança das instalações onde decorre, nos termos do Regulamento anexo.

4.º
Plano de segurança

O plano de segurança prevê as medidas concretas a adoptar face
aos perigos e riscos identificados em função das condições especificamente decorrentes do exercício da actividade e do meio físico e
social onde a mesma se insere, designadamente quanto à possibilidade e grau de intrusão, furto ou roubo e fixa os responsáveis pela sua
manutenção e os procedimentos previstos em caso de quebra das
normas de segurança.

Anotações:

[262] As infracções ao disposto no presente regulamento têm a sua punição prevista no
art.º 100.º, da Lei n.º 5/2006, de 23 de Fevereiro (p. 146).

5.º
Regimes excepcionais

1 – As condições de segurança referidas no Regulamento em anexo não serão aplicáveis quando o titular do alvará do tipo 1:

a) Exerça a actividade de estudo e desenvolvimento de protótipos de armas de fogo, até ao número de três por modelo/ano;

b) Fabrique armas da classe D, até ao número de 30 por modelo/ano.

2 – Compete à Direcção Nacional da Polícia de Segurança Pública (DN/PSP), a requerimento do interessado, proceder à apreciação casuística das condições de segurança quer dos estabelecimentos referidos no número anterior quer da organização de qualquer manifestação teatral, cultural ou outra onde sejam utilizadas ou disparadas armas de fogo, bem como mostras, feiras, leilões ou outro tipo de iniciativas públicas similares onde estejam expostas armas de fogo, para cujo efeito devem ser ponderados a classe das armas em causa e o número de armas em condições de disparar susceptíveis de serem transportadas ou guardadas.263

6.º
Normas de execução e determinações

Sem prejuízo do disposto no Regulamento em anexo, o director nacional da PSP pode, por despacho, definir, complementarmente, as especificações de materiais e outras condições de segurança relativamente às instalações destinadas ao fabrico, reparação, comércio e guarda de armas.

Pelo Ministro de Estado e da Administração Interna, *José Manuel Santos de Magalhães*, Secretário de Estado Adjunto e da Administração Interna, em 24 de Agosto de 2006.

Anotações:

[263] Este número tem a redacção da Portaria n.º 256/2007, de 12 de Março.

ANEXO

REGULAMENTO DE SEGURANÇA DAS INSTALAÇÕES DESTINADAS AO FABRICO, REPARAÇÃO, COMÉRCIO E GUARDA DE ARMAS DE FOGO

CAPÍTULO I
Das instalações destinadas à actividade de armeiro

SECÇÃO I
Geral

Artigo 1.º
Licenciamento de instalações para actividade de armeiro

As instalações destinadas ao exercício de actividade de armeiro estão obrigadas a observar, para além das normas de segurança previstas no presente Regulamento, as que forem exigidas para o seu licenciamento industrial e autorização de laboração.

Artigo 2.º
Emissão de alvarás

1 – Podem ser emitidos os seguintes alvarás:

a) Do tipo 1, para o fabrico e montagem de armas de fogo e suas munições;

b) Do tipo 2, para a compra, venda e reparação de armas das classes B, B1, C, D, E, F e G e suas munições;

c) Do tipo 3, para a compra, venda e reparação de armas das classes E, F e G e suas munições.

2 – O alvará estipula o número máximo de armas susceptíveis de serem detidas em armazém, incluindo o de depósito, quando exista.

3 – Qualquer modificação quanto à classe das armas mencionadas no alvará obriga a que no mesmo seja registado o respectivo averbamento, dependente de devida apreciação do pedido.

Artigo 3.º
Emissão de alvarás

Tendo em vista a emissão de alvará e sem prejuízo dos demais dados relativos a cada um dos seus tipos específicos, o requerente apresenta junto da DN/PSP os seguintes elementos:

a) Planta de localização das instalações;
b) Projecto de arquitectura das instalações;
c) Licença de utilização;
d) Condições e plano de segurança contra intrusão, furto ou roubo;
e) Identificação do responsável técnico.

SECÇÃO II
Alvará do tipo 1

Artigo 4.º
Elementos específicos

Para além dos elementos previstos no artigo anterior, os requerentes de alvará do tipo 1 apresentam perante a DN/PSP os seguintes elementos específicos:

a) Planta de implantação topográfica das instalações, com referência às construções envolventes;
b) Projecto da rede de águas e esgotos;
c) Projecto técnico de laboração, onde conste a tipificação das tarefas e horário do início e fim do trabalho;
d) Memória descritiva com referência à classe de armas objecto de fabrico;
e) Capacidade máxima de produção.

Artigo 5.º
Condições gerais de segurança

1 – As instalações são integralmente construídas em alvenaria e com placa de cobertura em betão.

2 – A delimitação do perímetro exterior das instalações deverá ter a altura mínima de 2 m.

3 – Não são permitidas quaisquer montras ou áreas de exposição.

4 – Todas as janelas das zonas de fabrico são dotadas de grades em ferro ou outro metal de igual ou superior resistência ao corte.

5 – Todas as portas das zonas de fabrico e as que deitem directamente para as vias públicas, caminhos ou estradas particulares são construídas em material com especificações de resistência balística.

6 – As entradas/saídas de ar para ventilação ou exaustão e respectivas tubagens possuem um diâmetro máximo de 30 cm.

7 – As tampas das condutas da rede de águas e esgotos são dotadas de sistema de segurança contra abertura interior.

8 – As instalações são dotadas de alarme contra intrusão com registo de movimento no seu interior, podendo ter, nos termos e condições legalmente autorizados, sistemas de vídeo vigilância permanente, com gravação, incluindo o perímetro exterior.

9 – São afectos espaços adequados no interior das instalações fabris para o funcionamento dos serviços de fiscalização da PSP, caso tal seja solicitado pela DN/PSP.

10 – O plano de segurança referido na alínea d) do artigo 3.º, para além do previsto no n.º 3 da portaria que aprova o presente Regulamento, pode ainda prever a existência de segurança privada, própria ou contratada.

ARTIGO 6.º

Normas específicas de segurança

A laboração das instalações fica sujeita ao cumprimento das seguintes normas específicas de segurança:

a) Recolha de produção acabada e partes essenciais de armas de fogo;
b) Garantia de condições de armazenamento das armas acabadas e de partes essenciais de armas de fogo;
c) Existência de contentores de circulação.

ARTIGO 7.º

Recolha de produção acabada e partes essenciais de armas de fogo

1 – As partes essenciais de armas de fogo são retiradas de armazém e colocadas na linha de produção segundo o plano de produção do respectivo período de trabalho diário.

2 – Ao fim de cada período de trabalho diário, as armas de fogo acabadas ou em condições de disparar devem ser retiradas do local de produção e recolhidas em armazém, bem como as partes essenciais não utilizadas.

8.º
Condições de armazenamento

1 – As partes essenciais de armas de fogo, armas acabadas e armas em condições de disparar são guardadas em armazém.

2 – O armazém é edificado em betão armado, com paredes e tectos com uma espessura mínima de 40 cm não podendo ter janelas ou outras aberturas que permitam a entrada de pessoas.

3 – O acesso ao armazém é feito através de uma única porta, construída de acordo com o disposto no n.º 5 do artigo 5.º do presente Regulamento, dotada de condições de segurança contra intrusão e com sistema de abertura dotado de mecanismo de retardamento, accionado por duas chaves diferenciadas.

Artigo 9.º
Contentores de circulação, fiscalização e guias de exportação e transferência para outro Estado

1 – Para a saída das instalações as armas acabadas ou aptas a disparar bem como as partes essenciais de armas de fogo são acomodadas em contentor invio-lável, não podendo o mesmo conter mais de 25 armas ou 50 partes essenciais, independentemente da sua classe, nem ter destinatários diferenciados.

2 – Os contentores de circulação, se destinados à exportação ou transferên-cia para outro Estado, são carregados no interior das instalações e agrupados em contentores de carga padronizados, destinados aos transportes internacionais, devendo possuir suficientes garantias de segurança contra furto ou roubo.

3 – Sem prejuízo da necessária peritagem nos termos da lei, a acomodação nos contentores de circulação é feita na presença de responsável pela segurança e por um elemento da PSP que procede à respectiva selagem.

4 – É elaborada guia de carga discriminando o número de série aposto nas armas ou suas partes essenciais, bem como a sua classe, marca, modelo e calibre, contendo a data e assinatura do elemento da PSP referido no número anterior.

5 – A deslocação em qualquer ponto do território nacional de contentores de transportes nacionais ou internacionais, sempre acompanhada de toda a do-cumentação exigível inerente à operação em curso, depende de informação pré-via à PSP, em ordem a definir as apropriadas condições de segurança e assegurar o devido controlo e protecção.

6 – O depósito dos contentores nas estâncias aduaneiras é feito em local indicado pelo seu chefe ou responsável, que tomará em conta as indicações da PSP em matéria de segurança.

7 – O director nacional da PSP, através de despacho, especifica as condi-ções em que o transporte seguro pode realizar-se com dispensa de escolta, medi-ante recurso a dispositivos electrónicos de geolocalização, cuja monitorização em tempo real seja facultada à PSP.

288 *Regime Jurídico das Armas e suas Munições – Anotações*

Artigo 10.º
Importação ou transferência de outro Estado

1 – A importação ou transferência de armas prontas a disparar e de partes essenciais de armas de fogo para serem montadas em Portugal são acomodadas em contentores de circulação, observando-se com as necessárias adaptações o disposto no artigo anterior.

2 – Sem prejuízo da peritagem a realizar nos termos da lei, a abertura dos contentores é feita na presença de elementos da PSP que lavram auto de vistoria contendo os elementos de identificação e conferência de existências face à documentação exigível para a operação.

SECÇÃO III
Alvará do tipo 2

Artigo 11.º
Elementos específicos do alvará

1 – Para além dos elementos previstos no artigo 3.º do presente Regulamento, os requerentes de alvará do tipo 2 apresentam à DN/PSP os seguintes elementos:

a) Planta de localização do armazém de depósito, caso exista;
b) Horário de funcionamento;
c) Capacidade máxima de armazenamento por classe de arma e suas munições no armazém, nas instalações de venda ao público e no armazém de depósito, caso possua.

2 – Com as necessárias adaptações, as regras relativas à importação, exportação e transferência previstas nos artigos 9.º e 10.º aplicam-se também aos armeiros com alvará do tipo 2, relativamente a armas de fogo das classes B, B1, C e D.

Artigo 12.º
Condições gerais de segurança

1 – As instalações são construídas integralmente em alvenaria e com placa de cobertura em betão, podendo ser utilizados outros materiais desde que adequadamente complementados com medidas específicas de reforço de segurança a fixar pela PSP, através de vistoria.

2 – São permitidas montras ou áreas de exposição viradas para as vias públicas, caminhos ou estradas particulares, desde que dotadas de grades em

Portaria n.º 933/2006, de 8 de Setembro 289

ferro ou outro metal de igual ou superior resistência ao corte e que, quando amovíveis, são obrigatoriamente colocados nos períodos de encerramento das instalações.

3 – As portas exteriores das instalações são construídas em chapa ou chapeadas, reforçadas interiormente com trancas ou sistema de fechos por meio de fechadura de segurança.

4 – Nos períodos de encerramento do estabelecimento, as portas exteriores envidraçadas são obrigatoriamente protegidas com rede metálica, taipais ou grades de ferro, fixas ou amovíveis.

5 – São proibidas as portas interiores que comuniquem com compartimentos que não estejam directamente afectos à actividade de armeiro, designadamente as que comuniquem com habitações ou suas dependências.

6 – Quando as portas, janelas, montras ou outras aberturas sejam acessíveis ao embate de viaturas, devem os proprietários das instalações promover, sempre que possível, a colocação de pinos metálicos ou outras estruturas nos espaços adjacentes às mesmas.

7 – As entradas/saídas de ar para ventilação ou exaustão e respectivas tubagens possuem um diâmetro máximo de 30 cm.

8 – As instalações são dotadas de sistemas de vídeo vigilância permanente e de alarme contra intrusão com registo de movimento no seu interior.

ARTIGO 13.º

Normas específicas de segurança

A laboração das instalações fica sujeita à observância das seguintes normas específicas de segurança:

a) Exposição e recolha de armas de fogo e suas partes essenciais;
b) Condições de armazenamento de armas de fogo, partes essenciais e munições.

ARTIGO 14.º

Exposição de armas

1 – As armas das classes B, B1 e C, bem como as correspondentes munições, estão expostas à venda em vitrina ou armário interior apropriados, fechados a cadeado ou com fechadura de segurança, devendo recolher ao armazém quando encerradas as instalações, excepto se as vitrinas forem fixas e construídas com materiais revestidos de propriedades balísticas ou dotadas de dispositivos de segurança que inviabilizem a remoção das mesmas.

2 – As armas da classe D e as armas de tiro desportivo, não incluídas no número anterior, bem como as restantes armas, não podem conservar-se expostas

nas montras exteriores das instalações para além da hora do seu encerramento, devendo recolher ao armazém quando encerradas as instalações ou a vitrinas fixas referidas no número anterior.

3 – As armas em exposição devem estar fixas por meio de corrente ou outro sistema que apenas permita serem manuseadas com o auxílio de uma chave.

ARTIGO 15.º

Condições de armazenamento

1 – As armas das classes B, B1 e C, suas partes essenciais e munições próprias para as armas são guardadas em armazém sito nas instalações de venda ao público ou em armazém de depósito.

2 – Os armazéns são edificados em betão armado, com paredes e tectos com uma espessura mínima de 20 cm não podendo ter janelas ou outras aberturas que permitam a entrada de pessoas.

3 – O acesso aos armazéns é feito através de uma única porta construída de acordo com o disposto no n.º 5 do artigo 5.º e dotada de condições de segurança contra intrusão.

4 – Sempre que não seja possível a edificação de armazém com características de casa-forte no interior das instalações de venda ao público, pode o mesmo ser substituído por cofre ou cofres com fixação nas paredes.

ARTIGO 16.º

Limites de armazenamento de armas e munições

Consta do respectivo alvará a quantidade de armas e munições cujo armazenamento é autorizado, sendo especificado, no caso de armazém sito nas instalações de venda ao público, qual o número máximo permitido.

ARTIGO 17.º

Instalações partilhadas

1 – Sempre que as instalações se integrem numa área comercial comum com outros artigos de natureza diversa, a área reservada ao comércio de armas e munições apenas pode estar aberta ao público em duas das suas faces, delimitadas por sistema de grades ou outro que permita o seu integral isolamento durante os períodos de encerramento, sendo as outras faces correspondentes a parede de alvenaria.

2 – No interior da área destinada ao comércio de armas e suas munições é criada uma zona de atendimento reservada.

3 – As armas das classes B, B1 e C e suas munições estão expostas, exclusivamente, na zona de atendimento reservada.

4 – Entende-se por área comercial comum a que se situa numa grande superfície comercial ou em centro comercial, com acesso ao exterior por portas comuns.

SECÇÃO IV
Alvará do tipo 3

Artigo 18.º
Elementos específicos

Para além dos elementos previstos no artigo 3.º do presente Regulamento, os requerentes de alvará do tipo 3 apresentam à DN/PSP os mesmos elementos referidos para a concessão de alvará do tipo 2, com excepção do projecto de arquitectura.

Artigo 19.º
Condições gerais de segurança

1 – São permitidas montras ou áreas de exposição viradas para as vias públicas, caminhos ou estradas particulares, desde que dotadas de grades em ferro ou outro metal de igual ou superior resistência ao corte que, quando amovíveis, são obrigatoriamente colocados nos períodos de encerramento das instalações.

2 – As portas exteriores das instalações são construídas em chapa ou chapeadas, reforçadas interiormente com trancas ou sistema de fechos por meio de fechadura de segurança.

3 – Nos períodos de encerramento do estabelecimento, as portas exteriores envidraçadas são obrigatoriamente protegidas, com rede metálica, taipais ou grades de ferro ou outro metal de igual ou superior resistência ao corte, fixas ou amovíveis.

4 – São proibidas as portas interiores que comuniquem com compartimentos que não estejam directamente afectos à actividade de armeiro, designadamente as que comuniquem com habitações ou suas dependências.

5 – As instalações são dotadas de alarme contra intrusão com registo de movimento no seu interior.

CAPÍTULO II
Condições de segurança exigidas aos titulares de licença de coleccionador

ARTIGO 20.º
Arrecadação e guarda da colecção

1 – As armas de fogo objecto da colecção são guardadas em casa-forte ou fortificada ou em cofre com fixação na parede.

2 – Sendo a colecção guardada em cofre no domicílio do titular, deve este estar dotado de porta para o exterior de alta segurança e, sendo possível o escalamento sem auxílio de equipamento especial, nomeadamente a introdução por telhado, portas de terraços ou de varandas, janelas ou outras aberturas, deve existir protecção suficiente contra a intrusão ou ser o compartimento onde se situa o cofre dotado igualmente de porta de alta segurança, porta de gradeamento de ferro ou porta similar e as janelas, quando existam, dotadas de gradeamento em ferro ou outro metal de igual ou superior resistência ao corte, podendo ser fixas ou amovíveis.

3 – Havendo casa-forte ou fortificada podem as armas aí serem expostas.

4 – É obrigatória a existência de sistema de alarme contra intrusão.

5 – A colecção pode ser guardada nas instalações da associação de coleccionadores onde o titular se mostre inscrito, desde que esta tenha casa-forte ou fortificada ou em instalações pertencentes às forças de segurança.

21.º
Exposição de armas no domicílio

1 – Sempre que o coleccionador pretenda expor as suas armas de fogo no próprio domicílio, em compartimento sem as características de casa-forte ou fortificada, devem as mesmas encontrar-se desactivadas e fixadas ao expositor com mecanismo de segurança que impossibilite a sua remoção sem auxílio de chave ou ferramenta.

2 – As portas de acesso ao exterior do domicílio têm características de alta segurança.

3 – A exposição no domicílio de armas de fogo nas condições previstas no n.º 1 obriga a que a porta de acesso ao compartimento possua características de alta segurança e, sendo possível o escalamento sem auxílio de equipamento especial, nomeadamente a introdução por telhado, portas de terraços ou de varandas, janelas ou outras aberturas, devem estas ser dotadas de protecção suficiente contra a intrusão, designadamente gradeamento em ferro ou outro metal de igual ou superior resistência ao corte, podendo ser fixo ou amovível.

4 – As janelas do compartimento de exposição são dotadas de gradeamento em ferro ou outro metal de igual ou superior resistência ao corte, podendo ser fixo ou amovível.

5 – As peças retiradas das armas para sua desactivação estão sempre arrecadadas em cofre com fixação na parede.

6 – É obrigatória a existência de sistema de alarme contra intrusão.

Artigo 22.º
Regime excepcional

O disposto no presente capítulo não é aplicável às colecções de réplicas de armas de fogo, de armas inutilizadas, de armas que utilizem munições obsoletas, ou outras que não reúnam as características de armas de fogo.

CAPÍTULO III
Condições de segurança exigidas a outras entidades

Artigo 23.º
Arrecadação e guarda das armas

1 – As armas destinadas a serem usadas nos cursos de formação técnica e cívica e as armas pertencentes às federações de tiro desportivo e suas associações e de outras entidades legalmente autorizadas, são guardadas em casa-forte ou fortificada ou em cofre com fixação definitiva na parede.

2 – Sendo guardadas em cofre, nas instalações do possuidor, devem estas estar dotadas de porta para o exterior de alta segurança e, sendo possível o escalamento sem auxílio de equipamento especial, nomeadamente a introdução por telhado, portas de terraços ou varandas, janelas ou outras aberturas, devem estas ser dotadas de protecção suficiente contra a intrusão, ou ser o compartimento onde se situa o cofre dotado igualmente de porta de alta segurança, porta de gradeamento de ferro ou porta similar e as janelas, quando existam, dotadas de gradeamento em ferro ou outro metal de igual ou superior resistência ao corte, podendo ser fixas ou amovíveis.

Artigo 24.º
Confiança das armas

1 – As armas apenas são retiradas do local onde se encontram guardadas pelo tempo estritamente necessário para a finalidade a que se destina a sua utilização, ali recolhendo de imediato.

2 – As armas apenas podem ser confiadas a pessoa diferente do seu titular ou responsável para efeitos de:

a) Realização de sessões de formação compreendidas na actividade das entidades formadoras credenciadas;
b) Treinos ou participação em provas desportivas;
c) Exercício das funções para as quais o portador se mostre contratado.

MINISTÉRIO DA ADMINISTRAÇÃO INTERNA

Portaria n.º 934/2006
de 8 de Setembro[264]

Publicado no Diário da República n.º 174, Série I, de 8 de Setembro de 2006

O novo regime jurídico das armas e suas munições, aprovado pela Lei n.º 5/2006, de 23 de Fevereiro, impõe à Polícia de Segurança Pública um conjunto de encargos de verificação e controlo aos níveis tanto das condições de titularidade de licenças de uso e porte de armas das diversas classes legalmente previstas como do exercício de certas actividades a desenvolver por entidades ou pessoas devidamente autorizadas.

À prática de tais actos e autorizações faz aquela lei corresponder, nos termos do n.º 1 do seu artigo 83.º, o pagamento de taxas, cujos valores são fixados por portaria do Ministro da Administração Interna, conforme previsto na alínea *e)* do n.º 2 do artigo 117.º da Lei n.º 5/2006, de 23 de Fevereiro.

Foi ouvida a Direcção Nacional da Polícia de Segurança Pública e foram consultadas as associações representativas do sector.

Assim:

Manda o Governo, através do Ministro de Estado e da Administração Interna, ao abrigo do disposto no n.º 1 do artigo 83.º e nas alíneas d) e e) do n.º 2 do artigo 117.º da Lei n.º 5/2006, de 23 de Fevereiro, o seguinte:

Anotações:

[264] Esta Portaria foi alterada pelos seguintes diplomas: Portaria n.º 256/2007, de 12 de Março e pela Portaria n.º 1165/2007, de 13 de Setembro.

1.º
Objecto

É aprovado o Regulamento de Taxas publicado em anexo à presente portaria e que dela faz parte integrante.

2.º
Âmbito

O Regulamento a que se refere o número anterior prevê o valor das taxas a cobrar pela Polícia de Segurança Pública (PSP), pelos actos previstos na Lei n.º 5/2006, de 23 de Fevereiro, e sua legislação regulamentar.

Pelo Ministro de Estado e da Administração Interna, *José Manuel Santos de Magalhães*, Secretário de Estado Adjunto e da Administração Interna, em 24 de Agosto de 2006.

ANEXO

REGULAMENTO DE TAXAS[265]

1.º
Licenças de uso e porte de arma

Pela emissão das licenças abaixo identificadas há lugar ao pagamento das seguintes taxas:[266]

- *a)* Licença B – € 165,80;
- *b)* Licença B1 – € 165,80;
- *c)* Licença C – € 95,30;
- *d)* Licença D – € 73,60;

Anotações:

[265] Taxas actualizadas em Março de 2009 em 2,60% (Fonte INE).
[266] Taxas com a inclusão do imposto de selo.

Portaria n.º 934/2006, de 8 de Setembro 297

 e) Licença E – € 57,30;
 f) Licença F – € 57,30;
 g) Licença especial – € 57,30;
 h) Licença de tiro desportivo – € 138,70;
 i) Licença de coleccionador – € 274,20;
 j) Licença de detenção de arma no domicílio – € 57,30.

2.º
Alvarás de armeiro

1 – Pela emissão dos diferentes tipos de alvarás de armeiro há lugar ao pagamento das seguintes taxas:[267]

 a) Alvará de armeiro tipo 1 – € 1.629,50;
 b) Alvará de armeiro tipo 2 – € 328,40;
 c) Alvará de armeiro tipo 3 – € 165,80.

2 – Por cada averbamento efectuado em qualquer dos alvarás referidos nas alíneas anteriores, há lugar ao pagamento de uma taxa no montante correspondente a 20% dos valores ali previstos.

3 – Para o exercício da actividade de estudo e desenvolvimento de protótipos de armas de fogo até ao número de três por modelo/ano e para o fabrico de armas da classe D até ao número de 30 por modelo/ano, as taxas a cobrar pela concessão do respectivo alvará serão reduzidas a 10% da taxa indicada na alínea a) do n.º 1.

3.º
Alvarás e licenças para carreiras e campos de tiro

Pela emissão dos alvarás para exploração de carreiras e campos de tiro há lugar ao pagamento das seguintes taxas:[268]

 a) Alvará de carreira de tiro – € 816,40;
 b) Alvará de campo de tiro – € 382,70;
 c) Licença para carreiras e campos de tiro em propriedades rústicas – € 274,20.

Anotações:

[267] Idem.
[268] Idem.

4.º
Alvará de entidade formadora

1 – Pela emissão dos alvarás de entidades formadoras nos cursos abaixo indicados há lugar ao pagamento das seguintes taxas:[269]

a) Formação técnica e cívica para portadores de armas de fogo – € 274,20;
b) Formação técnica e cívica para exercício da actividade de armeiro – € 274,20.

2 – Quando requerida em simultâneo pela mesma entidade formadora, o montante devido pela emissão dos alvarás de formação técnica e cívica para portadores de armas de fogo e para o exercício da actividade de armeiro é reduzido em 20%.

5.º
Livrete de manifesto

1 – Pela emissão do livrete de manifesto de armas, consoante as situações abaixo identificadas há lugar ao pagamento das seguintes taxas:[270]

a) Quando resultante de importação ou transferência – € 24,90;
b) Quando resultante de fabrico – € 24,90;
c) Quando resultante de aquisição – € 24,90;
d) Quando resultante de apresentação voluntária – € 24,90.

2 – Pela emissão de certificado provisório do livrete referido no número anterior, nas situações previstas nas suas alíneas a) a c) – € 3,20.

6.º
Cartão europeu de arma de fogo

Pela emissão do cartão europeu de arma de fogo, há lugar ao pagamento da taxa de € 84,50.[271]

Anotações:

[269] Idem.
[270] Idem.
[271] Idem.

7.º
Importação e exportação

1 – Pela concessão das autorizações abaixo indicadas há lugar ao pagamento das seguintes taxas unitárias:[272]

a) Importação de:[273]
  i) Arma da classe B ou B1 – € 11;
  ii) Arma da classe C – € 11;
  iii) Arma da classe D – € 11;
  iv) Arma da classe E – € 5,60;
  v) Arma da classe F – € 5,60;
  vi) Arma da classe G – € 5,60;
  vii) Parte essencial de armas da classe B ou B1 – € 2,30;
  viii) Parte essencial de armas da classe C – € 2,30;
  ix) Parte essencial de armas da classe D – € 2,30;
  x) Munições para armas da classe B ou B1 (por cada 1000) – € 5,60;
  xi) Munições para armas da classe C (por cada 1000) – € 5,60;
  xii) Munições para armas da classe D (por cada 1000) – € 5,60;
  xiii) Cartuchos ou invólucro com fulminante (por cada 1000) – € 3,30;
  xiv) Fulminantes (por cada 1000) – € 3,30;
b) Importação temporária de:
  i) Arma da classe B ou B1 – € 11;
  ii) Arma da classe C – € 11;
  iii) Arma da classe D – € 11;
  iv) Arma da classe E – € 5,60;
  v) Arma da classe F – € 5,60;
  vi) Arma da classe G – € 5,60;
c) Exportação de:
  i) Arma da classe B ou B1 – € 2,80;
  ii) Arma da classe C – € 2,80;
  iii) Arma da classe D – € 2,80;
  iv) Arma da classe E – € 1,30;
  v) Arma da classe F – € 1,30;
  vi) Arma da classe G – € 1,30
  vii) Parte essencial de armas da classe B ou B1 – € 1,30
  viii) Parte essencial de armas da classe C – € 1,30;

Anotações:

[272] Taxas ainda sujeitas a imposto de selo.
[273] Nas importações efectuadas por particulares, as taxas agravam para o dobro.

300 Regime Jurídico das Armas e suas Munições – Anotações

ix) Parte essencial de armas da classe D – • 1,30;
x) Munições para armas da classe B ou B1 (por cada 1000) – isento;
xi) Munições para armas da classe C (por cada 1000) – isento;
xii) Munições para armas da classe D (por cada 1000) – isento;
xiii) Cartuchos ou invólucro com fulminante (por cada 1000) – isento;
xiv) Fulminantes (por cada 1000) – isento.

2 – Os valores das taxas de importação constantes da alínea a) do número anterior, quando efectuadas por particulares, correspondem ao dobro dos montantes ali previstos.

8.º

Transferência

Pela concessão das autorizações de transferência relativas às classes de armas, suas partes integrantes e munições abaixo indicadas há lugar ao pagamento das seguintes taxas unitárias:[274]

a) De Portugal para outros Estados membros da UE:
    i) De arma da classe B ou B1 – € 11;
    ii) De arma da classe C – € 11;
    iii) De arma da classe D – € 11;
    iv) De arma da classe E – € 5,60
    v) De arma da classe F – € 5,60
    vi) De arma da classe G – € 5,60
    vii) De parte essencial de arma da classe B ou B1 – € 2,30;
    viii) De parte essencial de arma da classe C – € 2,30;
    ix) De parte essencial de arma da classe D – € 2,30;
    x) De munições para armas da classe B ou B1 (por cada 1000) – € 5,60;
    xi) De munições para armas da classe C (por cada 1000) – € 5,60;
    xii) De munições para armas da classe D (por cada 1000) – € 5,60;
b) De outros Estados membros da UE para Portugal:
    i) De arma da classe B ou B1 – € 11;
    ii) De arma da classe C – € 11;
    iii) De arma da classe D – € 11;
    iv) De arma da classe E – € 5,60;
    v) De arma da classe F – € 5,60;
    vi) De arma da classe G – € 5,60;

Anotações:

[274] Taxas ainda sujeitas a imposto de selo.

Portaria n.º 934/2006, de 8 de Setembro

vii) De parte essencial de arma da classe B ou B1 – € 2,30;
viii) De parte essencial de arma da classe C – € 2,30;
ix) De parte essencial de arma da classe D – € 2,30;
x) De munições para armas da classe B ou B1 (por cada 1000) – € 5,60;
xi) De munições para armas da classe C (por cada 1000) – € 5,60;
xii) De munições para armas da classe D (por cada 1000) – € 5,60;

c) De outros Estados membros da UE para Portugal, quando temporária:
i) De arma da classe B ou B1 – € 5,60;
ii) De arma da classe C – € 5,60;
iii) De arma da classe D – € 5,60;
iv) De arma da classe E – € 2,80;
v) De arma da classe F – € 2,80;
vi) De arma da classe G – € 2,80;
vii) De parte essencial de arma da classe B ou B1 – € 1,30;
viii) De parte essencial de arma da classe C – € 1,30;
ix) De parte essencial de arma da classe D – € 1,30;
x) De munições para armas da classe B ou B1 (por cada 1000) – € 2,80;
xi) De munições para armas da classe C (por cada 1000) – € 2,80;
xii) De munições para armas da classe D (por cada 1000) – € 2,80.

9.º
Aquisição de armas

Pela concessão de autorização para aquisição de armas das classes abaixo indicadas há lugar ao pagamento das seguintes taxas unitárias:[275]

a) Da classe B ou B1 – € 3,30;
b) Da classe C – € 3,30;
c) De sinalização da classe G – € 3,30;
d) De qualquer das classes sujeitas a manifesto, por sucessão *mortis causa* – € 1,80.

10.º
Autorizações especiais

Pela concessão de autorização especial para venda, aquisição, cedência ou detenção de armas e acessórios da classe A há lugar ao pagamento de taxa no valor de € 271,20.[276]

Anotações:

[275] Taxas ainda sujeitas a imposto de selo.
[276] Idem.

11.º
Cursos e exames

1 – Pela concessão das autorizações abaixo indicadas há lugar ao pagamento das seguintes taxas:[277]

   a) Frequência de formação técnica e cívica para portadores de armas de fogo – € 27,20;
   b) Frequência de formação técnica e cívica para o exercício da actividade de armeiro – € 27,20.

2 – Pela emissão dos certificados de aprovação nos cursos abaixo indicados há lugar ao pagamento das seguintes taxas:

   a) Formação técnica e cívica para portadores de arma de fogo – € 27,20;
   b) Exercício da actividade de armeiro – € 27,20.

12.º
Aquisição de pólvora, fulminante e componentes inflamáveis

Pela concessão de autorização para aquisição de pólvora, fulminantes e componentes inflamáveis, nas situações abaixo identificadas, há lugar ao pagamento das seguintes taxas:

   a) Para armas de pólvora preta (cada 500 g) – € 1,30;
   b) Em quantidades superiores às legalmente fixadas para a execução de manifestações e reconstituições históricas (cada 500 g) – € 2,30.

13.º
Livros de registo

1 – Pela emissão dos livros de registo abaixo indicados, há lugar ao pagamento das seguintes taxas:[278]

   a) De registo de munições – € 27,20;
   b) De registo de disparos efectuados com arma de colecção – € 27,20;
   c) De registos obrigatórios da responsabilidade dos armeiros – € 27,20.

2 – Pela certificação e activação dos sistemas de registo electrónico autorizados a ligar-se ao sistema de informação da PSP previsto no n.º 5 do artigo 33.º

Anotações:

[277] Taxas ainda sujeitas a imposto de selo.
[278] Idem.

Portaria n.º 934/2006, de 8 de Setembro

da Lei n.º 5/2006, de 23 de Fevereiro, os montantes referidos no número anterior são reduzidos em 80%.

14.º
Outras taxas[279]

São ainda devidas taxas relativas à prática pela PSP dos seguintes actos:[280]

a) Certificação de empréstimo de armas – € 11;

b) Visto prévio a autorizar a detenção de armas de fogo com base no cartão europeu de arma de fogo – € 11;

c) Homologação de curso de formação técnica e cívica para portadores de arma de fogo – € 54,30;

d) Homologação de curso de formação para o exercício da actividade de armeiro – € 54,30;

e) Credenciação de formadores – € 81,50;

f) Emissão do certificado de equivalência ao certificado de aprovação para o uso e porte de armas de fogo ou para exercício da actividade de armeiro – € 108,50;

g) Credenciação provisória para ministrar cursos de formação – € 108,50;

h) Aposição de selos em contentores de circulação de armas – € 27,20;

i) Abertura de contentores de circulação – € 27,20;

j) Autorização para criação de museus – € 542,20;

l) Autorização para a organização de feiras – € 271,20;

m) Autorização para a realização de mostras culturais – isento;

n) Autorização para a realização de leilões de venda de armas com interesse histórico – € 108,50;

o) Autorização:

    i) Para a realização de provas desportivas, iniciativas culturais ou reconstituições históricas de reconhecido interesse – isento;

    ii) Para a realização das demais provas desportivas, iniciativas culturais ou reconstituições históricas – € 108,50;

p) Autorização para a inutilização de armas de fogo em banco de provas – € 11;

q) Peritagens (por dia) – € 108,50;

Anotações:

[279] As alíneas *x)*, *z)* e *aa)* do n.º 14.º, foram aditadas pela Portaria n.º 1165/2007, de 13 de Setembro.

[280] Taxas sem a inclusão do imposto de selo.

304   *Regime Jurídico das Armas e suas Munições – Anotações*

r) Vistorias, exames e verificações de condições de segurança (por dia)
   – € 108,50;

s) Reclassificação de armas – € 108,50;

t) Importação sem autorização prévia – € 108,50;

u) Extensão de alvará 10% da taxa indicada para o correspondente alvará;

v) Realização e fiscalização de exames de formação técnica e cívica para
   portadores de armas de fogo e para o exercício da actividade de armeiro
   (por examinando) – € 27,20.

x) Criação e envio de cartas/PIN – € 5,40;

z) Emissão de documentos com pedido de urgência – € 15,90;

aa) Averbamentos – € 5,40.

15.º
Deslocações, alojamento e alimentação

Pelos actos de peritagem, vistoria, exame e outras verificações, praticados
pela PSP, referidos nas alíneas *h), i), q), r)* e *v)* do artigo anterior e segurança a
armas alugadas é devido o pagamento pelas entidades interessadas das importâncias relativas a deslocações, alimentação e alojamento, nos termos e valores
em vigor para a função pública.

16.º
Segundas vias, renovações e cedência de alvarás[281]

Pela emissão unitária de segundas vias de quaisquer autorizações, licenças
e alvarás há lugar ao pagamento, à PSP, de uma taxa correspondente a 50 % do
valor devido pela prática do acto originário, com excepção das previstas nos
artigos 5.º e 13.º do presente Regulamento, as quais dão lugar ao pagamento de
montante igual ao devido pela primeira emissão.

17.º
Taxa de serviço

1 – Aquando da entrega de cada requerimento que vise a concessão de
quaisquer autorizações, licenças e alvarás, bem como a prática pela PSP de
quaisquer outros actos previstos na presente portaria, será adiantado desde logo
o pagamento no valor de 50% das taxas respectivas, não reembolsável e inde-

---

Anotações:

[281] O art. 16.º tem redacção da Portaria n.º 1165/2007 de 13 de Setembro.

MINISTÉRIO DA ADMINISTRAÇÃO INTERNA

Portaria n.º 884/2007
de 10 Agosto

**Publicado no Diário da República, n.º 154, Série I,
de 10 de Agosto de 2007**

Com vista a regulamentar o novo regime jurídico das armas e suas munições, aprovado pela Lei n.º 5/2006, de 23 de Fevereiro, a Portaria n.º 931/2006, de 8 de Setembro, estabeleceu os modelos de licenças, alvarás, certificados e outras autorizações, a emitir pela Polícia de Segurança Pública, e necessários à execução daquela lei.

Deixou-se então em aberto a solução a adoptar para assegurar a personalização, emissão e remessa dos documentos cujos modelos foram fixados.

Importava, na verdade, concluir os estudos tendentes a dar expressão às orientações estabelecidas pela Lei n.º 5/2006 no tocante à utilização de novas tecnologias de informação e comunicação para desmaterializar procedimentos, simplificar a tramitação de actos e dar a todos os interessados meios fáceis e económicos de cumprir as obrigações legais.

O futuro Sistema de Informação e Gestão de Armas e Explosivos permitirá atingir a modernização pretendida, sendo um dos projectos incluídos no SIMPLEX 2007 e no Plano Tecnológico do MAI.

Prevê-se que a aplicação a introduzir reutilize o módulo de «licenciamento e fiscalização», desenvolvido no âmbito do Sistema Estratégico de Informação da PSP, constituída por dois módulos principais – serviços em linha e back office.

310   *Regime Jurídico das Armas e suas Munições – Anotações*

O back office estará directamente integrado com o SEI, opção que assegurará uma visão completa e integrada sobre as diversas fontes de informação subjacentes à actividade operacional da PSP.

O módulo de serviços em linha disponibilizará, no canal Internet e a partir do sítio institucional da PSP na Internet, um conjunto de serviços relacionados com armas e explosivos aos diversos intervenientes nos processos, servindo não apenas a PSP mas também a Polícia Judiciária e a Guarda Nacional Republicana.

Serão assegurados materiais de suporte à formação e realização de sessões de formação. De igual modo será garantido um adequado apoio técnico e serviço de manutenção ao suporte aplicacional.

Tem neste quadro plena justificação a utilização da experiência da Imprensa Nacional-Casa da Moeda, S. A. (INCM), cuja capacidade de gestão de projectos tecnológicos de produção e personalização de documentos seguros se encontra sobejamente comprovada em projectos relevantes, como o passaporte electrónico português e o cartão de cidadão.

Com vista a eliminar, o mais possível, o uso de papel será assegurada a digitalização de fotografias e assinaturas dos requerentes por forma que se faça electronicamente a circulação de documentos entre postos de recepção da PSP e a INCM, aumentando a segurança, reduzindo o prazo de emissão e os custos de contexto, bem como a redundância de erros e a necessidade de manter arquivos em papel.

Assim:

Manda o Governo, através do Ministro da Administração Interna, ao abrigo do disposto nos n.ºˢ 2 do artigo 35.º e 1 e 4 do artigo 83.º e nas alíneas d) e e) do artigo 117.º da Lei n.º 5/2006, de 23 de Fevereiro, e no n.º 1 do artigo 41.º da Lei n.º 42/2006, de 25 de Agosto, o seguinte:

1.º

No cumprimento das disposições das Leis n.ºˢ 5/2006, de 23 de Fevereiro, e 42/2006, de 25 de Agosto, a PSP utiliza o software aplicacional e os equipamentos necessários para emitir, com elevada segurança e economia, as licenças, alvarás, certificados e outras autorizações cujos modelos foram fixados pela Portaria n.º 931/2006, de 8 de Setembro.

2.º

Compete à Imprensa Nacional-Casa da Moeda, S. A. (INCM), a produção, personalização e remessa das licenças, alvarás, certificados e outras autorizações a emitir pela Polícia de Segurança Pública no âmbito da execução das Leis n.ºs 5/2006, de 23 de Fevereiro, e 42/2006, de 25 de Agosto.

3.º

A INCM assegura os produtos e serviços necessários para a criação, execução e manutenção do Sistema de Informação e Gestão de Armas e Explosivos e garante os níveis de serviço previstos no anexo i, que faz, para todos os efeitos legais, parte integrante da presente portaria.

4.º

Os preços unitários de cada uma das licenças, alvarás, certificados e outras autorizações, previstos na Portaria n.º 931/2006, de 8 de Setembro, bem como as respectivas condições de produção, personalização e remessa, são os previstos no anexo ii, que faz, para todos os efeitos legais, parte integrante da presente portaria.

O Ministro da Administração Interna, *Rui Carlos Pereira*, em 24 de Julho de 2007.

ANEXO I

NÍVEIS DE SERVIÇO

1 – Participação da INCM – além do que decorre do disposto no n.º 3.º da presente portaria no que diz respeito ao software aplicacional SIGAE (Sistema de Informação de Gestão de Armas e Explosivos) e aos equipamentos informáticos locais necessários e validados pela PSP para utilização pelas subunidades policiais envolvidas no processo das armas e explosivos e pelo departamento da direcção nacional responsável pelo serviço, a INCM assegura, nos termos seguintes, a produção, personalização, acabamento e expedição dos documentos a emitir com o suporte do SIGAE.

2 – Documentos a emitir:

2.1 – Cartões:

a) Licença para uso e porte de arma das classes B, B1, C, D, licença especial, licença de coleccionador e licença de tiro desportivo;
b) Licença para uso e porte de arma das classes E e F;
c) Livrete de manifesto de arma;
d) Cédula de operador de explosivos.

Não é considerada a emissão de cédulas de operador de pólvora e cédulas de operador de substâncias explosivas por não terem tiragem significativa. Em substituição destas cédulas é emitida a cédula de operador de explosivos.

Especificações:

Cartão em policarbonato (maior durabilidade);

Formato ID1 (ISO/IEC 7810:2003 identification cards – physical characteristics);

Impressão offset 2/2 cores com design gráfico de segurança (microtexto e guilhoches);

Lay-out de acordo com os anexos i, ii e xi da Portaria n.º 931/2006, de 8 de Setembro (Diário da República, 1.ª série, n.º 174);

Estampagem a quente de holograma específico com imagem do escudo da PSP, na frente, formato 21 mm x 16 mm.

Personalização:

Personalização por gravação laser, a preto, de dados alfanuméricos nas duas faces do cartão;

No caso das licenças de uso e porte de arma e cédulas de operador de explosivos está incluída a personalização de foto. Por se tratar de um cartão em policarbonato com personalização por gravação laser (queima do

Portaria n.º 884/2007, de 10 de Agosto

suporte), a foto é em escala de cinzentos, à semelhança da carta de condução, do título de residência para estrangeiros, do novo passaporte electrónico e do novo cartão de cidadão.

Serviço de Acabamento e Expedição:

Endereçamento e impressão, a laser e a preto, de carta tipo com dados alfanuméricos;
Integração com sistema Track & Trace dos CTT para envio em correio registado simples através de impressão de código de barras específico;
Aplicação por colagem não permanente do cartão personalizado à respectiva carta tipo;
Envelopagem automática (correspondência cartão/carta);
Expedição dos conjuntos envelopados, via CTT, através de correio registado simples;
Este serviço inclui o fornecimento de envelopes, no formato 110 mm x 230 mm, com duas janelas para remetente e destinatário. O remetente deverá ser um apartado criado pela PSP para recolha dos objectos com entrega não conseguida.

2.2 – Certificados:

a) Licença de detenção de arma no domicílio;
b) Alvará de armeiro dos tipos 1, 2 e 3;
c) Alvará para instalação e gestão de carreira de tiro;
d) Alvará de campo de tiro;
e) Alvará de actividade de formação técnica e cívica para o uso e porte de armas de fogo;
f) Alvará de actividade de formação técnica e cívica para o exercício da actividade de armeiro;
g) Autorização prévia à importação e exportação;
h) Autorização especial para venda, aquisição, cedência ou detenção de armas e acessórios da classe A;
i) Certificado de aprovação para portador de armas de fogo (diploma);
j) Certificado de aprovação para o exercício da actividade de armeiro (diploma);
k) Certificado de frequência de curso de actualização para portador de armas de fogo (diploma);
l) Licença para campo de tiro em área rústica;
m) Licença para carreira de tiro em área rústica;
n) Certificado;
o) Acordo prévio de transferência de arma de fogo;
p) Autorização de transferência de arma de fogo.

Especificações:

Formato A4;
Papel de segurança com tratamento anti-rasura e com gramagem 120 g/m2;
Impressão offset 4/0 cores, sendo uma das cores invisível, mas reactiva à radiação ultravioleta;
Design gráfico de segurança, que inclui fundos de segurança em guilhoché fino e microletra;
Estampagem a quente de holograma específico com imagem do escudo da PSP, na frente, formato 21 mm x 16 mm.

Personalização – personalização por impressão laser, na cor preta, em ambas as faces do documento (no verso, endereçamento e impressão dos números e códigos de barras específicos para integração com o sistema Track & Trace dos CTT para envios registados.

Serviço de Acabamento e Expedição:

Envelopagem;
Expedição dos conjuntos envelopados, via CTT, através de correio registado simples;
Este serviço inclui o fornecimento de envelopes, no formato 110 mm x 230 mm, com duas janelas para remetente e destinatário. O remetente é um apartado criado pela PSP para recolha dos objectos com entrega não conseguida.

2.3 – Notificações:

a) Notificação de diferimento;
b) Notificação de intenção de indeferimento;
c) Notificação de indeferimento;
d) Outras notificações;
e) Documentos relativos a armas mas considerados como notificações devido às suas especificações técnicas:
  i) Anexos ao alvará de armeiro dos tipos 1, 2 e 3;
  ii) Autorização prévia para a importação temporária;
  iii) Autorização para a aquisição de armas;
  iv) Autorização para a frequência do curso de formação técnica e cívica para portadores de arma de fogo;
  v) Autorização para a frequência do curso de formação técnica e cívica para o exercício da actividade de armeiro;
  vi) Autorização de aquisição de pólvora, fulminante e componentes inflamáveis para armas de pólvora preta;

Portaria n.º 884/2007, de 10 de Agosto   315

    vii) Autorização de fornecimento de pólvora e fulminantes aos participantes em competições desportivas internacionais e em reconstituições históricas;

    viii) Certificado provisório de livrete;

f) Documentos relativos a explosivos mas considerados como notificações devido às suas especificações técnicas:

    i)   Alvará de armazenagem de produtos explosivos;

    ii)   Alvará de fabrico de produtos explosivos;

    iii) Licença de paiol/paiolim;

    iv) Licença de armazenagem de produtos explosivos;

    v)   Carta de estanqueiro;

    vi) Autorização de importação e exportação de produtos e substancias explosivas;

    vi) Autorização de compra e emprego de substâncias explosivas;

    viii) Documento de transferência intracomunitário de explosivos;

    ix) Autorização de compra de cloratos;

    x)   Credenciais para o lançamento de fogos de artifício;

    xi) Autorização de compra e emprego de produtos explosivos emitidos pelos comandos da PSP (30 kg);

    xii) Autorização de compra e emprego de artifícios pirotécnicos de sinalização;

    xiii) Autorização para lançamento e queima de fogos de artifício.

Especificações:

Papel branco, 80 g/m2;

Formato A4.

Personalização – personalização por impressão laser, na cor preta, em ambas as faces do documento (no verso, endereçamento e impressão dos números e códigos de barras específicos para integração com o sistema Track & Trace dos CTT para envios registados).

Serviço de Acabamento e Expedição:

Envelopagem;

Expedição dos conjuntos envelopados, via CTT, através de correio registado simples;

Este serviço inclui o fornecimento de envelopes, no formato 110 mm x 230 mm, com duas janelas para remetente e destinatário. O remetente é um apartado criado pela PSP para recolha dos objectos com entrega não conseguida.

316   *Regime Jurídico das Armas e suas Munições – Anotações*

2.4 – Senhas de acesso (cartas PIN) – invólucro mensagem que evidencia tentativas de violação para envio de user name e password de acesso aos serviços online.

Especificações:

Formato A4 dobrado em três (ziguezague), pré-gomado e com micropicote; Papel FC laser 90 g/m2.
Personalização, Acabamento e Expedição:
Personalização por impressão laser, na cor preta, em ambas as faces do documento, dobragem e fecho do invólucro mensagem, incluindo endereçamento e um remetente que é um apartado criado pela PSP para recolha dos objectos com entrega não conseguida;
Expedição dos invólucros mensagem, via CTT, através de correio normal.

2.5 – Outros documentos (cadernetas):
a) Livro de registo de munições;
b) Livro de disparos efectuados com arma de colecção;
c) Cartão europeu de arma de fogo.

Especificações:

Formato fechado 125 mm x 88 mm (passaporte);
Papel capa Cardflex (tipo tela/passaporte);
Papel miolo de segurança com tratamento anti-rasura e com gramagem 120 g/m2;
16 páginas + capa;
Impressão da capa a 2/0 cores;
Impressão do miolo a 2/2 cores;
Cadernetas agrafadas;
Design gráfico de segurança, que inclui fundos de segurança em guilhoché fino e microletra;
Estampagem a quente de holograma específico com imagem do escudo da PSP, na p. 2, formato 21 mm x 16 mm.

Personalização – personalização por impressão jacto de tinta de:

Dados alfanuméricos e foto (cores), nas pp. 2, 3, 4 e 5 no cartão europeu de arma de fogo;
Dados alfanuméricos a preto, na p. 1, no livro de registo de munições e no livro de disparos efectuados com arma de colecção.
Serviço de Acabamento e Expedição:
Endereçamento e impressão, a laser e a preto, de carta tipo com dados alfanuméricos;

Integração com sistema Track & Trace dos CTT para envio em correio registado simples através de impressão de código de barras específico;
Envelopagem (correspondência caderneta/carta);
Expedição dos conjuntos envelopados, via CTT, através de correio registado simples;
Este serviço inclui o fornecimento de envelopes, no formato C5, com duas janelas para remetente e destinatário. O remetente é um apartado criado pela PSP para recolha dos objectos com entrega não conseguida.

3 – Serviços associados ao fornecimento dos produtos:

Sistema de Informação INCM:
Módulo de recepção e tratamento dos dados – inclui a recepção e processamento de formulários com fotografia e número único para digitalização;
Sistema de personalização de documentos;
Módulo de gestão do estado de emissão e entrega dos documentos:
Informação ao SIGAE das acções executadas (logs);
Gestão da correspondência emitida.

4 – Nível de serviço na emissão dos documentos:

Pedidos normais – pedidos recebidos na INCM até às 18 horas, entregues nos CTT no 4.º dia útil seguinte, para uma quantidade mínima de 250 pedidos diários para cada tipo de documento.
Para uma quantidade diária de pedidos de cada tipo de documento inferior a 250, a INCM garante a entrega nos CTT até ao máximo de seis dias úteis.
Para uma quantidade diária de pedidos de cada tipo de documento superior a 5000 o prazo de entrega é acordado entre as partes;
Pedidos urgentes – pedidos recebidos na INCM até às 12 horas são entregues ao titular das 16 às 18 horas desse mesmo dia, na loja da INCM junto da Casa da Moeda, até um máximo de 500 pedidos diários de cada tipo de documento.

ANEXO II

VALORES UNITÁRIOS

Custos:

Os custos unitários de cada um dos documentos a que se refere a presente portaria, incluindo segundas vias, são os seguintes:

Licenças de uso e porte de arma, especial, de coleccionador e de tiro desportivo, livrete de manifesto de arma e cédula de operador de explosivos – € 22,50;
Notificações – € 2,43;
Certificados – € 10,14;
Cartas PIN – € 3,80;
Livro de registo de munições e livro de disparos efectuados com arma de colecção – € 16,60;
Cartão europeu de arma de fogo – € 30,60.
Os custos unitários por serviço urgente são:
Licenças e livretes – € 7,50;
Notificações, certificados e cartas PIN – € 5;
Livros de registo e cartão europeu de arma de fogo – € 10.

Os custos destes serviços são comunicados à PSP no início de cada mês, relativamente aos documentos emitidos no mês anterior, sendo o seu pagamento efectuado dentro do prazo de 30 dias a contar da emissão da respectiva factura.

Outras condições:

Os custos incluem portes CTT nas modalidades de correio indicadas;
Os custos referidos apenas são válidos para as quantidades indicadas. No caso de as quantidades previstas serem diferentes das reais há lugar a um reajuste dos custos em condições a acordar entre partes;
Os níveis de serviço descritos, nas condições previstas, vigoram pelo período de três anos, renovável;

Alterações de custos:

Os custos são actualizados no início de cada ano, com base no índice de preços no consumidor, verificado no continente, sem habitação, publicado pelo INE;
Os custos são revistos sempre que se verifiquem alterações significativas no processo e na configuração dos produtos a fornecer pela INCM;
Caso a emissão dos documentos em cada ano implique uma variação superior a 15 % das quantidades anuais previstas neste anexo, os custos para o ano seguinte são redefinidos.

MINISTÉRIO DA ADMINISTRAÇÃO INTERNA

Direcção Nacional da Polícia de Segurança Pública

Despacho n.º 25 881/2006

**Publicado no Diário da República n.º 244, Série II,
de 21 de Dezembro de 2006**

Nos termos das competências conferidas pelo artigo 7.º do Regulamento da Credenciação de Entidades Formadoras e dos Cursos de Formação Técnica e Cívica para Portadores de Armas de Fogo e para o Exercício da Actividade de Armeiro, aprovado pela Portaria n.º 932/2006, de 8 de Setembro, a credenciação de formadores é da responsabilidade da Direcção Nacional da Polícia de Segurança Pública (DN/PSP).

Assim, nos termos do artigo 7.º do Regulamento da Credenciação de Entidades Formadoras e dos Cursos de Formação Técnica e Cívica para Portadores de Armas de Fogo e para o Exercício da Actividade de Armeiro, aprovado pela Portaria n.º 932/2006, de 8 de Setembro, tendo em vista a uniformização dos critérios e requisitos necessários à obtenção de credenciação como formador dos cursos de formação e actualização para o uso e porte de armas de fogo e para o exercício da actividade de armeiro, determina-se:

1 – Os requerimentos para obtenção da credenciação como formador são apresentados nos núcleos de armas e explosivos dos comandos metropolitanos, regionais, de polícia e equiparados, directamente pelos interessados ou através de entidades formadoras licenciadas por alvará concedido pela DN/PSP.

2 – Os pedidos de concessão da credenciação de formador são formulados através de requerimento do qual conste:

a) Nome completo;
b) Número do bilhete de identidade, com indicação da data e local de emissão;
c) Data de nascimento;
d) Profissão;
e) Estado civil;
f) Naturalidade;
g) Nacionalidade;
h) Domicílio actual.
i) Formulação do pedido com indicação das áreas de formação a que se candidata.

3 – O requerimento deverá ser instruído com os seguintes documentos:

a) Certificado de registo criminal;
b) Declaração, sob compromisso de honra, de que não se encontra privado do pleno uso de todos os direitos civis, nem lhe foi aplicada medida de segurança ou condenação judicial, ou na afirmativa, qual;
c) Certificado médico com incidência física e psíquica, que ateste a aptidão do requerente.

4 – Aos requerimentos deve ser junto, ainda, o curriculum vitae do candidato, instruído com documentos demonstrativos de:

a) Habilitação própria para a área de formação a que o candidato se propõe, certificada por entidade formadora idónea, com a descriminação das matérias sobre as quais incidiu a formação recebida;
b) Experiência profissional na área de formação pretendida, certificada por entidade idónea, onde a experiência foi adquirida, ou aprovação em exame específico realizado pela PSP;
c) Titularidade de certificado de aptidão pedagógica.

Despacho n.º 25 881/2006

5 – Considera-se habilitação suficiente:

a) Para a formação na área jurídica, a titularidade de licenciatura em cujo programa se tenha obtido aprovação no domínio do direito penal, com a duração mínima de 60 horas;

b) Para a formação na área de formação teórica de tiro, na área de formação de manuseamento de armas de fogo e para a área de formação de tiro com armas de fogo, a aprovação em curso promovido por entidade idónea, com a duração mínima de 30 horas por cada uma das áreas;

c) Para a formação na área de ensino complementar, a aprovação em curso de medicina ou enfermagem, ou a titularidade de curso de socorrismo ou equivalente com a duração mínima de 30 horas, promovido por entidade idónea.

6 – A idoneidade das entidades que proporcionam a formação nas áreas atrás referidas é aferida pelo seu reconhecimento pelos órgãos próprios nos domínios a que se refere o artigo 10.º da Portaria n.º 932/2006, de 8 de Agosto.

7 – Para efeitos do disposto no número anterior, igualmente se consideram entidades idóneas as credenciadas pela PSP, nos termos do artigo 3.º da Portaria n.º 932/2006, de 8 de Agosto, para a área de formação teórica de tiro, área de formação em manuseamento de armas de fogo e área de formação de tiro com armas de fogo, desde que os seus formadores tenham obtido habilitação nas respectivas áreas, com a duração mínima prevista no n.º 5 do presente despacho, e possuam o necessário curso de formação de formadores.

8 – Os programas de cursos de formação de formadores previstos no número anterior, e bem assim os exames finais dos formandos, estão sujeitos a aprovação prévia da DN/PSP, a quem devem ser comunicados, com a antecedência mínima de 15 dias úteis, os locais, datas e horas da realização das provas, para efeitos de fiscalização.

4 de Dezembro de 2006. – O Director Nacional, *Orlando Romano.*

MINISTÉRIO DA ADMINISTRAÇÃO INTERNA

Direcção Nacional da Polícia de Segurança Pública

Despacho n.º 772/2007

**Publicado no Diário da República, n.º 11, Série II,
de 16 de Janeiro de 2007**

De harmonia com as disposições conjugadas do n.º 1 do artigo 56.º e do n.º 2 do artigo 57.º do Regime Jurídico de Armas e Munições, aprovado pela Lei n.º 5/2006, de 23 de Fevereiro, a prática recreativa de tiro com armas de fogo, em propriedades rústicas, com área apropriada para o efeito, depende de licença a conceder pela Polícia de Segurança Pública.

Tendo presentes aqueles normativos, importa estabelecer critérios e requisitos gerais para a concessão dos licenciamentos em causa, sem prejuízo da fixação, em concreto, de outras condições que se mostrem adequadas à segurança das pessoas e dos bens alheios.

Assim, nos termos do artigo 56.º, n.º 2, da Lei n.º 5/2006, de 23 de Fevereiro, determina-se:

1 – A concessão da licença para prática recreativa de tiro com armas de fogo das classes B, B1 e C, em propriedades rústicas, fica sujeita à prévia existência e manutenção das seguintes condições:

a) Prova documental de que o requerente é proprietário, ou legítimo possuidor, do prédio rústico a afectar àquela prática;
b) Existência de vedação inamovível com a altura mínima de 2,5 m, construída em alvenaria ou em matéria de idêntica resistência, em toda a extensão da propriedade. Esta vedação pode ser substituída, nos seguintes termos:

324 *Regime Jurídico das Armas e suas Munições – Anotações*

i) Idêntica vedação, implantada numa zona mais restrita da mesma propriedade, desde que se garanta um corredor com pelo menos 1,5 m de largura para cada posto de tiro;

ii) Vedação da propriedade através de taludes naturais ou artificiais, com a altura mínima prevista no n.º 2;

c) Acesso por uma única porta de altura igual à da vedação, situada na linha da retaguarda, construída em material opaco e resistente a qualquer impacte de projéctil disparado e unicamente acessível pelo interior do espaço reservado à prática de tiro, quando na execução deste;

d) No caso de existência de taludes, artificiais ou naturais, em toda a extensão da propriedade, é bastante a existência de acesso condicionado, devidamente sinalizado durante a prática do tiro, nos termos do artigo 15.º, n.º 1, alínea b), do Regulamento Técnico e de Funcionamento das Carreiras e Campos e Tiro, aprovado pelo Decreto Regulamentar n.º 19/2006, de 25 de Outubro;

e) Existência de espaldão pára-balas, natural ou artificial, de estrutura integral e contínua, colocada por detrás dos alvos, cuja superfície exposta aos impactes evite eficazmente os ricochetes e detenha e absorva os projécteis;

f) Existência de impermeabilização sob o espaldão pára-balas, de forma a evitar a contaminação do solo com os metais dos projécteis, ou sistema de retenção e recolha dos projécteis;

g) Garantia de que se encontram observados, e serão mantidos sob pena de cassação da licença, os limites estabelecidos no regime geral do ruído, aprovado pelo Decreto-Lei n.º 292/2000, de 14 de Novembro, com as alterações que lhe foram introduzidas pelo Decreto-Lei n.º 259/2002, de 23 de Novembro, designadamente os limites máximos previstos na sua alínea b) do n.º 3 do artigo 3.º e no n.º 1 do artigo 9.º, para a actividade ruidosa temporária;

h) Reserva absoluta da prática de tiro ao proprietário e àqueles que com ele residam ou dele dependam, não sendo admitida a presença de outros participantes na prática de tiro ou de outros espectadores;

Despacho n.º 772/2007 325

i) Prova de celebração de contrato de seguro de responsabilidade civil, nos termos do n.º 3 do artigo 77.º da Lei n.º 5/2006, de 23 de Fevereiro;

j) Declaração escrita e assinada permitindo o acesso à Polícia de Segurança Pública para fiscalização das condições previstas no presente despacho e demais disposições legais e regulamentares.

2 – A concessão da licença para prática recreativa de tiro com armas de fogo da classe D, em propriedades rústicas, fica sujeita à prévia existência e manutenção das seguintes condições:

a) Apresentação de prova documental de que o requerente é proprietário, ou legítimo possuidor, do prédio rústico a afectar àquela prática;

b) Cumprimento das condições e requisitos de segurança estabelecidos nos artigos 14.º a 17.º do Regulamento Técnico e de Funcionamento e de Segurança das Carreiras e Campos de Tiro, aprovado pelo Decreto Regulamentar n.º 19/2006, de 25 de Outubro;

c) Garantia de que se encontram observados, e serão mantidos sob pena de cassação da licença, os limites estabelecidos no regime geral do ruído, aprovado pelo Decreto-Lei n.º 292/2000, de 14 de Novembro, com as alterações que lhe foram introduzidas pelo Decreto-Lei n.º 259/2002, de 23 de Novembro, designadamente os limites máximos previstos na sua alínea b) do n.º 3 do artigo 3.º e no n.º 1 do artigo 9.º, para a actividade ruidosa temporária;

d) Reserva absoluta da prática de tiro ao proprietário e àqueles que com ele residam ou dele dependam, não sendo admitida a presença de outros participantes na prática de tiro ou de outros espectadores;

e) Prova de celebração de contrato de seguro de responsabilidade civil, nos termos do n.º 3 do artigo 77.º da Lei n.º 5/2006, de 23 de Fevereiro;

f) Declaração escrita e assinada permitindo o acesso à Polícia de Segurança Pública para fiscalização das condições previstas no presente despacho e demais disposições legais e regulamentares.

3 – A falta de cumprimento, doloso ou negligente, das condições estabelecidas no presente despacho ou nos títulos de licenciamento emitidos importa a imediata cassação das licenças, sem prejuízo de outras sanções legalmente estabelecidas.

4 – São aprovados em anexo ao presente despacho, do qual fazem parte integrante, o modelo de título de licenciamento para as classes B, B1 e C e de título de licenciamento para a classe D, que constituem os anexos A e B, respectivamente.

5 – O presente despacho entra em vigor no dia imediato ao da sua publicação.

4 de Dezembro de 2006. – O Director Nacional, *Orlando Romano.*

ANEXO A

MINISTÉRIO DA ADMINISTRAÇÃO INTERNA
POLÍCIA DE SEGURANÇA PÚBLICA
DIRECÇÃO NACIONAL

Título de Licenciamento para Exercício de Tiro em Propriedade Rústica

Licença N.º ___/___

_____, Director Nacional da Polícia de Segurança Pública, nos termos das disposições conjugadas do n.º 1 do artigo 56.º e n.º 2 do artigo 57.º da Lei n.º 5/2006 de 23 de Fevereiro, declara que concedeu a _____, titular do B.I. N.º _____, emitido em _____ residente em _____, proprietário do prédio rústico a que corresponde o artigo matricial N.º_____, da Freguesia de _____ sito a _____ licença para a prática recreativa de tiro com arma de fogo das classes **B**, **B1** e **C**, pelo período de cinco anos, em virtude de se ter verificado que reúne as condições do Despacho n.º _____

Lisboa, _____/_____/_____
O Director Nacional da PSP

Orlando Romano

ANEXO B

MINISTÉRIO DA ADMINISTRAÇÃO INTERNA
POLÍCIA DE SEGURANÇA PÚBLICA
DIRECÇÃO NACIONAL

Título de Licenciamento para Exercício de Tiro em Propriedade Rústica

Licença N.º ___/___

_____, Director Nacional da Polícia de Segurança Pública, nos termos das disposições conjugadas do n.º 1 do artigo 56.º e n.º 2 do artigo 57.º da Lei n.º 5/2006 de 23 de Fevereiro, declara que concedeu a

_____,

titular do B.I. N.º _____, emitido em _____ residente em

_____,

proprietário do prédio rústico a que corresponde o artigo matricial N.º_____, da Freguesia de _____

sito a _____

licença para a prática recreativa de tiro com arma de fogo da classe **D**, pelo período de cinco anos, em virtude de se ter verificado que reúne as condições do Despacho n.º _____

Lisboa, _____/_____/_____

O Director Nacional da PSP

Orlando Romano

MINISTÉRIOS DA ADMINISTRAÇÃO INTERNA E DA AGRICULTURA DO DESENVOLVIMENTO RURAL E DAS PESCAS

Despacho n.º 18584/2008

Publicado no Diário da República, n.º 133, Série II, de 11 de Julho de 2008

A prática da actividade cinegética engloba, para além da caça, um conjunto de actividades que preparam e qualificam o caçador para um melhor desempenho na caça, designadamente ao nível da segurança, da ética e do respeito pelos princípios subjacentes ao bem-estar animal e constituem um factor importante para a manutenção das capacidades do caçador no que respeita à segurança, à eficácia e ao treino de cães, no período de interrupção da caça para as espécies de caça menor.

Estas exigências implicam a necessidade para o caçador de utilizar a arma de caça em campos de treino da caça e campos de tiro.

Contudo, o conceito de actividades de carácter venatório não se encontra devidamente clarificado na legislação da caça, nomeadamente na alínea i) do artigo 2º do Decreto-Lei n.º 202/2004, de 18 de Agosto, com as alterações introduzidas pelo Decreto-Lei nº. 201/2005, de 24 de Novembro.

Como também a Lei das armas (Lei n.º 5/2006 de 23 de Fevereiro), no n.º 1 do artigo 56.º, não explicita esse conceito.

Torna-se, assim, necessário proceder à respectiva clarificação.

Assim, nos termos e para os efeitos do disposto no n.º 1 do art. 56.º da Lei n.º 5/2006 de 23 de Fevereiro, na alínea i) do artigo 2.º do Decreto-Lei n.º 202/2004, de 18 de Agosto, com as alterações

330 *Regime Jurídico das Armas e suas Munições – Anotações*

introduzidas pelo Decreto-Lei n.º 201/2005, de 24 de Novembro, determina-se que por actividades de carácter venatório considera-se o exercício de tiro em campos de tiro e campos de treino de caça com armas de fogo legalmente classificadas como de caça, arco ou besta, o treino de cães de caça e de aves de presa a realização de cães de Santo Huberto ou outras similares e as largadas.

27 de Junho de 2008. – Pelo Ministro da Administração Interna, *Rui José Simões Bayão de Sá Gomes*, Secretário de Estado da Administração Interna. – Pelo Ministro da Agricultura do Desenvolvimento Rural e das Pescas, *Ascenso Luís Seixas Simões*, Secretário de Estado do Desenvolvimento Rural e das Pescas.

ÍNDICE REMISSIVO

Legislação

LEI N.º 5/2006, DE 23 DE FEVEREIRO:
Novo Regime Jurídico das Armas e Suas Munições

CAPÍTULO I
Disposições gerais

	Art.	Pág.
Objecto e âmbito	1.º	37
Definições legais	2.º	39
Classificação das armas, munições e outros acessórios	3.º	56
Armas de classe A	4.º	62
Armas de classe B	5.º	63
Armas de classe B1	6.º	64
Armas de classe C	7.º	65
Armas da classe D	8.º	66
Armas da classe E	9.º	66
Armas da classe F	10.º	67
Armas e munições da classe G	11.º	67

CAPÍTULO II
**Homologação, licenças para uso e porte
de armas ou sua detenção**

	Art.	Pág.
Homologação	11-A.º	70
Classificação das licenças de uso e porte de arma ou detenção	12.º	71
Licença B	13.º	72
Licença B1	14.º	72
Licenças C e D	15.º	74
Licença E	16.º	77
Licença F	17.º	77
Licença de detenção de arma no domicílio	18.º	78
Licença especial	19.º	80
Licença para menores	19.º-A	80

	Art.	Pág.
Recusa de concessão	20.º	81
Cursos de formação	21.º	82
Cursos de actualização	22.º	82
Exame médico	23.º	83
Frequência dos cursos de formação para portadores de arma de fogo	24.º	83
Exames de aptidão	25.º	83
Certificado de aprovação	26.º	84
Validade das licenças	27.º	84
Renovação da licença de uso e porte de arma	28.º	85
Caducidade e não renovação da licença	29.º	85

CAPÍTULO III
Aquisição de armas e munições

	Art.	Pág.
Autorização de aquisição	30.º	87
Declarações de compra e venda ou doação	31.º	88
Limites de detenção	32.º	88
Livro de registo de munições para as armas das classes B e B1	33.º	89
Posse e aquisição de munições para as armas das classes B e B1	34.º	90
Aquisição de munições para as armas das classes C e D	35.º	90
Recarga e componentes de recarga	36.º	91
Aquisição por sucessão *mortis causa*	37.º	92
Cedência a título de empréstimo	38.º	93

CAPÍTULO IV
Normas de conduta de portadores de armas

	Art.	Pág.
Obrigações gerais	39.º	94
Segurança das armas	40.º	96
Uso, porte e transporte	41.º	96
Uso de armas de fogo	42.º	97
Segurança no domicílio	43.º	98
Armas eléctricas, aerossóis de defesa e outras armas de letalidade reduzida	44.º	98
Ingestão de bebidas alcoólicas ou de outras substâncias	45.º	99
Fiscalização	46.º	100

CAPÍTULO V
Armeiros

	Art.	Pág.
Concessão de alvarás	47.º	101
Tipo de alvarás	48.º	102
Cedência do alvará	49.º	104
Cassação do alvará	50.º	105
Comércio electrónico	50.º-A	105
Obrigações especiais dos armeiros quanto à actividade	51.º	106
Obrigações especiais dos armeiros na venda ao público	52.º	107

Marca de origem 53.º 108
Manifesto de armas 54.º 108
Obrigações especiais dos armeiros na reparação de armas de fogo 55.º 109

CAPÍTULO VI
Carreiras e campos de tiro

Locais permitidos 56.º 109
Competência 57.º 110
Concessão de alvarás 58.º 111
Cedência e concessão do alvará 59.º 111

CAPÍTULO VII
Importação, exportação, transferência
e cartão europeu de arma de fogo

Autorização prévia à importação e exportação 60.º 112
Procedimento para a concessão da autorização prévia 61.º 114
Autorização prévia para a importação e exportação temporária 62.º 114
Peritagem 63.º 115
Procedimentos aduaneiros 64.º 116
Não regularização da situação aduaneira 65.º 117
Despacho de armas para diplomatas e acompanhantes de missões oficiais 66.º 118
Transferência de Portugal para os Estados membros 67.º 118
Transferência dos Estados membros para Portugal 68.º 119
Transferência temporária 68.º-A 121
Comunicações 69.º 121
Cartão europeu de arma de fogo 70.º 122
Vistos 71.º 123

CAPÍTULO VIII
Manifesto

Competência 72.º 123
Manifesto 73.º 123
Numeração e marcação 74.º 124
Factos sujeitos a registo 75.º 124

CAPÍTULO IX
Disposições comuns

Exercício da actividade de armeiro e de gestão de carreiras e campos de tiro 76.º 125
Responsabilidade civil e seguro obrigatório 77.º 125
Armas declaradas perdidas a favor do Estado 78.º 126
Leilões de armas 79.º 127
Publicidade da venda em leilão 79.º-A 127
Armas apreendidas 80.º 128

	Art.	Pág.
Publicidade	81.º	129
Entrega obrigatória de arma achada	82.º	130
Taxas devidas	83.º	130
Delegação de competências	84.º	131
Isenção	85.º	131

CAPÍTULO X
Responsabilidade criminal e contra-ordenacional

	Art.	Pág.
Detenção de arma proibida e crime cometido com arma	86.º	132
Tráfico e mediação de armas	87.º	137
Uso e porte de arma sob efeito de álcool e substâncias estupefacientes ou psicotrópicas	88.º	138
Detenção de armas e outros dispositivos, produtos ou substâncias em locais proibidos	89.º	138
Interdição de detenção, uso e porte de armas	90.º	139
Interdição de frequência, participação ou entrada em determinados locais	91.º	140
Interdição de exercício de actividade	92.º	141
Medidas de segurança	93.º	141
Perda de arma	94.º	142
Responsabilidade criminal das pessoas colectivas e equiparadas	95.º	143
Detenção e prisão preventiva	95.º-A	143
Punição das entidades colectivas e equiparadas (*Revogado*)	96.º	144
Detenção ilegal de arma	97.º	144
Violação geral das normas de conduta e obrigações dos portadores de armas	98.º	145
Violação específica de normas de conduta e outras obrigações	99.º	145
Violação específica de norma de conduta atinente à renovação de licença de uso e porte de arma	99.º-A	146
Violação das normas para o exercício da actividade de armeiro	100.º	146
Exercício ilegal de actividades sujeitas a autorização	101.º	147
Publicidade ilícita	102.º	147
Agravação	103.º	148
Negligência e tentativa	104.º	148
Regime subsidiário	105.º	148
Competências e produto das coimas	106.º	148
Apreensão de armas	107.º	149
Cassação de licenças	108.º	150
Reforço da eficácia da prevenção criminal	109.º	152
Desencadeamento e acompanhamento	110.º	153
Actos da exclusiva competência de juiz de instrução	111.º	154

Índice Remissivo 335

CAPÍTULO XI

Disposições transitórias e finais

	Art.	Pág.
Armas manifestadas em países que estiveram sob administração portuguesa (*Caducado*)	112.º	154
Reclassificação de armas	112.º-A	155
Transição para o novo regime legal	113.º	155
Detenção vitalícia de armas no domicílio	114.º	156
Manifesto voluntário e detenção domiciliária provisória (*Caducado*)	115.º	157
Livro de registo de munições	116.º	158
Regulamentação a aprovar (*Caducado*)	117.º	158
Norma revogatória	118.º	159
Legislação especial	119.º	159
Início de vigência	120.º	160

Legislação Complementar

Lei n.º 41/2006, de 25 de Agosto: Estabelece os termos e as condições de instalação em território nacional de bancos de provas de armas fogo 163

Lei n.º 42/2006, de 25 de Agosto: Estabelece o regime especial de aquisição, detenção uso e porte de armas de fogo e suas munições e acessórios destinadas a práticas desportivas e de coleccionismo histórico-cultural 169

Decreto – Lei n.º 457/1999, de 5 de Novembro: Recurso a arma de fogo em acção policial 197

Decreto – Regulamentar n.º 19/2006, de 25 de Outubro: Define as regras a aplicar ao licenciamento de carreiras e campos de tiro 205

Portaria n.º 931/2006, de 08 de Setembro, alterada pela Portaria n.º 256/2007, de 12 de Março e pela Portaria n.º1165/2007, de 13 de Setembro: estabelece os novos modelos de licenças, alvarás, certificados e outras autorizações a emitir 223

Portaria n.º 932/2006, de 08 de Setembro: Aprova o Regulamento do regime dos cursos de actualização e de formação técnica e cívica para titulares das licenças de uso e porte de armas tipo B1, C e D e para armeiros 263

Portaria n.º 933/2006 de 08 de Setembro, alterada pela Portaria 256/2007, de 12 de Março: Aprova o Regulamento de segurança das instalações de fabrico, reparação, comércio e guarda de armas 281

336 Regime Jurídico das Armas e suas Munições – Anotações

Portaria n.º 934/2006, de 08 de Setembro, alterada pela Portaria n.º 256/2007, de 12 de Março e pela Portaria n.º 1165/2007, de 13 de Setembro: Aprova o Regulamento das Taxas a aplicar pela emissão de licenças, alvarás, autorizações e outros documentos 295

Portaria n.º 1071/2006, de 02 de Outubro: Define o capital mínimo de seguro para titulares de licença e para alvarás 307

Portaria n.º 884/2007, de 10 de Agosto: Cria o Sistema de Informação de Gestão de Armas e Explosivos (SIGAE), através de protocolo com a Imprensa Nacional Casa da Moeda (INCM) 309

Despacho n.º 25 881/2006, de 21 de Dezembro – Direcção Nacional da PSP: Estabelece os locais de entrega dos requerimentos e dos requisitos necessários que os candidatos à credenciação como formadores devem possuir, para os cursos de formação técnica cívica e para os cursos de actualização técnica e cívica de portadores de armas de fogo e para armeiros, nos termos da Portaria 924/2006, de 08 de Setembro, com a actual redacção 319

Despacho n.º 772/2007, de 16 de Janeiro, Direcção Nacional da PSP: Estabelece as condições para o licenciamento de tiro recreativo em propriedade rústica 323

Despacho n.º 18584/2008, de 11 de Julho, Ministérios da Administração Interna e da Agricultura do Desenvolvimento Rural e das Pescas: Conceito de actividades de carácter venatório 329

Índice 331